영어사냥꾼
독약 영문법

영어사냥꾼

독약 영문법

조중찬 지음

설찬

저자의 말

이 책은 영어학습자가 독이 되는 영문법은 버리고, 약이 되는 영문법 지식을 습득하여 정확한 해석 및 정확한 영작을 할 수 있도록 도움을 주는 것을 제1 학습 목표로 했습니다.

영문법을 지도할 때, 학생들의 해석과 영작의 성취도가 최고로 높아지는 유레카 순간들이 있다면 그것이 바로 약이 되는 영문법이고, 무수히 많은 시행착오를 거치면서 버리게 되는 것들이 있다면 그것이 바로 독이 되는 영문법입니다.

이 파트를 저 파트보다 먼저 가르쳤을 때 이해도가 높으면 그 순서로 가르치는 것이 약이 되는 영문법입니다. 또, 영어의 큰 숲을 한눈에 내려다 볼 수 있는 망원경을 마련해 주어야할 때, 현미경을 쥐어주고 세세하게 들여다보게 하고 있으면 효율성이 떨어지는 독이 되는 영문법입니다.

중·고등학생에게 문법학자가 되라는 듯이 지도자 본인도 정립되지 않은 문법을 위한 문법(이를테면, to 부정사의 용법 구별에 목숨 거는 것, 1형식~5형식 틀에 목숨 걸고 맞추려 하는 것, 현재완료시제가 결과인지 완료인지 굳이 구별하려 애쓰는 것 등)을 가르치는 것을 저자는 독이 되는 영문법으로 부릅니다.

저자가 20여 년 동안 영어교육 현장에서 시행착오를 거치면서, 또 유레

카를 외치면서 정립한 영어지도 노하우를 〈독약영문법〉이란 이름을 붙여서 내놓게 된 사연입니다. 또 목차대로 처음부터 순서대로 정독을 요구하는 이유이기도 합니다.

〈독약 영문법〉은 영어를 배우기에 앞서 우리말의 이해를 중요하게 여깁니다. 우리말의 구사가 자유로울 때 영어에 대한 이해도 또한 높아지기 때문입니다. 〈독약 영문법〉이 적어도 초등학교 6학년 이상을 독자로 삼은 이유입니다. 초등학교 저학년이라 할지라도 책을 많이 읽은 학습자는 〈독약 영문법〉 영어 사냥꾼 강좌가 어렵지 않게 다가올 수 있습니다.

영문법을 꼭 배워야 하는 이유가 있다면 무엇일까?

영어환경 속에서 살아가는 미국인 중에도 문맹자가 있습니다. 이는 학습을 하지 않으면 글을 읽고 쓰지 못한다는 것을 증명합니다. 글을 읽고 쓸 수 있으려면 반드시 학습이 필요합니다.

하나를 알려주면 둘을 안다는 말이 있습니다. 이것은 어떤 규칙성을 파악했기 때문에 가능합니다. 영어 학습에 있어서도 어떤 규칙성을 알게 되면 무수히 많은 언어현상에 일일이 노출되지 않고도 셋, 넷을 적용해서 알아낼 수 있습니다. 우리가 영문법을 배우는 이유는 이 하나에 해당하는 것을 습득하기 위한 것이며, 결국 언어 학습시간을 단축하기 위해서라고 말할 수 있습니다.

간혹, 영문법은 배우지 않고 영어회화만 배우고 싶다고 말하는 사람이 종종 있습니다. 단기적으로 봤을 때는 문법을 안배우고 회화를 바로 시작하면 더 빠를 것 같지만, 금방 지쳐서 나가떨어지고 마는 사람들을 많이 봅니다. 영문법을 배우지 않고 회화에만 관심을 갖는 사람보다 **영문법을 배우면서 회화에도 관심을 갖는 사람**이 장기적으로 더 빨리 꾸준히 발전할 수 있습니다.

〈독약영문법〉은 자칫 지루하고 따분할 수 있는 영문법을 어떻게 하면 재미있게 전달 할 수 있을까를 많이 고민한 끝에 나오게 되었습니다. **영어 사냥꾼과 호흡을 같이하며** 〈독약영문법〉 첫 장부터 마지막 한 장까지 성실하게 넘기고 나면 훌륭한 영어 사냥꾼 자격을 갖추게 됩니다. 착실하게 열심히 **영어 사냥꾼 자격**을 갖추고 난 후 사냥꾼 취향에 따라 어디로든 **영어사냥**을 떠나세요. 길거리에서 해외에서 그리고 인터넷 정보의 바다에서 **짜릿하고 통쾌한 영어사냥**의 맛을 혼자서도 즐길 수 있으리라 장담합니다.

2017년 3월 10일 저자 조중찬

♬♪ 이 책의 효과적인 이용방법 ♪♬

영어교육 현장에서 20여 년에 걸쳐 수많은 학생을 지도하면서 터득한 티칭 노하우를 사냥터 에피소드, 사냥꾼 강의, 사냥꾼 요약, 영어 사냥 시범 형식을 빌려서 학습자가 이해하기 쉽게 풀어놓았습니다.

사냥꾼 강의와 사냥꾼 요약은 영어지도자가 머릿속에 꿰고 있어야 하는 내용입니다. 영어 사냥 시범은 학습자의 이해를 돕기 위한 코너이고, 영어 사냥 통역은 말하기 훈련용 해석답지입니다.

이 책은 정독을 해야 학습효과를 극대화할 수 있도록 제작되었습니다. 학습자가 실제 영어실력을 기를 수 있도록 영어 사냥 과제를 제시하였고, 학습한 내용을 확인, 응용, 소화할 수 있도록 영어 사냥 실전 코너를 마련하였습니다.

영어 사냥 과제와 영어 사냥 실전 코너를 통해 점점 영어실력이 쌓이도록 구성하였으니, 각 unit의 영어 사냥 과제와 영어 사냥 실전 문제들을 빠짐없이 이행하여 100% 체화하기 바랍니다. 그리고 영어 사냥 통역을 자신 있게 해낸 후에 다음 진도를 나가면 가장 효율적인 학습이 될 수 있습니다.

이 책이 학습자에게 영어공부에 대한 깨달음을 주고, 앞으로 좀더 수준 높은 영어공부에 도전할 수 있는 용기와 자신감을 주기를 바랍니다. 그리고 궁극적으로는 영어를 통한 지적 호기심을 채울 수 있는 훌륭한 촉매제가 되기를 기원합니다.

이 교재는 총 30강으로 이루어져 있습니다. 각 unit은 영어 사냥 에피소드, 강의, 요약, 핵무기, 화살, 시범, 실전, 통역 파트로 구성되어있습니다. unit마다 서로 유기적으로 연결되어 있기 때문에 진도를 처음부터 차근차근 나가면 좋습니다. 영어 사냥 통역 훈련으로 최종 점검 후, 성취감과 함께 다음 unit으로 넘어가기를 권합니다.

〈독약영문법〉 꼭지별 주안점

사냥터 에피소드	가볍게 읽고 살짝만 생각하기
사냥꾼 강의	꼼꼼하게 읽고 깊이 생각하기
사냥꾼 요약	체계적으로 정리 및 암기하기
영어 사냥 핵무기	불규칙동사 철저하게 암기하기
영어 사냥 화살	단어 즐기면서 신나게 암기하기
영어 사냥 시범	영어 문장 직접 연필로 해석하기
영어 사냥 실전	복습응용 및 최종 실력 점검하기
영어 사냥 통역	눈으로 보고 입으로 직접 말하기

이 교재는 매일 일정시간을 집중하여 투자하면 **30일 만에 끝**낼 수 있습니다. 하지만 학습자의 능력에 따라 주 2-3회 학습으로 2개월 완성, 3개월 완성, 4개월 완성, 6개월 완성, 8개월 완성 등으로 계획을 짜서 학습하면 더 내실 있는 학습이 될 수 있습니다. 정독을 통해 성실히 학습할 것을 권합니다.

주 2~3회 학습으로 훌륭한 "영어 사냥꾼" 되기
〈독약 영문법〉 마스터플랜

이해력 보통인 학습자	마스터 기간
초등학교 6학년	8개월 완성
중 학 교 1학년	6개월 완성
중 학 교 2학년	5개월 완성
중 학 교 3학년	4개월 완성
고등학교 1,2,3	3개월 완성

목차

저자의 말 **4**
이 책의 효과적인 이용방법 **7**

CHAPTER 1
영어 사냥 준비하기

Unit 1 : 영어 공부 첫 단추 **14**
Unit 2 : 8품사와 문장 **24**
Unit 3 : 영어는 "주어+동사"다; 문장 성분 **34**
Unit 4 : 영어 문장 해석 방법 **41**
Unit 5 : 동사의 종류; 인칭구별; 분사 **46**
Unit 6 : 5형식; 자동사; 타동사; 구; 절 **53**
Unit 7 : 인기 있는 불규칙동사 be, have, do **61**
Unit 8 : 12시제 **66**

Unit 4 ~ Unit 8 영어 사냥 시범, 실전, 통역 **71**

CHAPTER 2
영어 사냥 떠나기

Unit 9 : 수동태 맛보기 114
Unit 10 : 의문사; 의문문; 명령문 125
Unit 11 : 부정문; 감탄문; 기원문; 부가의문문 136
Unit 12 : 부정사; It; 한 시제 이전 147
Unit 13 : 동명사 166
Unit 14 : 접속사 179
Unit 15 : 분사구문 199
Unit 16 : 조동사 216
Unit 17 : 수동태 236
Unit 18 : 명사 254
Unit 19 : 대명사 274
Unit 20 : 관계대명사 298
Unit 21 : 관계부사 317
Unit 22 : 시제 330
Unit 23 : 가정법 350
Unit 24 : 형용사/부사(역할, 위치, 쓰임새) 373
Unit 25 : 형용사/부사(원급, 비교급, 최상급) 399
Unit 26 : 주어와 동사의 일치 422
Unit 27 : 화법과 시제의 일치 및 예외 436
Unit 28 : 관사 454
Unit 29 : 전치사 469
Unit 30 : 특수구문 493

CHAPTER 1

영어 사냥 준비하기

Unit 1 : 영어 공부 첫 단추
Unit 2 : 8품사와 문장
Unit 3 : 영어는 '주어+동사'다; 문장 성분
Unit 4 : 영어 문장 해석 방법
Unit 5 : 동사의 종류; 인칭구별; 분사
Unit 6 : 5형식; 자동사; 타동사; 구; 절
Unit 7 : 인기 있는 불규칙동사 be, have, do
Unit 8 : 12시제
Unit 4 ~ Unit 8 영어 사냥 시범, 실전, 통역

Unit 01 > 영어 공부 첫 단추

사냥터 에피소드 1 ☞ 가볍게 읽고 살짝만 생각하기 ^^*

은 지 여기가 영어 사냥터 맞나요? 테스트 보러 왔어요.

사냥꾼 아, 은지학생? 반가워요. 이곳은 영어를 사냥하는 영어 사냥터!! 나는 고독한 영어 사냥꾼이지... 은지학생, 테스트 보기 전에 영어를 잘하려면 어떻게 해야 할지 알려줄게요. 사냥터에 처음 방문한 기념으로~. 첫째, 잘 배워야 해요. 잘 배우려면 **학습서나 지도 선생님을 잘 만나야**겠죠? 둘째, 배운 내용은 무조건 암기해야 해요. 영어는 이해보다는 **암기가 우선**이에요. 요약하면, 영어 잘하려면 잘 배워서 게으름 피우지 말고 부지런히 암기하면 돼요.

은 지 선생님.

사냥꾼 네~ 질문 있나요?

은 지 수학 학원에 가야 돼서요. 테스트부터 보면 안 될까요?

사냥꾼 강의 1 ☞ 꼼꼼하게 읽고 깊이 생각하기

철자가 모여서 단어가 되고, 단어가 여러 개 모여서 문장이 되고, 문장이 여러 개 모여서 단락을 이루고, 단락이 여러 개 모여서 드디어 하나의 글이 완성돼요.

그럼, 철자를 알아야겠군요? 당연하죠. 영어를 배우려면 먼저 알파벳 26자를 읽고 쓸 수 있어야 해요. 아직 알파벳을 모르는 학습자는 아래 알파벳을 완벽하게 읽고 쓸 수 있도록 학습한 다음, 진행하기 바랄게요.

대문자	소문자	발음	대문자	소문자	발음
A	a	에이	N	n	엔
B	b	비	O	o	오우
C	c	씨	P	p	피
D	d	디	Q	q	큐
E	e	이	R	r	알
F	f	에프	S	s	에쓰
G	g	쥐	T	t	디
H	h	에이치	U	u	유
I	i	아이	V	v	브이
J	j	제이	W	w	더블유
K	k	케이	X	x	엑스
L	l	엘	Y	y	와이
M	m	엠	Z	z	지

사냥꾼 요약 1 ☞ 사냥꾼 강의를 참고하여 빈칸을 채워보세요

철자 → (   ) → 문장 → 단락 → 글

사냥꾼 강의 1　　　☞ 꼼꼼하게 읽고 깊이 생각하기

　영어 알파벳 대문자와 소문자를 모두 숙지했다면, 이제 단어에 대해서 알아볼게요. 사실 우리가 "영어 공부를 한다"라고 할 때, 이 말을 "영어 단어를 암기한다"라고 바꿔 말해도 크게 틀린 말이 아니에요. 왜냐하면 영어 공부의 90% 이상은 영어 단어 암기로 이루어지기 때문이죠. '영어 단어'는 숙어와 여러 가지 영어 표현들을 다 포함하는 개념이에요.

　단어들이 모여서 문장을 이루는 것이기 때문에 문장을 이해하려면 필수적으로 영어 단어를 암기해야 해요. 얼마나 많은 영어 단어를 암기해야 할까요? 중학교 수준 영어 단어는 대략 1,000~1,500개, 고등학교 수준의 영어 단어는 대략 3,000~4,000개, 수능입시를 위한 영어 단어는 대략 5,000~6,000개, 영자신문 사설을 읽기 위해서는 7,000~8,000개, 대학교 수준을 위해서는 10,000~20,000여 개의 영어 단어가 요구된다고 보면 돼요.

　"아이고~ 이걸 언제 다 암기해~ 에이~ 안 해!" 혹시 이런 생각이 드시나요? ^^ 현대를 살아가려면 적어도 중학교 수준의 영어 단어는 알아야 할 것 같아요. TV만 틀어도 죄다 영어 일색이에요. 세상이 그렇게 변했으니까 적어도 중학교 수준의 영어 단어는 의사소통을 위해서라도 암기하자! 이런 마음으로 시작하기로 해요. 하다 보면 흥미를 느껴서 영어 공부하는 재미에 빠져버릴지도 몰라요.

사냥꾼 요약 1　　　☞ 사냥꾼 강의를 참고하여 빈칸을 채워보세요

> 영어 학습자에게 (　　) 암기는 숙명! 중학교 수준의 단어부터 차근차근 암기해보자!

사냥꾼 강의 1   ☞ 꼼꼼하게 읽고 깊이 생각하기

영어 단어 암기비법이 있을까요? 중학교 과정까지는 비법 따지지 말고 무조건 암기해야 해요. 하지만, 고등학교 수준부터는 단어만 따로 암기하기보다는 한 지문 단위로 공부하세요. 모르는 단어가 나올 때마다 체크해 두었다가, 한 지문을 다 읽은 후에 사전에서 확인하고 암기하는 습관을 들이는 것이 좋아요.

개인 취향에 맞는 영어 단어 암기 방법들이 있을 테지만, 영어교육 현장 경험에 비추어볼 때, 그 단어를 읽을 줄 모르면 그 단어에 대한 책임감이 없어서 암기를 못해요. 단어시험에서 불합격을 많이 받은 학생들은 하나같이 그 단어를 못 읽었어요. 그래서 암기하고자 하는 단어를 먼저 읽을 수 있도록 하기 바랄게요. 단어를 자신 있게 읽을 수 있어야 그 의미도 머리에 쏙쏙 집어넣을 수 있어요.

요즘 학생들은 단어를 암기할 때 전자사전이니 스마트폰 앱을 많이 이용하는데, 책상 앞에 앉아서 집중적으로 공부하는 학습자라면 종이사전을 이용할 것을 권할게요.

외우고자 하는 단어의 스펠을 입으로 소리 내어 뇌까리면서 사전을 찾으세요. 사전에서 단어를 찾았으면 이제 발음기호를 보고, 발음해 봐요. 발음을 최대한 잘할 수 있게 되었을 때, 품사를 확인하고, 뜻을 취하면 돼요.

사냥꾼 요약 1   ☞ 사냥꾼 강의를 참고하여 빈칸을 채워보세요

> 중학교 수준의 영어 단어는 비법 따지지 말고 (   ) 암기하자!

영어 사냥 과제 1   👁 영어 발음기호를 완벽하게 암기하세요

발음기호	발음	발음기호	발음	발음기호	발음	발음기호	발음
[a]	아	[a:]	아~	[ai]	아이	[au]	아우
[e]	에	[ei]	에이	[ɛər]	에어~	[ə]	어
[i]	이	[i:]	이~	[iər]	이어~	[ə:]	어~
[ɔ]	오	[ɔ:]	오~	[ɔi]	오이	[ou]	오우
[u]	우	[u:]	우~	[uər]	우어~	[ʌ]	어
[æ]	애	[w]	우	[wa]	와	[wɔ]	워
				[j]	이	[ju]	유
[b]	ㅂ	[d]	ㄷ	[f]	ㅍ	[g]	ㄱ
[h]	ㅎ	[k]	ㅋ	[l]	ㄹ	[m]	ㅁ
[n]	ㄴ	[p]	ㅍ	[r]	ㄹ	[s]	ㅅ
[t]	ㅌ	[v]	ㅂ	[z]	ㅈ	[N]	받침ㅇ
[ʃ]	쉬	[tʃ]	취	[ʒ]	쥐	[dʒ]	쥐
				[θ]	ㅆ	[ð]	ㄷ

사냥꾼 강의 1   👁 꼼꼼하게 읽고 깊이 생각하기

발음기호가 아직 암기가 안 되었으면, 잠시 진도를 멈추고 발음기호부터 암기하고 진도를 나가면 좋을 것 같아요. 발음기호가 암기되었으면, 이제 모르는 영어단어를 사전에서 찾는 과정을 소개할게요.

예를 들어, 처음 접하는 'fantastic'이라는 단어를 암기한다고 해볼게요. 눈으로 그 단어를 보면서 입으로 스펠을 해요. [에프 에이 엔 / 티 에이 에스 / 티 아이 씨], [에프 에이 엔 / 티 에이 에스 / 티 아이 씨]. 이런 식으로 몇 번 스펠을 되풀이하면서 사전을 찾아요. 그러다가 그 단어가 나오면, 발음 기호를 확인하고 발음해 봐요. [팬, 태, 스틱], [팬, 태, 스틱], [팬, 태, 스틱].

발음을 할 때는 강세를 정확히 살려서 발음하는 것이 중요해요. [팬태스틱]. [f] 발음, [p] 발음 구별하시고요. "이 세상에서 내 발음이 최고야!" 이런 마인드로 하면 돼요. 글로벌 시대에 "내 발음이 최고야!" 하는 자신감이 필요해요.

발음이 입에 붙었으면 이제 뜻을 확인해요. '환상적인'이라는 뜻을 확인했으면 다시 한 번 "에프 에이 엔 / 티 에이 에스 / 티 아이 씨, [팬 태 스틱], 환상적인"이라고 소리 내어 발음해 보고 마무리하면 돼요.

이차피 나중에 듣기 공부도 해야 하니까 단어 암기할 때 발음을 정확히 숙지하세요. 발음할 줄 모르면 눈으로 아는 단어일지라도 귀에 들어오지 않아요.

영어 사냥 시범 1 ☞ 이제 영어 자신있게 읽을 수 있어요 ^^

precise[prisáis] : 정밀한, 정확한

발음기호 [prisáis]를 보고 읽을 수 있어야 뜻을 암기하고 싶은 욕망이 커지며, 그 단어에 대한 책임감과 자신감이 생기게 돼요. [pri]는 [프리], [sáis]는 [싸이스]라고 발음돼요. 합쳐서 [prisáis]는 [프리싸이스]라고 발음돼요. [a] 머리 꼭대기에 강세 표시가 있으므로 [싸]에 강세를 주어서 읽으면 돼요. [프리싸이스]. 강세는 너무한다 싶을 정도로 강하게 읽으세요.

description[diskrípʃən] : 묘사

[dis]는 [디스]로 발음돼요. [kríp]은 [크립]으로 발음돼요. [ʃən]은 [쉬언]으로 발음돼요. 셋을 합치면 [디스크립쉬언]으로 발음돼요. [쉬언]을 한 단어처럼 빠르게 발음하면서 강세를 [립]에 주세요. [디스크립쉬언]. 강세는 너무 한다 싶을 정도로 강하게!

학습자가 읽을 수 없는 단어는 귀로 들었을 때 들리지 않아요. 중학교, 고등학교 학교 공부나, 입시 수능 및 학습자의 관심에 따라 앞으로 듣기와 말하기 공부도 꾸준히 해야 할 텐데요, 듣기 공부할 때 고생하지 않도록 단어를 습득할 때, 반드시 정확한 발음을 할 수 있도록 노력해야 해요.

그리고 본격적인 듣기 공부는 어느 정도 어휘력이 갖추어진 뒤에 – 적어도 이 책에 나온 단어를 자기 것으로 만든 후에 – 하게 되면 재미있게 듣기 공부할 수 있어요. 그전까지는 부지런히 단어 읽으면서 암기하세요. 어차피 모르는 단어는 들리지도 않아요. 듣기 공부하는 방법을 소개할게요.

🎵 듣기 공부하는 요령 🎵

영어 듣기는 원어민이 하는 발음을 그대로 따라 하면서 훈련하세요. 반복해서 들으면서 딕테이션(받아 적기) 하면 금방 늘어요. 듣기를 잘하려면 많이 읽고, 많이 들으면 돼요.

수능 듣기를 잘하고 싶으면 수능에 최적화된 교재(실전 수능 듣기 모의고사)를 구해서 실전문제풀이와 딕테이션의 비율을 적절히 조절하여 만점이 나올 때까지 일정 기간 훈련하세요. 어휘가 받쳐주면, 듣기 점수를 독해 점수보다 더 빨리 올릴 수 있어요.

딕테이션 훈련 요령 ①파일을 열고, 전체 지문을 들리는 대로 영어로 그대로 받아 적는다. ②잘 안 들리는 부분은 서너 번 되풀이해서 들어보고 그래도 모르겠으면 들리는 대로 한글로 받아 적는다. ③최종적으로 스크립트를 확인하면서 틀리게 받아 적은 부분과 한글로 받아 적은 부분을 빨간 펜으로 고쳐 적는다. ④"아하~ 이게 그렇게 들렸구나!" 하고 느끼면서 최종적으로 다시 한 번 듣는다.

잘 안 들리는 경우 ①일단 그 단어를 모르면 안 들리는 것은 당연하다. ②고유명사 부분은 잘 안 들릴 수 있다. ③아는 단어라도 발음할 줄 모르는 단어는 안 들릴 수 있다. ④알고 있는 단어이지만 연음이 되어서 못 알아듣는 수도 있다. ⑤정신집중을 못 해서 순간적으로 놓치는 수가 있다.

주의할 사항 ①딕테이션 할 때는 원어민 발음을 그대로 똑같이 소리 내어 따라 하면서 적어라! ②귀로만 듣지 말고, 문법적 지식과 머리를 이용하여 들어라! ③딕테이션을 다하고 나면 반드시 스크립트와 대조해라!

영어 사냥 실전 1
☞ 빈칸에 연필로 꼼꼼히 채우세요^^*

♥ 사전을 찾아서 다음 빈칸에 발음을 정확하게 적으세요.
(세상에서 내 발음이 제일 정확하다는 자신감으로 ^^)

발음기호	우리말 발음	단어	우리말 발음
[kὰnstətjúːʃən]	칸스터튜션	swallow	스왈로우
[əménd]		multiply	
[və́ːrʒən]		guy	
[bʌntʃ]		significance	
[prəvíʒən]		representative	
[əpráksəmèit]		intelligent	
[dʒʌdʒ]		discipline	
[briːð]		contemporary	
[rilíːf]		virtual	
[sai]		revolution	
[wʌns]		ambulance	
[riːpéi]		sympathy	
[loun]		triumph	
[ìnstətjúːʃən]		emergency	
[grænd]		bush	
[áutlàin]		shallow	
[feint]		chamber	
[hálou]		union	
[peist]		obvious	
[istéit]		fundamental	
[nigóuʃièit]		priority	
[dámənèit]		ultimate	
[tiːz]		gradual	
[kɔ́ːrpərit]		acknowledge	
[əréindʒ]		appreciate	

영어 사냥 실전 1 (정답)

발음기호	우리말 발음	단어	우리말 발음
[kànstətjúːʃən]	칸스터튜션	swallow	스왈로우
[əménd]	어멘드	multiply	멀티플라이
[vəˊːrʒən]	버전	guy	가이
[bʌntʃ]	번취	significance	씨그니피컨스
[prəvíʒən]	프러비젼	representative	레프리젠터티브
[əpráksəmèit]	어프락써메이트	intelligent	인텔리전트
[dʒʌdʒ]	저쥐	discipline	디써플린
[briːð]	브리드	contemporary	컨템퍼러리
[rilíːf]	릴리프	virtual	버츄얼
[sai]	싸이(sigh)	revolution	레버루션
[wʌns]	원스	ambulance	엠뷰런스
[riːpéi]	리:페이	sympathy	씸퍼씨
[loun]	로운	triumph	츄라이엄프
[ìnstətjúːʃən]	인스터튜션	emergency	이머전씨
[grænd]	그랜드	bush	부쉬
[áutlàin]	아우트라인	shallow	쉘로우
[feint]	페인트	chamber	췌임버
[hálou]	하로우	union	유니언
[peist]	페이스트	obvious	아비어스
[istéit]	이스테이트	fundamental	펀더멘틀
[nigóuʃièit]	니고우쉬에이트	priority	프라이오러티
[dámənèit]	다머네이트	ultimate	얼터미트
[tiːz]	티:wm	gradual	그래쥬얼
[kɔ́ːrpərit]	코:ㄹ퍼리트	acknowledge	어크날리쥐
[əréindʒ]	어레인쥐	appreciate	어프리쉬에이트

Unit 02 — 8품사와 문장

사냥터 에피소드 2　　　☞ 가볍게 읽고 살짝만 생각하기 ^^*

사냥꾼 은지야~ 단어를 암기할 때 꼭 해야 하는 것이 있다면 무엇일까?
은 지 ... (...)
사냥꾼 은지는 참 과묵한걸? 선생님의 비밀을 다 말해줘도 괜찮을 것 같아~
은 지 ... (...)
사냥꾼 선생님이 혼자서 북 치고 장구 치고 다해요~ TT 은지는 단어 암기 후 사냥꾼 요약 다 채워놓으렴!

사냥꾼 강의 2   👁 꼼꼼하게 읽고 깊이 생각하기

단어 암기는 영어를 공부하는 학습자의 숙명이에요. "피할 수 없으면 즐겨라!(Enjoy it if you can't avoid it!)"고 했던가요?

모든 단어는 품사가 정해져 있어요. 어떤 단어는 한 가지 품사로만 쓰이지만 어떤 단어는 여러 가지 품사로 쓰이기도 해요. 단어를 암기할 때, 발음과 뜻, 그리고 품사가 무엇인지도 기억하면 영어 학습에 도움이 많이 됩니다. 특히 명사, 동사, 형용사, 부사는 꼭 품사를 구별하면서 암기하면 좋아요.

지금부터 여덟 가지 품사에 대해 공부할게요. 순서대로 한번 읊어볼게요. **명사 • 대명사 • 동사 • 형용사 • 부사 • 접속사 • 전치사 • 감탄사.** 이렇게 순서대로 암기하는 것이 암기도 잘되고, 기억도 오래가요. 먼저 명사, 대명사, 동사를 알아봅니다. 얘들의 소개를 직접 들어 보세요.

　안녕하세요. 저는 **명사**예요. 저는 사물이나 사람의 이름, 개념, 정의 등을 나타내요. 예를 들면, "책상, 나무, 동물, 은지, 준찬, 서울, 사랑, 우정, 평화" 이런 것들이죠. 저 **명사는 문장 속에서 주어나 목적어나 보어로 쓰여요.** 저를 꼭 기억해주세요.

　안녕하세요. 저는 **대명사**예요. 저는 명사를 대신해서 쓰여요. 예를 들어, 명사 "책상"을 대신하여 "이것, 저것, 그것"이라고 할 수 있고, 명사 "은지, 준찬"을 대신하여 각각 "그녀, 그"라고 할 수 있죠. "이것, 저것, 그것, 그녀, 그, 나, 너, 우리, 그들"이 전부 대명사예요. 저도 명사처럼 문장 속에서 **주어나 목적어나 보어로 쓰여요.** 세세한 것은 다음에 다시 다룰게요. 저 대명사, 기억해주세요.

Unit 02 : 8품사와 문장

안녕하세요. 저는 **동사**예요. 저는 사람이나 사물의 동작이나 작용을 나타내요. 저에 대해서는 캐면 캘수록 많은 것들이 나와요. 그래서 저에 대해서는 오랫동안 연구를 하셔야 할 거예요. 일단, 다음의 두 가지 사항은 알려드리고 갈게요. 저는 우리말 "~ 다"로 끝나요. 그리고 저는 변화무쌍하여 **원형, 현재형, 과거형, 과거분사형, 현재분사형**으로 변신이 가능해요. 지금은 "무슨 말인고?" 해도 차차 저를 알아보실 테니 너무 염려 마세요.

소개를 들어보니 명사와 대명사는 서로 형제 같죠. 멋진 남자 필이 느껴져요. 하지만 동사는 버릇없는 나쁜 남자 필이 느껴지네요. 뭐, 기분 탓이겠지만요. ㅋㅋ 이제 형용사와 부사의 소개를 들어볼까요?

안녕하세요. 저는 **형용사**예요. 저는 명사와 대명사가 좋아요. 그래서 그들을 예쁘게 꾸며줘요. 다시 말해서, **명사와 대명사를 수식**해줘요. 그리고 그들이 좋아서 그들을 닮고 싶은데, 제가 명사와 대명사처럼 주어와 목적어로 쓰일 순 없어요. 그래서 할 수 없이 **보어**로 쓰이는 것만 닮기로 했어요. 저 형용사는 명사와 대명사를 수식할 수 있고 보어로 쓰일 수 있어서 행복한 여자(?)랍니다. ㅎㅎ 참, 저는 우리말로 주로 '~한'이라는 말로 끝나요. 그런데, "~하게"로 옷을 바꿔 입으면 짠하고 부사로 변신해요. 부사 동생 나와라. ㅋㅋ

안녕하세요. 저는 **부사**예요. 저도 눈이 있으니 멋진 남자 명사와 대명사가 좋지만, 형용사 언니가 찜해버려서 할 수 없이 저는 명사와 대명사는 포기했어요. 그 대신 나쁜 남자 동사를 좋아하기로 했어요. 동사도 은근히 매력 있어요. 첨엔 언니 형용사가 미웠지만, 언니를 미워하면 안 되니까, 언니 형용사도 좋아할래요. 또 제가 저를 사랑하지 않으면 누가 저를 사랑해주겠어요. 그래서 부사인 저는 저 자신 부사도 사랑할래요.

에잇. 이것만으로는 성에 안 차요. 구, 절, 문장 전체를 전부 다 사랑해 버릴 거예요. 한마디로 저 **부사**는 명사와 대명사를 제외하고 **동사, 형용사, 부사, 구, 절, 문장 전체를 전부 다 수식**해요. 그래 봤자 저 부사는 문장의 구성성분은 될 수 없네요. 저의 한계랍니다. 휴~ TT

형용사·부사의 소개, 어떤가요? 잘 들어보셨나요? 형용사와 부사의 소개를 들어보니 서로 취향이 비슷한 듯 다른 재미있는 자매 같아요. 사연도 많이 있을 것 같군요. 일단 얘네들 하는 일이 뭔지 관심 갖고 기억해주자고요.^^ 이제 접속사·전치사·감탄사의 소개를 들어보고 사냥꾼 강의를 마칠게요.

안녕하세요. 저는 **접속사**예요. 저는 단어와 단어, 구와 구, 절과 절을 서로 **연결**해줘요. 더 자세한 건 다음에 소개할게요. 후훗 ^^

안녕하세요. 저는 **전치사**랍니다. 저는 혼자 안 다니고요. 명사나 대명사 앞에서 지휘하는 걸 좋아해요. 저도 다음에 자세히 소개할게요. 하핫 ^^

안녕하세요. 저는 **감탄사**예요. 사람들이 깜짝 놀라거나 그러면 불쑥불쑥 튀어나와요. 저는 아주 독립성이 강해요. 별로 연구 대상은 아니에요. 저에게 줄 관심 있으면 차라리 다른 애들한테 많이 퍼주세요. ㅎㅎ

사냥꾼 요약 2
☞ 사냥꾼 강의를 참고하여 빈칸을 채워보세요

품사	문장 속에서의 역할	예
명사	( ), ( ), ( )로 쓰임	책상, 나무, 동물, 은지, 중찬, 서울
대명사	( ), ( ), ( )로 쓰임	나, 너, 우리, 이것, 저것, 그것
동사	동사로 쓰임	공부하다, 쓰다, 보다, 가다, 살다
형용사	( )나 ( ) 수식, 그리고 ( )로도 쓰임	예쁜, 좋은, 큰, 밝은, 깨끗한
부사	( ), ( ), ( ) 수식, 구, 절, 문장 전체 수식	매우, 열심히, 아주, 깨끗하게
접속사	단어와 단어, 구와 구, 절과 절을 연결함	그러나, 그리고, ~이기 때문에
전치사	주로 ( )나 ( ) 앞에 쓰임	~에서, ~로부터
감탄사	놀람이나 느낌, 부름, 응답 따위를 나타냄. 독립적임	야호! 아얏! 만세! 잘했어! 으악!

영어 사냥 과제 2
☞ 정확히 암기하여 빈칸에 적어 넣으세요

품사	문장 속에서의 역할	예
( )	( ), ( ), ( )로 쓰임	책상, 나무, 동물, 은지, 중찬, 서울
( )	( ), ( ), ( )로 쓰임	나, 너, 우리, 이것, 저것, 그것
( )	동사로 쓰임	공부하다, 쓰다, 보다, 가다, 살다
( )	( )나 ( ) 수식, 그리고 ( )로도 쓰임	예쁜, 좋은, 큰, 밝은, 깨끗한
( )	( ), ( ), ( ), ( ), ( ), ( ) 수식	매우, 열심히, 아주, 깨끗하게
( )	단어와 단어, 구와 구, 절과 절을 ( )함	그러나, 그리고, ~이기 때문에
( )	주로 ( )나 ( ) 앞에 놓임	~에서, ~로부터
( )	놀람이나 느낌, 부름, 응답 따위를 나타냄. 독립적임	야호! 아얏! 만세! 잘했어!

영어 사냥 시범 2 👁 꼼꼼하게 읽고 깊이 생각하기

단어를 암기할 때는 품사를 구별하면서 암기해야 해요. 특히, 명사, 동사, 형용사, 부사는 꼭 품사를 구별하면서 단어 암기를 해야 해요. 품사 구별을 할 수 있게 되면 영어 공부를 빠르게 잘할 수 있게 돼요.

명사에 대해서 알아볼게요. 명사는 사람이나 사물의 이름, 개념, 정의 같은 것들이에요. 명사는 누구나 쉽게 구별할 수 있을 거라고 생각해요. 명사의 예를 들어 보면, "서연, 민규, 책상, 나무, 꽃, 국가, 동물, 사랑" 같은 것들이 있어요.

대명사는 명사를 대신하는 품사예요. "서연"은 사람 이름이죠. 그래서 명사예요. 그런데 서연을 대신해서 "그녀"라고 할 수 있어요. 서연이 본인은 자신을 "나"라고 할 것이고, 서연이 친구는 서연이를 "너"라고 할 거예요. 이렇게 명사 "서연"을 대신하는 "그녀, 나, 너" 이런 것들이 전부 "대명사"예요. 사람을 지칭하니까 세분해서 "인칭대명사"라고도 불러요.

그리고 "책상"이라는 명사를 "이것" 또는 "저것"이라고 부를 수 있죠. "이것, 저것"은 명사 "책상"을 대신하는 "대명사"예요. 이것, 저것 가리키니까 세분해서 "지시대명사"라고 부르기도 해요.

명사와 대명사는 문장 속에서 주어나 목적어나 보어로 쓰여요. 문장 성분을 이루는 것들이죠. 기본이 되는 이론을 좀더 배운 다음에 예문으로 설명할 거예요. 이 명사와 대명사를 꾸며주는 것(수식하는 것)이 "형용사"라고 했어요. "민규"라는 명사를 꾸며 볼까요? "잘생긴 민규"라고 할 수 있죠. "민규"라는 명사를 꾸미는 "잘생긴"은 품사가 "형용사"예요.

명사들을 다 꾸며볼까요? "깨끗한 책상, 큰 나무, 아름다운 꽃, 부유한 국가, 귀여운 동물, 영원한 사랑." 이렇게 명사를 꾸며주는 "깨끗한, 큰, 아름다운, 부유한, 귀여운, 영원한" 같은 것들이 형용사예요. 형용사는 대부분 이렇게 우리말 "ㄴ" 받침으로 끝나요.

동사는 우리말로 "~다"로 끝나요. 예를 들어 "공부하다, 먹다"는 동사예요. 동사구별은 너무 쉬워요.^^

부사는 동사, 형용사, 다른 부사를 수식해요. "공부하다"라는 동사를 수식해볼까요? "열심히 공부하다." 이렇게 수식할 수 있죠? 동사 "공부하다"를 꾸미는 "열심히"는 부사예요. "잘생긴"이라는 형용사를 수식해볼까요? "아주 잘생긴"이라고 할 수 있어요. "아주"가 형용사 "잘생긴"을 수식하니까, "아주"는 부사예요. "아주"처럼 원래부터 "부사"인 애도 있지만, 형용사에서 나온 부사도 있어요. 형용사에 "~하게"를 붙이면 부사가 돼요. "깨끗하게, 크게, 아름답게, 부유하게, 귀엽게" 같은 것들이 모두 부사예요. 어때요? 명사, 동사, 형용사, 부사 모두 구별할 수 있겠죠?

이제 우리는 따로 단어 옆에 품사 표시를 안 해줘도 스스로 품사를 구별할 수 있는 영어 사냥꾼 자질을 또 한 가지 갖추었어요. 자축해요. 파이팅! ^^

영어 사냥 실전 2

☞ 빈칸에 연필로 꼼꼼히 채우세요^^*

♥ 다음 우리말 단어들의 품사를 구별하세요.

	우리말 단어	품사			우리말 단어	품사
1	더러운			16	샌드위치	
2	접시			17	눈	
3	준비된			18	부드럽게	
4	가라앉다			19	조심스러운	
5	일어나다			20	조심스럽게	
6	경고			21	다행히	
7	소설			22	아주	
8	간호사			23	따르다	
9	배우			24	꿈	
10	가격			25	유명한	
11	낮은			26	면접	
12	가까운			27	덮다	
13	미래			28	너무	
14	좋은			29	화려하게	
15	높게			30	꿈꾸다	

♥ ( ) 안에 품사의 이름을 쓰고, 지시대로 우리말로 고치세요.

31. 가난한(　　　) → 부사형으로(　　　)
32. 게으른(　　　) → 명사형으로(　　　)
33. 열정적인(　　　) → 부사형으로(　　　)
34. 높게(　　　) → 명사형으로(　　　)
35. 멀리(　　　) → 명사형으로(　　　)
36. 열심히(　　　) → 형용사형으로(　　　)
37. 연구(　　　) → 동사형으로(　　　)
38. 도착하다(　　　) → 부사형으로(　　　)
39. 열정적으로(　　　) → 형용사형으로(　　　)
40. 깊게(　　　) → 명사형으로(　　　)

영어 사냥 실전 2 (정답)

♥ 다음 우리말 단어들의 품사를 구별하세요.

	우리말 단어	품사		우리말 단어	품사
1	더러운	형	16	샌드위치	명
2	접시	명	17	눈	명
3	준비된	형	18	부드럽게	부
4	가라앉다	동	19	조심스러운	형
5	일어나다	동	20	조심스럽게	부
6	경고	명	21	다행히	부
7	소설	명	22	아주	부
8	간호사	명	23	따르다	동
9	배우	명	24	꿈	명
10	가격	명	25	유명한	형
11	낮은	형	26	면접	명
12	가까운	형	27	덮다	동
13	미래	명	28	너무	부
14	좋은	형	29	화려하게	부
15	높게	부	30	꿈꾸다	동

♥ ( ) 안에 품사의 이름을 쓰고, 지시대로 우리말로 고치세요.

31. 가난한(형) → 부사형으로(가난하게)
32. 게으른(형) → 명사형으로(게으름, 나태)
33. 열정적인(형) → 부사형으로(열정적으로)
34. 높게(부) → 명사형으로(높이, 높음)
35. 멀리(부) → 명사형으로(멈)
36. 열심히(부) → 형용사형으로(열심인)
37. 연구(명) → 동사형으로(연구하다)
38. 도착하다(동) → 부사형으로(도착하여)
39. 열정적으로(부) → 형용사형으로(열정적인)
40. 깊게(부) → 명사형으로(깊이, 깊음)

Unit 03 — 영어는 '주어+동사'다; 문장 성분

사냥터 에피소드 3 ☞ 가볍게 읽고 살짝만 생각하기 ^^*

은지가 친구 모아를 영어 사냥터에 데려왔다.

사냥꾼 은지가 오늘은 참 예쁜 짓을 했어요~(샤방샤방) ^^

은 지 ... (또 말이 없다~)

모 아 선생님~ 은지가요~ 선생님이 알려주신 대로 단어 암기를 하니까 단어 암기가 잘된대요. 저도 선생님이 알려 주신대로 공부할게요. 그런데 영문법을 꼭 배워야 하나요?

사냥꾼 웅~ 모아는 어떻게 생각하니?

모 아 글쎄요~ 잉~ 그냥 선생님이 말씀해주시면 안 돼요? ㅎㅎ

사냥꾼 알았다뤄~ 설명 잘 듣고 사냥꾼 요약 빈칸 잘 채워 보렴. ^^

사냥꾼 강의 3　　　　　　　　　👁 꼼꼼하게 읽고 깊이 생각하기

　단어들이 모여서 문장을 이루는데요, 단어들을 아무렇게나 배열하여 문장을 만드는 것은 아니에요. 어떠한 약속에 의해 단어들을 배열하여 문장을 만들어요. 그 약속이 바로 영문법이에요.

　"하나"를 알려주면 "둘"을 안다는 말이 있어요. 영어 학습에서도 영문법을 배우고 나면 무수히 많은 언어 현상에 일일이 노출되지 않고도 셋, 넷을 적용해서 알아낼 수 있어요.

　우리가 영문법을 배우는 이유는 바로 이 "하나"에 해당하는 것을 습득하기 위한 것이며, 결국 언어 학습 시간을 단축하기 위한 것이라고 할 수 있어요. 그러니까, 한국어 환경 속에서 영어 공부를 하려면 문법을 배워서 하는 게 훨씬 빠르다는 생각이에요. 영문법 안 배우고도 더 빨리 잘할 방법이 있으면 그 방법으로 하면 돼요. 후훗...

　하지만 영문법이 모든 언어 현상을 전부 다 커버해줄 수는 없어요. 모든 언어 현상을 영문법이라는 한 바구니에 담으려고 하면 그때부터 영어 공부가 하기 싫고 어려워져요. 때로는 살아 움직이는 영어 표현들을 개별적으로 그대로 모방하고 암기하는 것이 학습에 더 효과적일 수도 있어요.

　영문법을 학습할 때는 정확한 해석과 정확한 영작에 실질적인 도움이 될 수 있는 학습이 되어야 해요. 또 개별사항은 개별적으로 접근하는 현명함도 동시에 갖고 있어야 하고요. 한마디로, 문법을 위한 문법을 해서, 문법의 노예가 되지는 말라는 얘기예요. 문법의 노예는 학자들께 맡기고 우리는 쉽고 빠르게 가기로 해요.

본론으로 돌아와서, 앞으로 영문법을 설명하면서 "문장 성분"이란 말을 자주 사용할건데요, 영어에서 문장 성분이란 주어, 동사, 목적어, 보어를 말해요. 영어 문장을 구성하는 문장 성분에는 이 네 가지가 있다는 것, 일단 무조건 암기하세요. 언어를 배우는데 있어서는 때로는 암기가 우선이에요. 무조건 암기하고 나면, 기가 막히게도 저절로 이해되는 경우를 경험할 수 있어요. 사냥터에 왔으니 사냥꾼 말을 믿으세요.^^

영어 문장은 우리말과 비교했을 때 단어들의 배열 순서가 달라요. 영어 문장은 기본적으로 주어 다음에 동사, 즉 "주어+동사"의 순서로 배열돼요. 주어와 동사가 나오고 나서 다른 문장 성분(목적어나 보어)이 나와요. 아래 표에서 우리말 순서와 영어 순서를 비교해보고 빈칸을 채워보세요.

우리말 순서	영어 순서
나는 영어를 가르친다.	나는/ 가르친다/ 영어를
Chan은 서울에서 산다.	Chan은/ 산다/ 서울에서
Chris는 3개 국어를 (말)한다.	Chris는/ (말)한다/ 3개 국어를
그 상점은 9시에 연다.	그 상점은/ 연다/ 9시에
그녀는 파란 눈을 가지고 있다.	그녀는/ 가지고 있다/ 파란 눈을
모든 사람이 Chris를 좋아한다.	모든 사람이/ 좋아한다/ Chris를
나의 형은 은행에서 일한다.	( )
나는 대도시를 좋아한다.	( )

어렵지 않지요? 빈칸에는 각각 "나의 형은/ 일한다/ 은행에서", "나는/ 좋아한다/ 대도시를"이라고 쓰신 거 맞죠?

이렇게 영어 문장은 주어 다음에 동사가 나온다는 것. 이것이 영어식 사고의 시작이에요. 다시 한 번! 영어는 "주어+동사"다! ^^

사냥꾼 요약 3   ☞ 사냥꾼 강의를 참고하여 빈칸을 채워보세요

※ 문장의 구성성분: (　　), (동사), (　　), (보어)
※ 영어 문장 : (　　) + (　　)의 순서로 이루어져 있다.
※ 보어 : (　　) 해주는 말; 주격보어, 목적격보어

영어 사냥 과제 3   ☞ 다음 빈칸을 채우세요

※ 문장의 구성성분: (　　), (　　), (　　), (　　)
※ 영어 문장 : (　　) + (　　)의 순서로 이루어져 있다.
※ 보어 : (　　) 해주는 말; (　)격보어, (　)격보어

우리말 순서	영어 순서
나는 영어를 가르친다.	나는 (　　　)(　　　)
Chan은 서울에서 산다.	Chan은 (　　　)(　　　)
Chris는 3개 국어를 (말)한다.	Chris는 (　　　)(　　　)
그 상점은 9시에 연다.	그 상점은 (　　　)(　　　)
그녀는 파란 눈을 가지고 있다.	그녀는 (　　　)(　　　)
모든 사람이 Chris를 좋아한다.	모든 사람이 (　　　)(　　　)
나의 형은 은행에서 일한다.	나의 형은 (　　　)(　　　)
나는 대도시를 좋아한다.	나는 (　　　)(　　　)

영어 사냥 시범 3　　　　☞ 꼼꼼하게 읽고 깊이 생각하기

　영어에서 문장이 되려면 최소한 주어와 동사는 있어야 해요. 어떤 문장은 주어와 동사만 있어도 완전한 문장이 되는데, 어떤 문장은 주어와 동사만으로는 불완전해요.

　이렇게 주어와 동사만으로는 문장이 불완전할 때 들어가서 보충 설명해 주는 말이 보어예요. 이 보어는 주어를 보충 설명해주기 때문에 "주격보어"라고 불러요. 주어와 주격보어는 같은 관계(equal)가 성립해요.

　"He is busy."가 이런 문장이에요. "He is"만 있으면 "그가 뭐?" 이런 생각 들죠? 뭔가 불완전해요. 그래서 동사 is 다음에 "busy"를 넣어서 주어를 보충 설명해주니 문장이 의미를 갖게 됐어요. "he(주어) = busy(주격보어)" he가 busy해요. "그는 바쁘다."

　또 어떤 문장은 주어와 동사, 목적어만 있어도 완전한데, 어떤 문장은 주어와 동사와 목적어만으로는 불완전해요. 이렇게 주어와 동사와 목적어만으로는 문장이 불완전할 때 들어가서 보충 설명해 주는 말이 있어요. 목적어를 보충 설명해주기 때문에 우리는 이 보어를 "목적격보어"라고 불러요. 목적어와 목적격보어는 같은 관계(equal)가 성립해요.

　"They call me Chan."이 이런 문장이에요. "They call me"만 있으면 뭔가 불완전해요. 목적어 "me" 다음에 "Chan"을 넣어서 목적어를 보충 설명해 주니 문장이 완전한 의미를 갖게 됐어요. "me(목적어) = Chan(목적격보어)" 관계에 있어요. me가 Chan이에요. "그들은 나를 Chan이라고 부른다."

영어 사냥 실전 3   ☞ 빈칸에 연필로 꼼꼼히 채우세요^^*

♥ 다음 우리말을 영어식 배열 순서로 나열해보세요.

1. 그녀는 그의 이마를 만졌다.
☞

2. 제가 당신께 길을 안내해드릴게요.
☞

3. 그들은 시청 주변에 새 도로를 건설하고 있다.
☞

4. 그는 그의 가장 친한 친구의 죽음을 목격했다.
☞

5. 그는 그 목사의 연설에서 한 구절을 인용했다.
☞

♥ ( ) 안에 주어진 우리말 난어를 문장의 가장 적절한 곳에 넣어서 수식해보세요.

6. 나의 첫 반응은 그 제안을 거부하는 것이었다.(강력하게)
☞

7. 그녀는 창문으로 달려가서 도로를 내려다보았다.(꼬불꼬불한)
☞

8. 청소년들이 자기들의 장식된 자전거를 뽐내고 있었다.(창조적으로)
☞

영어 사냥 실전 3 (정답)

1. ☞ 그녀는/ 만졌다/ 그의 이마를
2. ☞ 제가/ 안내해드릴게요/ 당신께/ 길을
3. ☞ 그들은/ 건설하고 있다/ 새 도로를/ 시청 주변에
4. ☞ 그는/ 목격했다/ 죽음을/ 그의 가장 친한 친구의
5. ☞ 그는/ 인용했다/ 한 구절을/ 그 목사의 연설에서
6. 나의 첫 반응은 그 제안을 (강력하게) 거부하는 것이었다.
7. 그녀는 창문으로 달려가서 (꼬불꼬불한) 도로를 내려다보았다.
8. 청소년들이 자기들의 (창조적으로) 장식된 자전거를 뽐내고 있었다.

Unit 04 영어 문장 해석 방법

사냥터 에피소드 4   ☞ 가볍게 읽고 살짝만 생각하기 ^^*

은지와 모아가 자습을 하면서 해석 문제로 씨름하고 있다.

은 지 난 이렇게 해석하는 게 맞을 거 같아.^^;

모 아 난 이게 맞을 것 같은데? ^^;

사냥꾼 둘이서 뭘 그렇게 열심히 하고 있니? 공부하는 거면 칭찬해주고... ㅎㅎ

모 아 선생님 이거 해석, 누가 맞아요? ㅎㅎ

사냥꾼 어디 보자. 흠... 둘 다 맞긴 한데, 내가 가르쳐준 대로 한 모아가 앞으로 더 발전 가능성이 있을 것 같아~ ^^

은 지 알겠어요, 쳇... @@

사냥꾼 (어랏, 드디어 은지가 피드백을? ㅎㅎ)

사냥꾼 강의 4　　　　　☞ 꼼꼼하게 읽고 깊이 생각하기

　영어 문장은 '주어 다음에 동사'가 나온다고 했어요. 엄밀히 말하면 '주어 부분' 다음에 '동사 부분'이 나온다고 말해야 해요. '주어 부분'은 줄여서 '주부'라고 할게요. 어쨌든 콩떡같이 말해도 찰떡같이 이해해주시면 좋겠어요. 하지만 엄밀하게 구분해서 말해야 할 필요가 있을 때는 구분해서 말씀드릴 거예요.

　영어 문장을 접하고 해석할 때, 먼저 그 문장의 '동사(부분)'를 찾아요. 동사를 찾았으면 그 앞은 자동으로 주어(주부)가 돼요.

　동사를 찾는 이유는 시제를 파악하기 위해서예요. 시제는 동사 부분이 결정해주거든요. 그리고 시제에 따라 해석이 달라져요. 찾은 동사 부분을 보고 시제가 파악되면, 주어에 "은, 는, 이, 가" 중에서 가장 어울리는 우리말 조사를 붙여서 해석하면 돼요.

　이러한 일련의 머릿속 사고 과정은 불과 0,1초 정도밖에 안 걸릴 수 있어요. 복잡한 경우, 문법적 지식이 없으면 한참이 걸릴 수도 있고요.

　선생님, 그럼 동사가 뭔지, 시제가 뭔지를 먼저 알아야겠군요?

　당연하지요. 지금 우리는 영어의 큰 숲을 이해하고 영어를 위에서부터 한눈에 쫙 내려다볼 수 있기 위한 장치를 마련하는 중이에요. 이 장치가 마련되고 나면 영어 학습에 가속도가 붙어요. 그때까지는 고생스럽겠지만 여러 가지 장치들을 암기해서 숙지해야 해요. 암기할 거 암기만 해주면 영어가 쉬운데 이걸 안 하고 잘하려고 하니 영어가 맨날 어렵다고 불평만 하게 돼요.

사냥꾼 요약 4   ☞ 사냥꾼 강의를 참고하여 빈칸을 채워보세요

영어 문장을 해석할 때 가장 먼저 해야 할 일
① 먼저 그 문장의 (   )를 찾는다.
② 동사를 찾았으면 그 앞은 (   )이다.
③ 동사 부분을 보고 (   )를 파악한다.
④ "(   ), (   ), (   ), (   )" 중에서 가장 어울리는 우리말 조사를 주어에 붙여서 해석한다.

영어 사냥 과제 4   ☞ 다음 사항을 완벽하게 암기하기

※ 철자 → 단어 → (   ) → 단락 → 글
※ 영어에서 문장 성분: (   ), (   ), (   ), (   )
※ 영어 문장은 (   ) + (   )의 순서로 이루어져 있다.

영어 문장을 해석할 때 가장 먼저 해야 할 일
① 먼저 그 문장의 (   )를 찾는다.
② (   )를 찾았으면 그 앞은 (   )이다.
③ (   ) 부분을 보고 (   )를 파악한다.
④ "(   ), (   ), (   ), (   )" 중에서 가장 어울리는 우리말 조사를 하나 골라서 (   )에 붙여서 해석한다.

영어 사냥 핵무기 1 ☞ 완벽 암기 후에 진도 나가기예요~ ^^

● 불규칙 동사 25개 (발음은 사전에서 반드시 확인하세요.)
  뜻은 가능한 많이 암기하는 것이 좋아요 ^^

원형	과거	과거분사	뜻
be	was, were	been	~이다, ~이 되다, ~이 있다
have	had	had	가지고 있다, 가지다, 먹다, ~하게 하다, ~시키다(사역)
do	did	done	하다
go	went	gone	가다
come	came	come	오다
give	gave	given	주다
meet	met	met	만나다
say	said	said	말하다
tell	told	told	말하다
throw	threw	thrown	던지다
lose	lost	lost	잃다, 잃어버리다
make	made	made	만들다, (사역) ~하게 하다
think	thought	thought	생각하다
know	knew	known	알다
wear	wore	worn	착용하다, 입다, 신다, 쓰다
read	read	read	읽다
sing	sang	sung	노래하다, 노래 부르다
hear	heard	heard	듣다
see	saw	seen	보다
forget	forgot	forgotten	잊다, 잊어버리다
give	gave	given	주다
keep	kept	kept	유지하다, 계속하다, 기르다 가지고 있다, (일기를) 쓰다
eat	eat	eaten	먹다
buy	bought	bought	사다, 사주다
hit	hit	hit	치다, 때리다, ~와 부딪치다

영어 사냥 핵무기 1 점검   ☞ 안 보고 채울 수 있나요? ^^

원형	과거	과거분사	뜻
be			( ), ( ) ~이 있다
have			가지고 있다, 가지다, 먹다, (사역의 뜻) : ( )
do			하다
go			
come			오다
give			주다
meet			
say			말하다
tell			
throw			
lose			
make			만들다, (사역의 뜻) : ( )
think			
know			알다
wear			
read			읽다
sing			
hear			
see			보다
forget			
give			
keep			유지하다, 계속하다, 기르다 가지고 있다, (일기를) 쓰다
eat			먹다
buy			
hit			( ), ( ) ~와 부딪치다

Unit 05 동사의 종류; 인칭 구별; 분사

사냥터 에피소드 5   ☞ 가볍게 읽고 살짝만 생각하기 ^^*

사냥꾼 웅찬아~ 영어 문장을 접하면 가장 먼저 할 일이 뭐지?

웅 찬 가장 먼저 동사를 찾아요! 동사를 찾았으면 그 앞은 전부 주어고요. 동사의 시제를 파악한 후, '은, 는, 이, 가' 중에서 가장 잘 어울리는 것을 주어에 붙여서 해석해요.

다 빈 그런데, 웅찬이는 동사를 구별하지 못하는 게 함정! ㅋㅋ

사냥꾼 그럼, 동사에 대해서는 다빈이가 설명해봐~ ㅎㅎ

다 빈 동사는 우리말로 끝이 "~다"로 끝나고, 편의상 be동사, 조동사, 일반 동사로 나눠요. 또 목적어의 유무에 따라 타동사와 자동사로 구별돼요.

사냥꾼 강의 5 　☞ 꼼꼼하게 읽고 깊이 생각하기

　영어 문장을 해석할 때 가장 먼저 할 일이 그 문장의 동사를 찾는 건데, 동사를 모르면 안 되겠죠? 동사는 편의상 be동사, 조동사, 일반 동사, 이렇게 세 가지로 분류해볼 수 있어요. 이렇게 편의상 세 가지로 분류해 놓으면 영어 공부하기에 많이 편리해요.

　be동사는 원형이 be예요. 현재형은 am, are, is이고, 과거형은 각각 was, were, was이며, 과거분사형은 been, 현재분사형은 being이에요. 영어 문장은 '주어 다음에 동사'가 온다고 했는데, 문장에 동사가 없을 때 be동사를 넣어줘요.

　조동사에는 기본적인 조동사 will, shall, can, may, must가 있어요. will의 과거형은 would, shall의 과거형은 should, can의 과거형은 could, may의 과거형은 might, must의 과거형은 따로 없어요. 그리고 조동사 다음에는 반드시 '동사원형'이 와요.

　be동사와 조동사를 제외한 나머지 동사가 전부 일반 동사예요. 일반 동사는 그 수가 무진장 많겠죠?

사냥꾼 요약 5 　☞ 사냥꾼 강의를 참고하여 빈칸을 채워보세요

be동사	원형(　　), 현재(　, 　, is), 과거(　, 　), 과거분사(　　): (　　)가 없을 때 들어가서 문장을 만든다.
조동사	will, can, may, must 등: (　　)를 도와주는 동사. 조동사 다음에는 반드시 (　　)이 온다.
일반동사	(　　)동사와 (　　)동사를 제외한 나머지 동사

사냥꾼 강의 5 ☞ 꼼꼼하게 읽고 깊이 생각하기

인칭에는 1인칭, 2인칭, 3인칭이 있어요. 각각 단수와 복수가 있지요. 단수는 하나인 것, 복수는 둘 이상인 것을 나타내요. 1인칭 단수는 '나'를 가리키고, 1인칭 복수는 '나를 포함한 여러 사람', 즉 '우리'를 가리켜요. 2인칭 단수는 '너'를 가리키고, 2인칭 복수는 '너를 포함한 여러 사람', 즉 '너희들'을 가리켜요. '1인칭과 2인칭을 제외한 나머지'가 전부 3인칭이에요. 3인칭 중에서도 하나이면 3인칭 단수, 둘 이상이면 3인칭 복수예요.

문장에 동사가 없을 때 be동사를 쓴다고 했는데, be동사를 쓸 때 주어가 I(나)일 때 am을, 주어가 3인칭 단수일 때 is를 쓰고, 그 외의 주어에는 전부 are를 써요. 암기해요.^^

여기서 깨알 지식 한 가지 말씀드리면, 영어 문장의 맨 앞 단어의 첫 글자는 반드시 대문자로 써야 해요. 그리고 I(나)는 위치에 상관없이 언제나 대문자(I)로 써요.

사냥꾼 요약 5 ☞ 사냥꾼 강의를 참고하여 빈칸을 채워보세요

● 인칭 구별

인 칭	단 수	복 수
1인칭	( )	( )
2인칭	( )	( )
3인칭	( ) 인칭과 ( ) 인칭을 제외한 모든 것 하나이면 ( ), 둘 이상이면 ( ) my father, this, this book 등	my parents, these flowers, two books 등

사냥꾼 강의 5　　　　☞ 꼼꼼하게 읽고 깊이 생각하기

　이제 분사에 대해서 알아볼게요. 분사에는 현재분사와 과거분사(일명 p.p라고 불려요), 이렇게 두 가지가 있어요. 이름을 잊어버리지 마세요. 사람도 누가 자기 이름을 잊어버리면 기분 나쁘잖아요. 생김새와 이름을 기억하는 것은 기본 중의 기본이에요. 현재분사는 생김새가 "동사 ing"예요. 과거분사는 생김새가 "동사 ed"예요. 불규칙 동사에서 나온 과거분사는 귀찮지만 따로 다 암기해야 해요. 너무나도 중요하기 때문에 사냥꾼이 '핵무기'라고 부르고 있어요.^^

　분사는 시제를 만드는 데 쓰여요. 현재분사(~ing)는 진행시제에서 쓰이고, 과거분사(~ed)는 완료시제와 수동태에 쓰여요. 분사가 시제에 쓰이지 않고 단독적으로 쓰일 때가 있는데, 그때 분사는 형용사 역할을 해요. 이때 현재분사는 능동의 의미를 갖고, 과거분사는 수동의 의미를 가져요. 아직 안 배운 내용이 있으니 어렵게 다가올 수 있어요. 걱정하지 마세요. 다음에 좀더 자세하게 다루니까요. 이해하려고 하지 마시고 암기를 해 두세요.

사냥꾼 요약 5　　　　☞ 사냥꾼 강의를 참고하여 빈칸을 채워보세요

● 분사

비교	현재분사	과거분사(p.p)
모양새	(　　　)	규칙(　　　) 불규칙(　　　)
쓰임새	(　　　)시제에 쓰임	(　　　)시제, (　　　)에 쓰임
시제에 말고 단독적으로 쓰일 때	(　　　) 역할 (　　　)의 의미	(　　　) 역할 (　　　)의 의미

영어 사냥 과제 5 ☞ 다음 빈칸을 채우고 완벽하게 암기하기

● 동사의 종류(편의상 구분)

be동사	원형(　　), 현재(　　, 　　, is), 과거(　　, 　　), 과거분사(　　): (　　)가 없을 때 들어가서 문장을 만든다.
조동사	(will, can, may, must 등): (　　)를 도와주는 동사. 조동사 다음에는 반드시 (　　)이 온다.
일반동사	be동사와 (　　)를 제외한 나머지 동사

● 인칭 구별

인칭	단수	복수
1인칭	(　　)	(　　)
2인칭	(　　)	(　　)
3인칭	(　　) 인칭과 (　　) 인칭을 제외한 모든 것 하나이면 (　　), 둘 이상이면 (　　)	
	my father, this, this book 등	my parents, these flowers, two books 등

● 분사

비교	현재분사	과거분사(p.p)
모양새	(　　)	규칙(　　) 불규칙(　　)
쓰임새	(　　)시제에 쓰임	(　　)시제, (　　)에 쓰임
시제에 말고 단독적으로 쓰일 때	(　　) 역할 (　　)의 의미	(　　) 역할 (　　)의 의미

영어 사냥 핵무기 2   ☞ 완벽하게 암기하고 진도 나가기예요~ ^^

● 불규칙 동사 25개 (발음은 사전에서 반드시 확인하세요.)
  뜻은 가능한 많이 암기하는 것이 좋아요 ^^

원형	과거	과거분사	뜻
feel	felt	felt	만져보다, 느끼다, ~한 느낌이 들다
understand	understood	understood	이해하다
find	found	found	찾다, 발견하다 ~라고 생각하다
get	got	got	얻다, 사다, 사주다,
		gotten	~하게 하다
leave	left	left	떠나다, 남기다
sleep	slept	slept	잠자다, 자다
speak	spoke	spoken	말하다
grow	grew	grown	자라다, 재배하다
build	built	built	짓다, 건설하다
become	became	become	~이 되다
teach	taught	taught	가르치다, 가르쳐주다
take	took	taken	가지다, 데리고 가다 필요로 하다, 복용하다
sell	sold	sold	팔다, 팔리다
put	put	put	놓다, 두다
pay	paid	paid	(돈을) 지불하다
catch	caught	caught	잡다
begin	began	begun	시작하다, 시작되다
run	ran	run	달리다, 운영하다
write	wrote	written	쓰다
mean	meant	meant	의미하다, 뜻하다
cut	cut	cut	베다, 자르다
drive	drove	driven	운전하다, 몰다
beat	beat	beaten	치다, (심장, 맥박) 뛰다
spend	spent	spent	쓰다, (시간을) 보내다
bring	brought	brought	가져오다

영어 사냥 핵무기 점검 2 ☞ 안 보고 다 채울 수 있죠? ^^

● 불규칙 동사 25개 (발음은 사전에서 반드시 확인하세요.)
  뜻은 가능한 많이 암기하는 것이 좋아요 ^^

원형	과거	과거분사	뜻
feel			
understand			이해하다
find			
get			얻다, 사다, 사주다, ~하게 하다
leave			
sleep			잠자다, 자다
speak			
grow			자라다, 재배하다
build			
become			~이 되다
teach			
take			가지다, 데리고 가다 필요로 하다, 복용하다
sell			
put			놓다, 두다
pay			
catch			잡다
begin			
run			달리다, 운영하다
write			
mean			의미하다, 뜻하다
cut			
drive			운전하다, 몰다
beat			
spend			쓰다, (시간을) 보내다
bring			

Unit 06 — 자동사; 타동사; 보어; 구; 절

사냥터 에피소드 6 ☞ 가볍게 읽고 살짝만 생각하기 ^^*

형 욱 선생님, 자동사는 스스로 하는 것이고, 타동사는 남이 시켜서 하는 것이 맞나요?

사냥꾼 영어 공부를 하다 보면, 어려운 용어들이 나와서 학생들이 버거워하는 경우가 많은데, 가르치고 배우는 데 있어서 어떤 용어 사용 없이 가르치려고 하면 그때마다 설명이 길어져야 하는 불편함이 있단다. 그래서 배우는 학습자와 가르치는 선생님 사이에 어떤 용어에 대한 개념 정리를 하고 가면, 그 이후부터는 길게 설명할 필요 없이 간편하게 의사소통이 되는 장점이 있단다.

형 욱 그러니까 자동사 타동사에 대한 제 생각이 틀렸다는 말씀이군요?

사냥꾼 눈치 빠른 우리 형욱이~ 틀렸다기보다는 더 정확하게 알자~ 이거지!

사냥꾼 강의 6 　　　　　　　　🔍 꼼꼼하게 읽고 깊이 생각하기

　문법학자들이 영어 문장들을 죽 분류해보니 대략 5가지 유형으로 분류가 된대요. 그래서 나온 것이 문장의 5형식이라고 하는 것이에요. 현재 일반적으로 통용되고 있어요. 대부분 잘 들어맞지만 잘 들어맞지 않는다거나 모르겠다거나 헷갈리면 개별사항으로 접근하면 돼요. 그게 현명한 방법이에요.

　어떠한 문법도 모든 언어 현상을 100% 다 담아내지는 못해요. 언어는 생성, 변화, 소멸을 거치는 생물이거든요. 언어를 사용하는 사람들이 자꾸 약속과 어긋나게 사용하고, 급기야 그런 사람들이 아주 많아지면, 잘못된 사용이지만 용인을 해주기도 해요. 문법의 노예가 되지는 말고 문법을 잘 활용하면 돼요.

　5형식 분류는 동사 중심의 분류예요. 즉, 어떤 동사가 목적어를 필요로 하느냐 그렇지 않으냐, 보어를 필요로 하느냐 그렇지 않으냐를 따져서 1형식부터 5형식까지 나누는 분류법이에요.

　주어와 동사만으로 완벽한 유형이면 1형식, 주어와 동사만으로는 불완전해서 동사 뒤에 주어를 보충 설명해주는 보어가 필요한 유형이면 2형식, 주어와 동사 뒤에 목적어가 있어야 하는 유형이면 3형식, 주어와 동사 뒤에 연달아서 간접목적어와 직접목적어가 있어야 하는 유형이면 4형식, 주어와 동사 다음에 목적어만으로는 불완전해서 목적어를 보충 설명해주는 보어가 필요한 유형이면 5형식으로 구분해요.

　다음과 같이 정리돼요. "자동사는 목적어가 필요 없는 동사다. 반대로 타동사는 목적어가 필요한 동사다." 즉, 3형식, 4형식, 5형식에 쓰인 동사

는 타동사이고, 1형식과 2형식에 쓰인 동사는 자동사예요. 자동사와 달리 타동사 뒤에는 전치사 같은 거 없이 바로 목적어가 와야 해요. 기억해주세요.

1형식에 쓰인 자동사는 우리가 완전자동사라고 불러요. 2형식은 불완전해서 보어가 쓰였으니 2형식에 쓰인 자동사는 불완전 자동사라고 불러요. 3형식에 쓰인 동사는 완전타동사라고 부르고, 4형식에 쓰인 동사는 목적어가 필요하니까 타동사는 타동사인데 '~에게 ~을 (해)주다'라는 의미에서 '수여동사'라고 부르기도 해요. 그리고 5형식은 불완전해서 보어가 쓰였으니 5형식에 쓰인 동사는 불완전타동사라고 불러요.

1형식에서는 주어와 주격보어가 이퀄(equal) 관계, 즉 같은 관계에 있어요. 주격보어는 주어를 보충 설명해주니까요. 5형식에서는 목적어와 목적격보어가 이퀄(equal) 관계, 즉 같은 관계에 있어요.

4형식 문장은 '주어 + 동사 + 간접목적어 + 직접목적어' 순서로 배열돼요. 그런데 간접목적어와 직접목적어는 절대로 이퀄(equal) 관계, 즉 같은 관계에 있을 수가 없어요.

4형식에서 간접목적어와 직접목적어의 자리를 바꾸고 그사이에 적절한 전치사를 써주면 3형식 문장으로 바뀌어요. 이때 동사가 give, send, teach, read, write, show 등일 경우에는 적절한 전치사로 'to'를 쓰고, 동사가 make, buy, get, order, find 등일 때는 'for'를, 동사가 ask와 inquire일 때는 'of'를 써줘요.

문장의 5형식에 대해서 알아봤는데요, 다섯 가지 유형의 문장 형식을 두고, 이것은 몇 형식이니, 저것은 몇 형식이니 구별하려고 애쓰는 것은 영어 공부에 비효율적이에요.

형식 구분은 해석에 도움을 주는 정도로 받아들여야지, 무슨 수학 공식처럼 대하듯이 하지 않기를 바라요.

영어를 배우고 익히는 데 있어서, 지도자와 학습자가 의사소통이 잘되도록 용어 개념 정리를 하나 하고 갈게요. 지도자와 학습자가 약속된 용어를 사용하면 말을 길게 하지 않아도 되거든요.

간단한 뼈대만 갖춘 문장에 살을 붙여서 문장을 길게 쓸 수 있는 여러 가지 장치들이 있어요. 그중에 '구'와 '절'이라는 것이 있어요. 구는 '두 개 이상의 단어가 모여서 하나의 품사 역할을 하는 것'이고요. 절은 '주어와 동사의 형식을 갖추고 있는 것'을 말해요.

앞으로 영문을 설명할 때 자주 사용할 건데요, 구, 절이라는 말이 나왔을 때, 눈만 말똥말똥하면 안 되는 거 아시죠?

사냥꾼 요약 6

☞ 사냥꾼 강의를 참고하여 빈칸을 채워보세요

● 자동사와 타동사의 개념 정리 그리고 보어

자동사	( )를 필요로 하지 않은 동사
타동사	( )를 필요로 하는 동사

● 문장의 5형식(자동사, 타동사, 보어에 따른 분류)

1형식	주어 + ( )
2형식	주어 + ( ) + ( )
3형식	주어 + ( ) + ( )
4형식	주어 + ( ) + ( ) + ( )
5형식	주어 + ( ) + ( ) + ( )

● 4형식 → 3형식 전환 시 사이에 넣는 전치사

to	대부분의 4형식 동사 ( ), ( ), ( ), ( ) 등
for	( ), ( ), ( ), ( ), ( ) 등
of	( ), inquire 등

구	( )개 이상의 ( )가 모여서 하나의 ( ) 역할을 하는 것
절	( ) + ( )의 형식을 갖추고 있는 것

Unit 06 : 5형식; 자동사; 타동사; 보어; 구; 절   57

영어 사냥 과제 6   ☞ 다음 빈칸을 채우고 완벽하게 암기하기

● 자동사와 타동사의 개념 정리 그리고 보어

자동사?	( )를 필요로 하지 않은 동사
타동사?	( )를 필요로 하는 동사
보 어?	( ) 해주는 말; ( )격보어, ( )격보어

● 문장의 5형식(자동사, 타동사, 보어에 따른 분류)

1형식	주어 + ( )
2형식	주어 + ( ) + ( )
3형식	주어 + ( ) + ( )
4형식	주어 + ( ) + ( ) + ( )
5형식	주어 + ( ) + ( ) + ( )

● 4형식 → 3형식 전환 시 사이에 넣는 전치사

to	대부분의 4형식 동사 ( ), ( ), ( ), ( ), ( ) 등
for	( ), ( ), ( ), ( ), ( ) 등
of	( ), inquire 등

구	( )개 이상의 ( )가 모여서 하나의 ( ) 역할을 하는 것
절	( ) + ( )의 형식을 갖추고 있는 것

영어 사냥 핵무기 3 ☞ 완벽하게 암기하고 진도 나가기예요~ ^^

● 불규칙 동사 25개 (발음은 사전에서 반드시 확인하세요.)
  뜻은 가능한 많이 암기하는 것이 좋아요 ^^

원형	과거	과거분사	뜻
lend	lent	lent	빌려주다
break	broke	broken	깨뜨리다, 부수다
choose	chose	chosen	선택하다, 고르다
lie	lay	lain	눕다, 누워있다, 있다
lead	led	led	이끌다, 지도하다
steal	stole	stolen	훔치다
draw	drew	drawn	그리다, 뽑다, 끌다
lay	laid	laid	놓다, 두다, (알을) 낳다
hurt	hurt	hurt	아프다, 아프게 하다
win	won	won	이기다, 따다, 얻다
let	let	let	(사역)~하게 하다
fight	fought	fought	싸우다
rise	rose	risen	오르다, 올라가다, 솟다
show	showed	shown / showed	보여주다
hold	held	held	붙잡다, 개최하다
fall	fell	fallen	떨어지다, 넘어지다
hide	hid	hidden / hid	숨기다, 숨다
shut	shut	shut	닫다
ride	rode	ridden	타다
sink	sank / sunk	sunk / sunken	가라앉다, 침몰하다
cost	cost	cost	비용이 ~가 들다
stand	stood	stood	서다, 서 있다
drink	drank	drunk / drunken	마시다, 술을 마시다
sit	sat	sat	앉다
forgive	forgave	forgiven	용서하다

Unit 06 : 5형식; 자동사; 타동사; 보어; 구; 절

영어 사냥 핵무기 점검 3   ☞ 안 보고 연필로 다 채워보세요~ ^^*

● 불규칙 동사 25개 (발음은 사전에서 반드시 확인하세요.)
  뜻은 가능한 많이 암기하는 것이 좋아요 ^^

원형	과거	과거분사	뜻
lend			빌려주다
break			
choose			선택하다, 고르다
lie			
lead			이끌다, 지도하다
steal			
draw			그리다, 뽑다, 끌다
lay			
hurt			아프다, 아프게 하다
win			
let			(사역)~하게 하다
fight			
rise			오르다, 올라가다, 솟다
show	showed	shown / showed	
hold			붙잡다, 개최하다
fall			
hide	hid	hidden / hid	숨기다, 숨다
shut			
ride			타다
sink	sank / sunk	sunk / sunken	
cost			비용이 ~가 들다
stand			
drink	drank	drunk / drunken	마시다, 술을 마시다
sit			
forgive			용서하다

Unit 07 — 인기 있는 불규칙동사 be, have, do

사냥터 에피소드 7 ☞ 가볍게 읽고 살짝만 생각하기 ^^*

사냥꾼 현지야~ 기분이 좋아 보이네!

현 지 네~ 친구한테 선물 받은 필통이 귀여워서요. 지난번에 도와준 것이 고맙다고 선물해줬어요.

사냥꾼 현지 착하네~ 다른 사람들을 잘 도와주는 친구가 사랑받지. 불규칙동사 be, have, do도 그래요. 여기저기 잘 도와줘서 인기가 많지. 특히 be동사는 인기가 하늘을 찔러요. 워낙에 잘 도와줘서~

사냥꾼 강의 7   ☞ **꼼꼼하게 읽고 깊이 생각하기**

  동사는 변신한다고 했어요. 동사는 원형이 있고, 현재형, 과거형, 과거분사형, 현재분사형으로 변신을 해요. 이걸 다 암기해야 하느냐? 다행히도 아니에요. 동사에는 규칙동사와 불규칙동사가 있어요. 규칙동사는 간단해요. 과거형과 과거분사형이 같아요. 동사원형 뒤에 -ed를 붙이면 과거형이 되고, 과거분사형도 돼요.

  문제는 불규칙동사예요. 불규칙동사는 과거형과 과거분사형을 모두 따로 외워야 하거든요. 그런데 걱정할 필요가 없는 것이, 불규칙동사는 그리 많지 않다는 거예요. 중학교 수준 100여 개, 고등학교 수준 100여 개, 대략 200~250여 개만 암기하면 돼요. 그 외는 잘 쓰이지도 않거니와 그때그때 사전에서 찾아서 확인하면 돼요.

  불규칙 동사 중에 아주 인기가 많은 녀석들, be, have, do를 짚어보고 넘어갈게요. 동사 be는 원형이고요. 현재형은 am, are, is 이렇게 세 가지예요. 앞에서 한 번 언급했어요. 그리고 am과 is의 과거형은 was이고, are의 과거형은 were예요. 과거분사(p.p)형은 been이에요. 동사 have는 원형이고요. 현재형은 have와 has예요. 주어가 3인칭 단수일 때는 has를 쓰고 그 이외에는 다 have를 써요. have의 과거형과 과거분사형은 모두 had예요. 동사 do는 원형이고요. 현재형은 do와 does예요. 주어가 3인칭 단수일 때 does를 쓰고, 그 외 나머지에는 do를 써요. 과거형은 did이고, 과거분사형은 done이에요.

  동사 be와 have는 시제를 만드는 데 도와주러 들어가요. 친절한 녀석들이죠. be는 수동태를 만드는데도 도와주러 들어가요. do는 의문문과 부정문을 만들 때, 강조, 도치할 때 도와주러 들어가요.

현재분사형은 동사원형 뒤에 -ing를 붙이면 되는데, 자질구레한 규칙이 있어요. 따로 암기하고 그러지 않고 그냥 나올 때마다 개별적으로 알아가기로 할게요.

그래도 두 가지만 알고 갑시다. 현재분사형은 알파벳 e를 싫어해서 일반동사가 스펠이 -e로 끝나면 그 e를 빼고 ing를 붙이면 돼요. 그래서 love의 현재분사형은 loving이 돼요. 또 한 가지는, 스펠이 모음 하나 자음 하나로 끝나는 것은 끝에 자음 하나를 겹쳐 쓴 다음 ing를 붙여요. 그래서 stop의 현재분사형은 stopping이 돼요. 나머지 경우는 차차 알아가기로 해요.

사냥꾼 요약 7 ☞ 사냥꾼 강의를 참고하여 빈칸을 채워보세요

● 인기 있는 불규칙 동사 3형제

원형	현재형	과거형	과거분사형	현재분사형
be	am, are, is			
have		had		
do	do, does		did	

영어 사냥 과제 7 ☞ 다음 빈칸을 채우고 완벽하게 암기하기

● 인기 있는 불규칙 동사 3형제

원형	현재형	과거형	과거분사형	현재분사형
			been	
have	have, has			
do				

영어 사냥 핵무기 4   ☞ 완벽하게 암기하고 진도 나가기예요~ ^^

● 불규칙 동사 25개 (발음은 사전에서 반드시 확인하세요.)
  뜻은 가능한 많이 암기하는 것이 좋아요 ^^

원형	과거	과거분사	뜻
dig	dug	dug	(땅을) 파다
swim	swam	swum	헤엄치다, 수영하다
smell	smelt	smelt	~한 냄새가 나다
shake	shook	shaken	흔들다, 흔들리다
mistake	mistook	mistaken	실수하다
wake	woke	woken	잠에서 깨다, 깨우다
blow	blew	blown	바람이 불다, ~을 불다
fly	flew	flown	날다, 비행하다, 날리다
bind	bound	bound	묶다
ring	rang	rung	(벨이) 울리다
seek	sought	sought	찾다, 추구하다
tear	tore	torn	찢다, 째다
shoot	shot	shot	쏘다, 촬영하다
strike	struck	struck	치다, 때리다, 부딪치다
shine	shone	shone	빛나다
bite	bit	bitten, bit	물다, 물어뜯다
set	set	set	놓아두다, 맞추다
bear	bore	born	(아이를) 낳다, 참다
arise	arose	arisen	발생하다, 생기다, 유발되다
hang	hung	hung	걸다, 매달다
*hang	hanged	hanged	교수형에 처하다
awake	awoke	awoken	(잠에서) 깨다, 깨우다, 감정을 불러일으키다
spread	spread	spread	펴다, 펼치다, 퍼지다
deal	dealt	dealt	다루다
creep	crept	crept	기다

영어 사냥 핵무기 점검 4

☞ 연필로 빈칸 다 채울 수 있기~ ^^

● 불규칙 동사 25개 (발음은 사전에서 반드시 확인하세요.)
  뜻은 가능한 많이 암기하는 것이 좋아요 ^^

원형	과거	과거분사	뜻
dig			(땅을) 파다
swim			
smell			~한 냄새가 나다
shake			
mistake			실수하다
wake			
blow			바람이 불다, ~을 불다
fly			
bind			묶다
ring			(벨이) 울리다
seek			
tear			찢다, 째다
shoot			
strike			치다, 때리다, 부딪치다
shine			
bite			물다, 물어뜯다
set			
bear			(아이를) 낳다, 참다
arise			
hang			
*hang			교수형에 처하다
awake			
spread			
deal			다루다
creep			기다

Unit 07 : 인기 있는 불규칙동사 be, have, do

Unit 08 — 12시제

사냥터 에피소드 8 ☞ 가볍게 읽고 살짝만 생각하기 ^^*

사냥꾼 오늘은 선생님이 희망적인 말과 절망적인 말을 할 건데, 어떤 말을 먼저 해줄까?

모 아 희망적인 말부터 해 주세요. 절망적인 말 하실 땐 귀 막을래요.

현 지 저는 절망적인 말부터 해 주세요~ 절망 후 희망적인 말로 위로받을래요.

모 아 현지 말이 일리가 있네요. 절망적인 말부터 갑시다.

사냥꾼 오케이~ 절망적인 말부터!!! 오늘 배울 내용은 암기 못 하면 너희들 영어 망한다. 이번엔 희망! 1주일 내로 오늘 배울 12시제 동사 부분의 형태와 해석하는 방법을 달달 암기해오면 영어가 정말 정말 쉬워져. 어때!! 희망이 가득하지?

사냥꾼 강의 8   ☞ 꼼꼼하게 읽고 깊이 생각하기

　시제란 사건의 시간적인 관계를 나타내주는 장치예요. 우리말 시제와 영어 시제는 차이가 있어요. 그 차이를 고려하여 영어와 우리말의 대응관계를 이해하면 돼요. 시제의 구분에는 여러 접근 방법이 있을 수 있지만, 흔히 12시제로 세분하여 말해요. 기본적인 실력이 쌓일 때까지는 기계적으로 암기해서 적용할 수 있으면 좋겠어요. 열두 가지 시제에는 기본시제(현재, 과거, 미래), 진행시제(현재진행, 과거진행, 미래진행), 완료시제(현재완료, 과거완료, 미래완료), 완료진행시제(현재완료진행, 과거완료진행, 미래완료진행)가 있어요.

　진행시제에는 be동사가 들어가서 시제 만드는 일을 도와줘요. 완료시제에는 have동사가 들어가서 시제 만드는 일을 도와줘요. 완료진행시제에는 be동사와 have동사가 함께 들어가서 시제 구성을 도와줘요. 이것저것 따질 것 없이 무식하게 일단 암기해요.

　현재시제는 동사 부분이 '동사의 현재형'이고, 해석은 "~한다, ~이다"로 해요. 과거시제는 '동사의 과거형'이고, 해석은 "~했다, ~였다"로 해요. 미래시제는 'will + 동사원형'이고, 해석은 "~할 것이다"로 해요. 미래라는 말이 들어가면 전부 will이 들어간다고 생각하면 쉬워요.

　현재진행시제는 현재 일시적으로 진행되고 있는 동작을 나타내요. 동사 부분 형태는 'am, are, is 중의 하나 + 동사+ing'이고, 해석은 "~하고 있다"예요.

　과거진행시제는 동사 부분의 형태가 'was(were) + 동사+ing'이고, 해석은 "~하고 있었다"로 해요.

미래진행시제는 동사 부분의 형태가 'will be + 동사ing'이고 해석은 "~하고 있을 것이다"로 해요.

현재완료시제부터는 우리말에 없는 형태라서 주의가 필요해요. 현재완료시제는 동사 부분의 형태가 'have(has) + 과거분사(p.p)'이고, 해석은 다음 세 가지 중의 하나로 해요. "~한 적이 있다", "~해왔다", "~했다"

과거완료시제는 동사 부분의 형태가 'had + 과거분사(p.p)'이고, 해석은 현재완료와 구별하기 위해서 현재완료의 해석법에 다음과 같이 "었"을 삽입하여 해석해요. "~한 적이 있었다, ~해왔었다, ~했었다"

미래완료시제의 형태는 'will have + 과거분사'이고, 해석은 '문맥에 맞게' 해요. 참고로 과거분사는 간단히 'p.p'로 표기해요.

현재완료진행시제는 동사 부분의 형태가 'have(has) been 동사ing'예요. 해석은 '문맥에 맞게 해석하되, 진행의 의미도 들어가게' 해석해요.

과거완료진행시제는 동사 부분의 형태가 'had been 동사ing'예요. '문맥에 맞게, 진행의 의미도 들어가게' 해석해요.

미래완료진행시제는 동사 부분의 형태가 'will have been 동사ing'예요. 해석은 '문맥에 맞게, 진행의 의미도 들어가게' 해석해요.

이렇게 열두 가지 시제를 나타내주는 동사 부분의 형태와 각각의 해석 방법을 달달달 암기해야 영어를 위에서부터 한눈에 쫙 내려다볼 힘이 생겨요. 그러면 영어가 50%는 다 잡혀요. 빨리 머릿속에 장착하세요. 빠를수록 좋아요.

사냥꾼 요약 8

☞ 사냥꾼 강의를 참고하여 빈칸을 채워보세요

● 영어의 12시제

시제	동사 부분의 형태	해석 방법
( )	동사의 ( )	~한다, 이다
과거	동사의 ( )	~( )
( )	will + ( )	~할 것이다
현재진행	am(are, is) + ( )	~( )
( )	( ) + 동사ing	~하고 있었다
미래진행	will be + 동사ing	~하고 있을 것이다
현재완료	( ) + ( )	( ), ( ), ( )
( )	( ) + ( )	~한 적이 있었다, ( ), ~했었다
미래완료	will have + p.p	문맥에 맞게 해석
( )	have(has) been + 동사ing	문맥에 맞게
과거완료진행		진행의 의미도
미래완료진행	will ( )( )( )	들어가게 해석

영어 사냥 과제 8 ☞ 연필로 빈칸에 꼼꼼하게 채우세요 ^^

● 영어의 12시제

시제	동사 부분의 형태	해석 방법
현재	( )	( )
( )	( )	( )
( )	( )	( )
현재진행	( )	( )
( )	( )	( )
( )	( )	( )
현재완료	( )	( ), ( ), ( )
( )	( )	( ), ( ), ( )
( )	( )	( )
현재완료진행	( )	( )
( )	( )	
( )	( )	

Unit 4 ~ Unit 8

영어 사냥 시범, 실전, 통역

♪♩ 자~ 떠나자~ 영어 잡으러어 ~~♩♫

우리는 이제까지 영어를 위에서부터 한눈에 쫙 내려다볼 수 있는 망원경적 장치들을 마련했어요. 이제 이 망원경적 장치들을 챙겨 들고 50%의 영어 문장들을 잡으러 갈 거예요.

신나는 영어 사냥을 떠나기에 앞서 마지막으로 준비할 게 있어요. 제공했던 영어 사냥 핵무기를 머릿속에 꼭 챙겨 와야 해요.^^

그리고 혹시라도 그동안 과제물 이행이 제대로 안 되었다면 영어 사냥에는 아직 따라오지 마세요. 사냥터에서 호랑이, 곰, 사자 등 맹수를 만나면 잡혀먹힐 수 있거든요. ㅎㅎ

영어 사냥에서는 사냥꾼이 먼저 활 쏘는 시범을 보여줄 거예요. 잘 봐 두었다가 실전에서 학습자 혼자서도 사냥할 수 있어야 해요.

활은 사냥꾼이 챙겨 가니까 학습자는 제공된 화살을 잘 챙겨오세요. 예전에 준비해 놓은 화살이 많은 학습자는 그냥 몸만 따라와도 되지만 아직 부족한 학습자는 화살도 꼭 챙겨오세요.

이번 영어 사냥에서는 사냥 기술이 50%밖에 준비가 안 된 관계로 사냥감을 50%밖에 잡을 수가 없어요. 이번에 잡지 못한 나머지 50%의 사냥감들은 수동태를 준비하고 몇몇 현미경적 장치를 마련한 다음에 잡으러 갈 거예요. 자, 그럼, 지금부터 신나는 영어 사냥을 떠나볼까요? 후후훗! ^^

♥ 이 책을 끝까지 마친 후에는 다시 〈영어 사냥 통역〉을 몇 회 반복 훈련하면 영어 자신감이 극대화됩니다.

영어 사냥 시범 4 화살　　☞ 즐기면서 신나게 암기하기 ^^*

you　너
late　늦은, 지각한 / 늦게
again　다시, 또
so　너무나, 매우, 그렇게, (접속사로) 그래서
sorry　미안한, 유감스러운
traffic　차량들, 교통(량), 운항, 밀거래
the　그 (해석 안 할 때도 있음)
very　매우
heavy　무거운, 육중한, 많은, 심한
that　그것, 저것, 그 ~
too　너무, 또한, 역시, ~도
bad　(상황상) 안 좋은, 나쁜
Guess what?　(표현) (대화를 시작할 때) 있잖아, 너 그거 알아?
on ~　~에(서), ~위에, ~에 대하여
on TV　TV에(서)
incredible　믿을 수 없는, 믿어지지 않을 정도의
can　~할 수 있다
help　돕다, 도와주다
yourself　너 자신
Help yourself!　(표현) 많이 드세요!
must　~해야 한다, ~임에 틀림없다
true　사실인, 참인, 맞는, 진짜의
I　나
my　나의
bag　가방
subway　지하철

영어 사냥 시범 4 ☞ 우리말 순서로 해석하여 연필로 쓰기 ^^

의미 단위로 순차적으로 끊어 읽기는 사냥꾼이 시범을 보였어요. "빠르게 읽기" 훈련이에요. 다듬지 않은 채로 투박하게 남겨둡니다. 빈칸에는 학습자가 직접 우리말 순서로 해석을 써넣으세요. 뒤에 나오는 〈영어 사냥 통역〉이 해석 정답이에요.

You're late /again.
너는 지각이다/ 또

해석 ☞

동사는 are, 현재시제예요. You are를 줄여서 You're로 표기해요.

I'm so sorry.

해석 ☞

동사는 am, 현재시제예요. I am을 줄여서 I'm으로 표기해요.

The traffic /was very heavy.
교통량이/ 매우 많았다.

해석 ☞

동사는 was, 시제는 과거예요. heavy는 "무거운"이라는 기본적인 뜻이 있지만, 문맥상 어감이 마음에 안들 땐 얼른 사전을 확인해서 알아보세요. 호기심을 갖고 사전 찾는 재미를 들이세요.

That's too bad.
그것은 너무 나쁘다

해석 ☞

동사는 is, 시제는 현재예요. That is를 줄여서 That's로 표기해요.

Guess what? I'll be /on TV /next week!
있잖아/ 나는 있을 거야/ TV에/ 다음 주에

해석 ☞

Guess what?은 말을 꺼낼 때 쓰는 표현이에요. "있잖아?, 너 그거 알아?, 이 봐" 정도의 뜻이에요. 그냥 표현으로 암기해서 쓰세요. 뒤 문장에서 동사는 will be예요. 시제는 미래예요. I will을 줄여서 I'll로 표기해요.

That's incredible!

해석 ☞

동사가 is니까, 시제는 현재예요.

You can say /"Help yourself."
너는 말할 수 있다/ '많이 드세요'를

해석 ☞

동사는 can say예요. 조동사 can 다음에 동사원형 say가 따라왔어요.

It must be true.

해석 ☞

동사는 must be, 조동사 must 다음에 동사원형 be가 따라왔어요.

I lost /my bag /on the subway.
나는 잃어버렸다/ 나의 가방을/ 지하철에서

해석 ☞

동사는 lost, 시제는 과거예요. lose - lost - lost로 변신해요. 전치사 on에 주목하세요. 전치사는 덩어리 표현(on the subway)으로 익히는 게 효율적이에요.

영어 사냥 실전 4 화살   ☞ 즐기면서 신나게 암기하기 ^^*

model   모형, 모델
popular   인기 있는
these days   요즘
experience   경험 / 경험하다
great   멋진, 큰, 훌륭한
be on a diet   다이어트 중이다
already   이미, 벌써
elementary school   초등학교
elementary   초보의, 초급의, 기본적인, 근본적인
in the middle of ~   ~의 한가운데에
glasses   안경
drop   떨어뜨리다
break   망가뜨리다, 깨뜨리다
badly   심하게
knee   무릎
hurt   다치게 하다, 아프다, 다치다
because of ~   ~ 때문에

영어 사냥 화살 복습   ☞ ( ) 안에 영어 단어를 쓰세요. (정답은 앞장에)

(   ) ☞ 차량들, 교통(량), 운항, 밀거래
(   ) ☞ 무거운, 육중한, 많은, 심한
(   ) ☞ 너무, 또한, 역시, ~도
(   ) ☞ (표현) 있잖아, 너 그거 알아?
(   ) ☞ 믿을 수 없는, 믿어지지 않을 정도의
(   ) ☞ (표현) 많이 드세요!
(   ) ☞ ~해야 한다, ~임에 틀림없다

영어 사냥 실전 4   ☞ 지시대로 풀고 뒷장에 정답을 확인하세요

♥ 각 문장의 동사 부분을 찾아서 시제를 파악하고 해석하세요.

1. This new model is very popular these days.
   동사 부분(   )   시제(   )
   ☞

2. This was a great experience for him.
   동사 부분(   )   시제(   )
   ☞

3. I'm already on a diet.
   동사 부분(   )   시제(   )
   ☞

4. I bought it when I was in elementary school.
   동사 부분(   )   시제(   )
   ☞

5. The sun was in the middle of sky.
   동사 부분(   )   시제(   )
   ☞

♥ 주어진 단어들을 잘 배열하여 우리말에 맞게 영문을 완성하세요.
(조건: 필요하면 단어를 추가하거나 변환하세요)

6. 나는 그것에 대해 잊었다.
   (forget, that, about, I)
   ☞ _____ .

7. 나는 나의 안경을 떨어뜨려서 망가뜨렸다.
   (and, them, my glasses, drop, I, break)
   ☞ _____ .

8. 그녀는 나 때문에 그녀의 무릎을 심하게 다쳤다.
   (her, badly, because, hurt, knee, of, me)
   ☞ **She** _____ .

영어 사냥 실전 4 정답 　　☞ 우리말 ↔ 영어로 번역하세요

1. is, 현재
   이 새 모델은 요즘 매우 인기 있다.
   ☞

2. was, 과거
   이것은 그에게 멋진 경험이었다.
   ☞

3. am, 현재
   나는 이미 다이어트 중이다.
   ☞

4. bought, 과거
   나는 내가 초등학교에 다닐 때 그것을 샀다.
   ☞

5. was, 과거
   태양이 하늘의 한가운데에 있었다.
   ☞

6. I forgot about that.
   ☞

7. I dropped my glasses and broke them.
   ☞

8. She hurt her knee badly because of me.
   ☞

영어 사냥 통역 4   ☞ 입으로 직접 소리 내어 말하기 훈련^^*

♥ 우리말을 영어로 입으로 소리 내어 가며 연필로 옮기세요.

너는 또 지각이다.
☞ _____

나는 너무나 미안하다.
☞ _____

교통량이 매우 많았다.
☞ _____

그것 참 안됐구나.(안 좋은 소식을 들었을 때)
☞ _____

있잖아, 나는 다음 주에 **TV**에 나올 거야.
☞ _____

그것은 믿을 수 없을 정도이다!
☞ _____

너는 "많이 드세요."라고 말할 수 있다.
☞ _____

그것은 사실임에 틀림없다.
☞ _____

나는 지하철에서 나의 가방을 잃어버렸다.
☞ _____

영어 사냥 시범 5 화살 ☞ 즐기면서 신나게 암기하기 ^^*

look ~   ~하게 보이다, 보다
upset   속상한, 마음이 상한, 화난 / 속상하게 만들다
brother   형, 오빠, 남동생
me   (I의 목적격) (문맥에 맞게 해석) 나를, 나에게, 내가
should ~   ~해야 한다
study   공부하다, 연구하다 / 연구
hard   열심히, 힘들게 / 딱딱한, 굳은, 어려운
want   원하다, 바라다
insect   곤충
live   살다
this   이것, 이 사람, 이 ~
project   프로젝트, 계획
difficult   어려운
for   (전치사) ~에게, ~을 위하여, ~동안
many   많은 / 많은 사람들, 많은 것
everyday   (명사 앞에서만) 매일의, 일상적인
item   품목, 물품, 항목, 사항, 한 가지
such as ~   ~와 같은
paper   종이
rubber   고무
from   ~로부터
rainforest   (열대) 우림

영어 사냥 시범 5
☞ 우리말 순서로 해석하여 연필로 쓰기 ^^

You /look upset.
너는/ 속상해 보인다.

해석 ☞

동사는 look, 시제는 현재예요. upset은 보어, look upset은 "속상해 보인다, 화나 보인다"로 해석해요.

My brother /lost /my MP3 player.
나의 동생은/ 잃어버렸다/ 나의 MP3 플레이어를

해석 ☞

동사는 lost, 시제는 과거예요.

It makes /me /upset.
그것은/ 만든다/ 나를/ 속상하게

해석 ☞

문장 동사는 makes, 시제는 현재예요. me = upset으로 5형식 관계가 성립해요.

I think /you should study /hard.
나는 생각한다/ 너는 공부해야 한다고/ 열심히

해석 ☞

동사는 think, 시제는 현재예요. think 다음에 접속사 that이 생략되었어요. that 절의 동사는 should study예요.

> **They /want /the dog /to live.**
> 그들은/ 원한다/ 그 개가/ 살기를
>
> 해석 ☞

동사는 want, 시제는 현재예요. 'want 목적어 to부정사'는 "목적어가 ~하기를 원한다"로 해석해요. to부정사는 아직 안 배웠지만 맛보기 하고 넘어가요.^^

> **This project /is too difficult /for me.**
> 이 계획은/ 너무 어렵다/ 나에게
>
> 해석 ☞

동사는 is, 시제는 현재예요. 주어가 3인칭 단수일 때 be동사는 is를 써요. 암기했으니까 다 아시죠? 물론 This project가 3인칭 단수라는 것도 앞에서 다 배웠으니까요.

> **Many everyday items /such as paper and rubber /come /from the rainforests.**
> 많은 매일의 물품들이/ 종이와 고무 같은/ 온다/ 열대우림으로부터
>
> 해석 ☞

동사는 come, 시제는 현재예요. 주부가 좀 길어요. 주부의 중심이 되는 말이 주어예요. 주어는 Many everyday items예요. 복수라서 동사를 comes로 안 하고 come이라고 했어요.

| 영어 사냥 실전 5 화살 | ☞ 즐기면서 신나게 암기하기 ^^* |

everything 모든 것, 모두, 가장 중요한 것
receive 받다
all too 정말, 너무나
report 보고서, 보고 / 보고하다, 보도하다
anytime 언제든지
expensive 비싼

| 영어 사냥 화살 복습 | ☞ ( ) 안에 영어 단어를 쓰세요. (정답은 앞장에) |

(   ) ☞ ~하게 보이다, 보다
(   ) ☞ 속상한, 마음이 상한, 화난 / 속상하게 만들다
(   ) ☞ (I의 목적격) (문맥에 맞게 해석) 나를
(   ) ☞ ~해야 한다
(   ) ☞ 공부하다, 연구하다 / 연구
(   ) ☞ 열심히, 힘들게 / 딱딱한, 굳은, 어려운
(   ) ☞ 원하다, 바라다
(   ) ☞ 곤충
(   ) ☞ 살다
(   ) ☞ 이것, 이 사람, 이 ~
(   ) ☞ 프로젝트, 계획
(   ) ☞ 어려운
(   ) ☞ (전치사) ~에게, ~을 위하여, ~동안
(   ) ☞ 많은 / 많은 사람들, 많은 것
(   ) ☞ (명사 앞에서만) 매일의, 일상적인
(   ) ☞ 품목, 물품, 항목, 사항, 한 가지
(   ) ☞ ~와 같은
(   ) ☞ 고무
(   ) ☞ ~로부터
(   ) ☞ (열대) 우림

영어 사냥 실전 5   ☞ 지시대로 풀고 뒷장에 정답을 확인하세요

♥ 각 문장의 동사 부분을 찾아서 시제를 파악하고 해석하세요.

1. You are my everything.
    동사 부분(   )   시제(   )
   ☞

2. You'll receive your card in about a month.
    동사 부분(   )   시제(   )
   ☞

3. The works of art around us will make a great picture.
    동사 부분(   )   시제(   )
   ☞

4. My mom and dad are all too busy with their jobs.
    동사 부분(   )   시제(   )
   ☞

5. I've collected them for more than ten years.
    동사 부분(   )   시제(   )
   ☞

♥ 주어진 단어들을 잘 배열하여 우리말에 맞게 영문을 완성하세요.
  (조건: 필요하면 단어를 추가하거나 변환하세요.)

6. 당신의 보고서는 너무 길다.
   (long, too, is, report, your)
   ☞ _____.

7. 나는 언제든지 뉴스를 읽을 수 있다.
   (anytime, can, I, read, news)
   ☞ _____.

8. 그것들은 너무나 비싸다.
   (so, they, expensive, are)
   ☞ _____.

영어 사냥 실전 5 (정답) ☞ 우리말 ↔ 영어로 번역하세요

1. are, 현재
   너는 나의 전부다.

☞

2. will receive, 미래
   너는 약 한 달 후에 너의 카드를 받을 것이다.

☞

3. will make, 미래
   우리 주변의 예술 작품들이 멋진 그림을 만들 것이다.

☞

4. are, 현재
   나의 엄마와 아빠는 그들의 일로 너무나 바쁘다.

☞

5. have collected, 현재완료
   나는 그것들을 10년 이상 동안 수집해왔다.

☞

6. Your report is too long.

☞

7. I can read news anytime.

☞

8. They are so expensive.

☞

영어 사냥 통역 5   ☞ 입으로 직접 소리 내어 말하기 훈련^^*

♥ 우리말을 영어로 입으로 소리 내어 가며 연필로 옮기세요.

너는 속상해 보인다.
☞ _____

나의 동생은 나의 MP3 플레이어를 잃어버렸다.
☞ _____

그것은 나를 속상하게 만든다.
☞ _____

나는 네가 열심히 공부해야 한다고 생각한다.
☞ _____

그들은 그 개가 살기를 원한다.
☞ _____

이 계획은 나에게 너무 어렵다.
☞ _____

종이와 고무 같은 많은 매일의 물품들이 열대우림으로부터 온다.
☞ _____

영어 사냥 시범 6 화살 ☞ 즐기면서 신나게 암기하기 ^^*

ball 볼, 공

softly 부드럽게

so that ~ 주어 can[will, may] ~ 주어가 ~할 수 있도록

hit - hit - hit 치다, 때리다, ~와 부딪치다

it 그것

since ~ ~이후로, ~이기 때문에

look forward to ~ ~을 학수고대하다, ~을 기대하다

international 국제적인

costume 의상, 복장

party 파티

first 첫째의 / 우선 / 최초의 것[인물]

grade 학년, 등급, 점수

long 긴 / 오래

curly 곱슬곱슬한

hair 머리, 털

wear - wore - worn 착용하다, 입다, 신다, 쓰다

yellow 노란색, 노랑 / 노란색의

T-shirt 티셔츠

do - did - done 하다

job 일, 직업

good 좋은, 훌륭한

visit 방문하다 / 방문

during ~ ~동안에

holiday 휴가, 방학, 공휴일

New year holidays 설 연휴

Mr. (남자의 성·성명 앞에 붙여) ~씨, ~님, ~선생

about ~ ~에 대하여 / 대략

영어 사냥 시범 6 ☞ 우리말 순서로 해석하여 연필로 쓰기 ^^

I threw /the ball /very softly /so that he could hit /it.
나는 던졌다/ 그 공을/ 매우 부드럽게/ 그가 칠 수 있도록/ 그것을

해석 ☞

동사는 threw, 시제는 과거예요. so that 뒤에도 could hit이라는 동사 부분이 있지만, 그쪽은 종속절(곁가지)이에요.

I'm looking forward to /the international costume party.
나는 학수고대하고 있다/ 그 국제적인 의상 파티를

해석 ☞

동사는 am looking, 시제는 현재진행이에요. 숙어 표현들은 많이 알고 있을수록 좋아요. 의미를 빠르게 잡아낼 수 있거든요.

I have known /Moa /since first grade.
나는 알아왔다/ Moa를/ 1학년 이후로

해석 ☞

동사는 have known, 현재완료예요. "~한 적이 있다, ~해왔다, ~했다" 중에서 골라서 해석할 거예요. 시제에 대해서는 뒤에서 좀더 자세히 다뤄요. 12시제의 동사 부분 형태와 해석 방법, 다 암기하고 있는 거죠? ^^

She has /long curly hair.
그녀는 가지고 있다/ 긴 곱슬머리를

해석 ☞

동사는 has, 시제는 현재예요. 주어는 She. 주어가 3인칭 단수일 때는 have 대신 has를 써요.

She is wearing /a yellow T-shirt.
그녀는 입고 있다/ 노란 T셔츠를

해석 ☞

동사는 is wearing, 시제는 현재진행이에요.

You did /a good job.
너는 했다/ 훌륭한 일을

해석 ☞

동사는 did, 시제는 과거예요. 칭찬할 때 쓰는 표현이에요. 덩어리로 암기하세요.

Mr. Chan told /us /about India.
Chan 선생님은 말해주었다/ 우리에게/ 인도에 대하여

해석 ☞

동사는 told, 시제는 과거예요. 목적어에는 대개 우리말 조사 "을, 를"을 붙여서 해석하지만 때로는 "~에게, ~가"로 옮길 때 자연스러운 경우가 많아요. 특히 5형식에서는 "목적어가 목적격보어하다" 식으로 많이 해석돼요.

I'll visit /Sunchon /during the New Year holidays.
나는 방문할 것이다/ 순천을/ 설 연휴 동안

해석 ☞

동사는 will visit, 시제는 미래예요. during, for 둘 다 "~동안"이라는 뜻이지만, during은 '언제?'에 대한 대답 개념이고, for는 '얼마나 오래?'에 대한 대답 개념이에요.

영어 사냥 실전 6 화살   ☞ 즐기면서 신나게 암기하기 ^^*

miss   그리워하다, 놓치다

sound ~   ~하게 들리다

interesting   흥미로운

donation   기부

keep - kept - kept   유지하다

warm   따뜻한

trans fat   트랜스 지방

dangerous   위험한

a lot of ~   많은 ~

hat   모자

sad   슬픈

with joy   기쁨과 함께, 기뻐서

beat - beat - beaten   (심장이) 고동치다, 뛰다, (게임에) 이기다, 물리치다

heart   심장, 가슴, 마음

영어 사냥 화살 복습   ☞ ( ) 안에 영어 단어를 쓰세요. (정답은 앞장에)

(   ) ☞ 부드럽게
(   ) ☞ ~ 주어가 ~할 수 있도록
(   ) ☞ ~이후로, ~이기 때문에
(   ) ☞ ~을 학수고대하다, ~을 기대하다
(   ) ☞ 국제적인
(   ) ☞ 의상, 복장
(   ) ☞ 학년, 등급, 점수
(   ) ☞ 곱슬곱슬한
(   ) ☞ 방문하다 / 방문
(   ) ☞ ~동안에

영어 사냥 실전 6   ☞ 지시대로 풀고 뒷장에 정답을 확인하세요

♥ 각 문장의 동사 부분을 찾아서 시제를 파악하고 해석하세요.

1. She lives with her three children in Buchon.
   동사 부분(   )   시제(   )

   ☞

2. I'll be missing you.
   동사 부분(   )   시제(   )

   ☞

3. That sounds interesting!
   동사 부분(   )   시제(   )

   ☞

4. Your donation will keep children warm.
   동사 부분(   )   시제(   )

   ☞

5. Trans fats are very dangerous.
   동사 부분(   )   시제(   )

   ☞

♥ 주어진 단어들을 잘 배열하여 우리말에 맞게 영문을 완성하세요.
(조건: 필요하면 단어를 추가하거나 변환하세요.)

6. 너는 많은 모자들을 가지고 있다.
   (a lot of, have, hats, you)

   ☞ _____.

7. 그 소년은 슬퍼보였다.
   (sad, look, the, boy)

   ☞ _____.

8. 나의 가슴은 기쁨과 함께 뛰고 있었다.
   (be, with joy, beat, heart, my)

   ☞ _____.

영어 사냥 실전 6 (정답)　　　☞ 우리말 ↔ 영어로 번역하세요

1. lives, 현재
   그녀는 그녀의 세 아이와 함께 부천에서 산다.

☞

2. will be missing, 미래진행
   나는 너를 그리워하고 있을 것이다.

☞

3. sounds, 현재
   그것은 흥미롭게 들린다!

☞

4. will keep, 미래
   당신의 기부가 아이들을 따뜻하게 유지해줄 것이다.

☞

5. are, 현재
   트랜스 지방은 매우 위험하다.

☞

6. have, 현재
   너는 많은 모자를 가지고 있다.

☞

7. looked, 과거
   그 소년은 슬퍼보였다.

☞

8. was beating 과거진행
   나의 가슴은 기쁨과 함께 뛰고 있었다.

☞

영어 사냥 통역 6 ☞ 입으로 직접 소리 내어 말하기 훈련^^*

♥ 우리말을 영어로 입으로 소리 내어 가며 연필로 옮기세요.

나는 그가 그것을 칠 수 있도록 그 공을 매우 부드럽게 던졌다.
☞ _____

나는 그 국제적인 의상파티를 학수고대하고 있다.
☞ _____

나는 Moa를 1학년 이후부터 알아 왔다.
☞ _____

그녀는 긴 곱슬머리를 가지고 있다.
☞ _____

그녀는 노란 T셔츠를 입고 있다.
☞ _____

너는 훌륭한 일을 했다.(잘했다!)
☞ _____

Chan 선생님은 우리에게 인도에 대하여 말해주셨다.
☞ _____

나는 설 연휴 동안 순천을 방문할 것이다.
☞ _____

영어 사냥 시범 7 화살 ☞ 즐기면서 신나게 암기하기 ^^*

road 길
to ~ ~로, ~에게
tell - told - told 말하다, 말해주다
his 그의 / 그의 것
your 너의
strong 강한, 힘 센
soup 수프, 국
taste ~ ~한 맛이 나다 / 맛, 취향
delicious 맛있는
read - read - read 읽다
folktale 민간설화
people 사람들, 국민, 민족
us (we의 목적격) 우리를, 우리에게, 우리가
gift 선물, 재능, 재주
today's (소유격) 오늘의
menu 메뉴
happy 행복한
will (미래를 나타내는 조동사) ~할 것이다
send - sent - sent 보내다
Dad 아빠
card 카드
make - made - made 만들다, ~하게 하다(사역)
him (he의 목적격) 그를, 그에게, 그가
new 새로운
suit (옷) 한 벌
for (전치사) ~에게, ~을 위하여, ~동안, ~을 향하여

영어 사냥 시범 7
☞ 우리말 순서로 해석하여 연필로 쓰기 ^^

This road goes /to Seoul.
이 길은 간다/ 서울로

해석 ☞

동사는 goes, 시제는 현재예요. 주어가 3인칭 단수일 때는 동사 끝에 -s 또는 -es를 붙여요. 대부분 -s를 붙이는데, 그 동사의 스펠이 o로 끝나면 es를 붙여요(do, go → does, goes). 스펠이 자음+y일 때는 y를 I로 고치고 es를 붙여요(study → studies). 또 발음이 [쓰], [쉬], [취]로 끝날 때도 -es를 붙여요(pass, wash, catch → passes, washes, catches). 그냥 그때마다 사전 찾아가면서 경험으로 알면 돼요.^^

He told /me /his name.
그는 말해주었다/ 나에게/ 그의 이름을

해석 ☞

동사는 told, 시제는 과거예요. me가 간접목적어, his name이 직접목적어인 4형식 문장이에요. 학생들이 4형식과 5형식의 구별을 잘 못 해요. 간단한데요, 직접목적어와 간접목적어는 equal 관계가 성립하지 않아요. 여기서 me = his name은 성립하지 않아요. 그래서 4형식이에요.

I've read /so many folktales.
나는 읽었다/ 아주 많은 민간설화를

해석 ☞

동사는 have read, 시제는 현재완료예요. I've는 I have의 줄임말이에요. so many falktales가 목적어 덩어리죠. read는 타동사로 쓰인 거죠. 대부분의 동사는 자동사, 타동사 용법이 다 있어요.

> **You can make /your body /strong.**
> 너는 만들 수 있다/ 너의 몸을/ 강하게
>
> 해석 ☞

동사 부분은 can make예요. 조동사 can 다음에 동사원형 make가 왔어요. 조동사 다음에는 항상 동사원형이 와요. 아시겠지만. your body가 목적어, strong이 목적격보어네요. 5형식은 '주어 + 동사 + 목적어 + 목적격보어'로 이루어져 있어요. 아시겠지만.^^ 5형식에서 목적격보어는 목적어를 보충 설명해주는 말이라서 목적어와 목적격보어는 equal 관계가 성립해요. your body = strong, "너의 몸이 강한" 이렇게 접근하면 쉬워요. 이제 헷갈리지 마세요.

> **Your soup /tastes delicious.**
> 너의 수프는/ 맛있는 맛이 난다.
>
> 해석 ☞

동사는 tastes, 시제는 현재예요. 주어가 3인칭 단수라서 동사 taste에 -s를 붙였어요. taste는 불완전한 자동사예요. 뒤에 주어를 보충 설명해주는 주격보어가 필요해요. 주격보어로 delicious라는 형용사가 왔죠. 주격보어는 주어와 equal 관계가 성립해요. your soup = delicious, "너의 수프가 맛있다는"

> **Today's menu /made /us /very happy.**
> 오늘의 메뉴는/ 만들었다/ 우리를/ 매우 행복하게
>
> 해석 ☞

동사는 made, 시제는 과거예요. us = very happy예요. 우리가 매우 행복해요. 5형식 문장은 해석할 때 요령이 좀 필요해요.

> **People gave /us /gifts.**
> 사람들은 주었다/ 우리에게/ 선물을
>
> 해석 ☞

동사는 gave, 시제는 과거예요. us = gifts의 관계가 성립하지 않아요. 그렇다면 4형식이에요. us는 간접목적어, gifts가 직접목적어란 말이에요.

사람들(people)이 준 것이 우리(us)인가요? 선물(gifts)인가요? 우리에게 선물(gifts)을 준거죠. 선물(직접목적어)이 중요하니까 직접목적어를 먼저 쓰고 싶어졌어요. 그렇게 하면 간접목적어에게 미안할까 봐 전치사를 하나 줘서 둘이 같이 뒤로 보냈어요. 이때 전치사는 give가 골라줬어요. 그렇게 해서 4형식 "People gave us gifts."가 3형식 "People gave gifts to us."로 변신했어요.

> **I will send /Dad /a birthday card.**
> 나는 보낼 것이다/ 아빠에게/ 생일 카드를
>
> 해석 ☞

동사는 will send, 시제는 미래예요. 4형식 문장이에요. 3형식 문장으로 바꾸면 "I will send a birthday card to Dad."가 돼요.

> **I will send /a birthday card /to Dad.**
> 나는 보낼 것이다/ 생일 카드를/ 아빠에게
>
> 해석 ☞

동사는 will send, 시제는 미래예요. 4형식에서 직접목적어였던 a birthday card를 앞으로 보내고 간접목적어였던 Dad를 뒤로 보내면서 그 사이에 전치사 to를 넣었어요. send가 to를 쓰래요.

> **I made /him /a new suit.**
> 나는 만들어주었다/ 그에게/ 새 옷 한 벌을
>
> 해석 ☞

동사는 made, 시제는 과거예요. him이 간접목적어, a new suit는 직접목적어예요. 4형식 문장이에요. 4형식 문장의 직접목적어와 간접목적어의 자리를 바꾸고 그사이에 적절한 전치사를 넣어서 3형식 문장으로 바꿔볼까요? 3형식 문장으로 바꾸니까 아래 문장이 나왔어요.

> **I made /a new suit /for him.**
> 나는 만들어주었다/ 새 옷 한 벌을/ 그에게
>
> 해석 ☞

동사는 made, 시제는 과거예요. 이 문장을 다시 4형식으로 바꿔보면, "I made him a new suit."가 돼요. 4형식을 3형식으로, 3형식을 4형식으로 자유자재로 바꿀 수 있겠죠?

영어 사냥 실전 7 화살   ☞ 즐기면서 신나게 암기하기 ^^*

show 보여주다
secret 비밀의 / 비밀, 비결
place 장소
another 또 하나의, 다른
musician 음악가
try to V ~하려고 애쓰다[노력하다]
sell - sold - sold 팔다
drop 떨어지다, 떨어뜨리다
look for ~ ~을 찾다
bag 가방
one day 어느 날
special 특별한
letter 편지, 글자, 문자
library 도서관, 서재
this morning 오늘 아침(에)
topic 주제, 화제
understand 이해하다

영어 사냥 화살 복습   ☞ ( ) 안에 영어 단어를 쓰세요. (정답은 앞장에)

(   ) ☞ 길
(   ) ☞ ~한 맛이 나다 / 맛, 취향
(   ) ☞ 맛있는
(   ) ☞ 읽다
(   ) ☞ 민간설화
(   ) ☞ 보내다
(   ) ☞ 만들다, ~하게 하다(사역)
(   ) ☞ ~에게, ~을 위하여, ~동안, ~을 향하여

영어 사냥 실전 7
☞ 지시대로 풀고 뒷장에 정답을 확인하세요

♥ 각 문장의 동사 부분을 찾아서 시제를 파악하고 해석하세요.

1. I'll show you my secret place.
   동사 부분(   )   시제(   )

☞

2. He was just another musician trying to make money.
   동사 부분(   )   시제(   )

☞

3. The number of newspapers sold in the country has been dropping for three years.
   동사 부분(   )   시제(   )

☞

4. I'm looking for a bag for my friend.
   동사 부분(   )   시제(   )

☞

5. One day he received a very special letter.
   동사 부분(   )   시제(   )

☞

♥ 주어진 단어들을 잘 배열하여 우리말에 맞게 영문을 완성하세요.
(조건: 필요하면 단어를 추가하거나 변환하세요)

6. 나는 오늘 아침에 도서관에서 그것을 사용했다.
   (it, the library, this morning, in, use, I)

   ☞ _____.

7. 사람들이 너의 주제를 쉽게 이해할 수 있다.
   (can, your, easily, people, understand, topic)

   ☞ _____.

영어 사냥 실전 7 (정답) ☞ 우리말 ↔ 영어로 번역하세요

1. will show, 미래
   너에게 나의 비밀 장소를 보여줄게.

   ☞

2. was, 과거
   그는 돈을 벌려고 애쓰는 단지 또 한 명의 음악가였다.

   ☞

3. has been dropping, 현재완료진행
   그 나라에서 팔린 신문의 수가 3년 동안 계속 떨어지고 있다.

   ☞

4. am looking, 현재진행
   나는 나의 친구를 위한 가방을 찾고 있다.

   ☞

5. received, 과거
   어느 날 그는 매우 특별한 편지를 받았다.

   ☞

6. I used it in the library this morning.

   ☞

7. People can understand your topic easily.

   ☞

영어 사냥 통역 7   ☞ 입으로 직접 소리 내어 말하기 훈련^^*

♥ 우리말을 영어로 입으로 소리 내어 가며 연필로 옮기세요.

이 길은 서울로 간다.(이 길로 가면 서울이 나온다.)
☞ _____

그는 나에게 그의 이름을 말해주었다.
☞ _____

나는 아주 많은 민간설화를 읽었다.(읽어왔다)
☞ _____

너는 너의 몸을 강하게 만들 수 있다.
☞ _____

너의 수프는 맛있는 맛이 난다.(수프가 맛있다.)
☞ _____

오늘의 메뉴는 우리를 매우 행복하게 만들었다.
☞ _____

사람들은 우리에게 선물을 주었다.
☞ _____

나는 아빠에게 생일카드를 보낼 것이다.
☞ _____

나는 생일카드를 아빠에게 보낼 것이다.
☞ _____

나는 그에게 새 옷 한 벌을 만들어주었다.
☞ _____

나는 새 옷 한 벌을 그에게 만들어주었다.
☞ _____

영어 사냥 시범 8 화살　　　　☞ 즐기면서 신나게 암기하기 ^^*

ask　묻다, 요청하다, 부탁하다
question　질문, 문제
three times　세 번, 세 배
sick　아픈
walk　걷다, 산책하다, 걷게 하다 / 산책, 걷기
call　부르다, 전화하다
in　~에서, ~에, ~안에, ~(으)로
after ~　~후에
see - saw - seen　보다, 알다
scene　장면
could ~　(can의 과거형) ~할 수 있었다
some　일부의, 어떤 / 몇몇, 몇 개, 약간, 조금
smart　영리한, 똑똑한
save　구하다, 절약하다, 저축하다
their　(they의 소유격) 그들의
owner　주인, 소유주
danger　위험
children　아이들(child의 복수)
need　~을 필요로 하다
cell phone　휴대폰, 핸드폰
so that 주어 can[will, may] ~　주어가 ~할 수 있도록
keep in touch with ~　~와 연락을 취하다, ~와 접촉을 가지다
while ~　~하는 동안에, ~이긴 하지만(양보)
away　떨어져, 떨어진 곳에, 결석하여, 자리에 없어
scared　무서운
dark　어둠 / 어두운

영어 사냥 시범 8　　　☞ 우리말 순서로 해석하여 연필로 쓰기 ^^

> **She asked /him /this same question /three times.**
> 그녀는 물었다/ 그에게/ 이 똑같은 질문을/ 세 번
>
> 해석 ☞

동사는 asked, 시제는 과거예요. 4형식 문장이에요.

> **My grandpa /is sick.**
> 나의 할아버지는/ 아프다
>
> 해석 ☞

동사는 is, 시제는 현재예요. sick는 형용사예요. 그 문장에 동사가 없을 때는 be 동사를 써 줘요.

> **Children need /cell phones /so that they can keep in touch/ with their teachers.**
> 아이들은 필요로 한다/ 휴대폰을/ 그들이 연락을 취할 수 있도록/ 그들의 선생님들과
>
> 해석 ☞

이 문장의 동사는 need, 시제는 현재예요. 시제는 주절의 동사를 보고 파악해요. so that 절(~할 수 있도록)의 동사는 can keep이에요.

> **While she was away, /I was very scared /in the dark.**
> 그녀가 없는 동안/ 나는 매우 무서웠다/ 어둠 속에서
>
> 해석 ☞

While 절과 주절로 이루어진 복문입니다. 주절의 동사는 was, 시제는 과거예요. while 절의 동사도 was네요.

Walking makes /your heart /strong.
걷는 것은 만든다/ 너의 심장을/ 강하게

해석 ☞

동사는 make, 시제는 현재예요. "주어+동사+목적+목적격보어"로 이루어진 5형식 문장이에요. 주어 자리에 아직 배우지 않은 동명사가 나왔어요. 동명사는 '동사ing' 형태예요. '현재분사'와 형태는 같지만 쓰임새가 달라요. 동명사는 명사처럼 쓰여요. 그래서 해석도 "~하기, ~하는 것"으로 해석해요. 이 문장에서처럼 동명사가 주어일 때는 3인칭 단수 취급해요. 그래서 동사에 '-s'를 붙여서 makes로 했어요.

She called /him /Chan.
그녀는 불렀다/ 그를/ Chan이라고

해석 ☞

동사는 called, 시제는 과거예요. him은 목적어, Chan은 목적격보어예요. 목적어(him)와 목적격보어(Chan)가 equal(=) 관계예요. 5형식 문장인 거죠.

The girl /singing /in the rain /is my sister.
그 소녀는/ 노래하고 있는/ 빗속에서/ 나의 여동생이다

해석 ☞

동사는 is, 시제는 현재예요. "The girl singing in the rain"이 주어예요. 정확히 말하면 주부라고 해요. 주부의 중심이 되는 말을 주어라고 해요. 주어는 "The girl"이에요. "singing in the rain(빗속에서 노래하는)"은 형용사 역할을 하는 '구'예요. 현재분사 singing은 형용사 역할한다고 했어요. 앞에 있는 명사 "the girl"을 꾸며줘요.

> **I'm sorry /to hear that.**
> 나는 유감스럽다/ 그것을 들어서
>
> 해석 ☞

동사는 am, 시제는 현재예요. "to hear that"은 구예요. 'to+동사원형'은 'to부정사'라고 하는데, 아직 안 배웠어요. 나중에 배워요. 여기서는 "~해서"로 해석돼요. '이유'를 나타내는 부사적 용법인데 배울 때까지는 그러려니 하고 넘어가기로 해요.

> **After I saw /the scene, /I could not forget /the boy.**
> 내가 본 후에/ 그 장면을/ 나는 잊을 수 없었다/ 그 소년을
>
> 해석 ☞

문장이 부사절(After절)과 주절로 이루어져 있어요. 주절의 동사 부분은 could not forget으로 시제는 과거예요. After절은 부사절이라고 하는데요, 다음에 접속사에서 다룰게요.

> **Some dogs /are so smart /that they save /their owners /from danger.**
> 어떤 개들은/ 매우 영리해서/ 그들은 구한다/ 그들의 주인들을/ 위험으로부터
>
> 해석 ☞

문장이 복문이에요. '주어+동사'의 관계가 두 개 이상인 것을 복문이라고 해요. 주절의 동사는 are, 시제는 현재예요, that절의 동사는 save예요. "so ~ that ~(너무 ~해서 ~하다)"이 사용되었어요. 문장에 so가 보이면 혹시 뒤에 that이 따라 나왔나 추측하면서 읽으세요. 그러다 that이 보이면 옳거니! 한 번 속으로 외치고요.

영어 사냥 실전 8 화살   ☞ 즐기면서 신나게 암기하기 ^^*

have got to V = have to V ~해야 한다
in a long line 긴 줄에서
amazing 놀라운
hide - hid - hid/hidden 숨기다, 숨다
encouragement 격려
end 끝나다 / 끝
soon 곧, 빨리
too 너무, 역시
program 프로그램

영어 사냥 화살 복습   ☞ ( ) 안에 영어 단어를 쓰세요. (정답은 앞장에)

( ) ☞ 묻다, 요청하다, 부탁하다
( ) ☞ 세 번, 세 배
( ) ☞ 보다, 알다
( ) ☞ 장면
( ) ☞ (can의 과거형) ~할 수 있었다
( ) ☞ 일부의, 어떤 / 몇몇, 몇 개, 약간, 조금
( ) ☞ 구하다, 절약하다, 저축하다
( ) ☞ (they의 소유격) 그들의
( ) ☞ 주인, 소유주
( ) ☞ 위험
( ) ☞ 주어가 ~할 수 있도록
( ) ☞ ~와 연락을 취하다, ~와 접촉을 가지다
( ) ☞ ~하는 동안에, ~이긴 하지만(양보)
( ) ☞ 떨어져, 떨어진 곳에, 결석하여, 자리에 없어
( ) ☞ 무서운
( ) ☞ 어둠 / 어두운

영어 사냥 실전 8

☞ 지시대로 풀고 뒷장에 정답을 확인하세요

♥ 각 문장의 동사 부분을 찾아서 시제를 파악하고 해석하세요.

1. We've got to wait in a long line.
   동사 부분(   )   시제(   )
   ☞

2. We will see the amazing world of art hidden in our everyday life.
   동사 부분(   )   시제(   )
   ☞

3. I bought this sweater yesterday.
   동사 부분(   )   시제(   )
   ☞

4. You gave me words of encouragement.
   동사 부분(   )   시제(   )
   ☞

5. The movie ends too soon.
   동사 부분(   )   시제(   )
   ☞

♥ 주어진 단어들을 잘 배열하여 우리말에 맞게 영문을 완성하세요.
(조건: 필요하면 단어를 추가하거나 변환하세요)

6. 나는 이 프로그램을 매우 많이 사랑한다.
   (I, this, love, program, very much)
   ☞ _____.

7. 내가 너에게 와서 나의 문제에 대해 너에게 말했다.
   (about, and told, I, problem. come, to, you, you, my)
   ☞ _____.

영어 사냥 실전 8 (정답) ☞ 우리말 ↔ 영어로 번역하세요

1. have got to 동원, 현재
   우리는 긴 줄에서 기다려야 한다.

☞

2. will see, 미래
   우리는 우리의 매일의 삶 속에 숨겨진 놀라운 예술의 세계를 볼 것이다.

☞

3. bought, 과거
   나는 어제 이 스웨터를 샀다.

☞

4. gave, 과거
   너는 나에게 격려의 말들을 주었다.

☞

5. ends, 현재
   그 영화는 너무 빨리 끝난다.

☞

6. I love this program very much.

☞

7. I came to you and told you about my problem.

☞

영어 사냥 통역 8   ☞ 입으로 직접 소리 내어 말하기 훈련^^*

♥ 우리말을 영어로 입으로 소리 내어 가며 연필로 옮기세요.

그녀는 그에게 이 똑같은 질문을 세 번 했다.
☞ _____

나의 할아버지는 아프다.
☞ _____

아이들은 그들이 그들의 선생님들과 연락을 취할 수 있도록 휴대폰을 필요로 한다.
☞ _____

그녀가 없는 동안, 나는 어둠 속에서 매우 무서웠다.
☞ _____

걷는 것은 너의 심장을 강하게 만든다.
☞ _____

그녀는 그를 Chan이라고 불렀다.
☞ _____

빗속에서 노래하고 있는 그 소녀는 나의 여동생이다.
☞ _____

나는 그것을 들어서 유감스럽다.
☞ _____

내가 그 장면을 본 후, 그 소년을 잊을 수 없었다.
☞ _____

어떤 개들은 매우 영리해서 그들의 주인들을 위험으로부터 구한다.
☞ _____

CHAPTER 2
영어 사냥 떠나기

Unit 9 : 수동태 맛보기

Unit 10 : 의문사; 의문문; 명령문

Unit 11 : 부정문; 감탄문; 기원문; 부가의문문

Unit 12 : 부정사

Unit 13 : 동명사

Unit 14 : 접속사

Unit 15 : 분사 구문

Unit 16 : 조동사

Unit 17 : 수동태

Unit 18 : 명사

Unit 19 : 대명사

Unit 20 : 관계대명사

Unit 21 : 관계부사

Unit 22 : 시제

Unit 23 : 가정법

Unit 24 : 형용사/부사(역할, 위치, 쓰임새)

Unit 25 : 형용사/부사(원급, 비교급, 최상급)

Unit 26 : 주어와 동사의 일치

Unit 27 : 화법과 시제의 일치 및 예외

Unit 28 : 관사

Unit 29 : 전치사

Unit 30 : 특수 구문

Unit 09 수동태 맛보기

사냥터 에피소드 9 ☞ 가볍게 읽고 살짝만 생각하기 ^^*

사냥꾼 수경아 눈을 왜 그렇게 뜨니?
수 경 렌즈를 안 하고 왔더니 잘 안 보여서요. 흐리게 보여서 인상을 쓰게 돼요. 죄송합니다. TT
사냥꾼 렌즈 안 해서 잘 안 보이니 답답하겠구나, 잘 보려고 인상도 쓰게 되고... 영어 공부할 때도 렌즈와 같은 존재가 있어. 바로 수동태!! 이제까지 렌즈 없이 50%만 볼 수 있었다면, 지금부터 수동태 렌즈를 장착한 순간 나머지 50%의 영어를 한 눈에 내려다볼 수 있게 돼요. 12시제에 더하여 수동태시제 9가지를 볼 수 있는 눈을 만들어 보자!!

사냥꾼 강의 9 ☞ 꼼꼼하게 읽고 깊이 생각하기

　지금까지 배웠던 문장들은 모두 12시제로 표현되는 능동태 문장이었어요. 능동태 문장은 주어가 어떤 동작이나 작용을 스스로 하는 것을 나타내요. 영어지도 전략상 능동태 문장만 다뤘는데, 그것은 아직 기본이 갖추어지지 않은 학습자들을 위한 배려였어요. 영어는 항상 헷갈리고 어려운 과목이라고 겁먹고 포기해버리는 것을 방지하기 위함이지요.^^

　앞으로 "수동태가 뭐니?" 하고 물으면 "**능동태의 목적어를 주어로 하여 의미 변화 없이 다시 쓴 문장이에요.**"라고 답해주세요. 이 말을 음미해보면, 목적어가 없는 문장은 수동태로 바꿀 수가 없다는 결론이 나와요.

　이제 수동태의 개념을 같이 잡아볼까요? 수동태란 능동태의 목적어를 주어로 하여 의미 변화 없이 다시 쓴 문장이라고 했어요.

　"누군가가 그 사무실을 매일 청소한다." 이 문장은 능동태 문장이에요. 목적어 "그 사무실"이 있으니까 수동태로 바꿀 수 있어요. "그 사무실"을 주어로 하여 의미 변화 없이 다시 쓰면 수동태 문장이 돼요. 시제는 그대로 가져가요. 시제는 바꾸면 안 돼요.

　"그 사무실은 누군가에 의하여 매일 청소된다." 이것이 수동태 문장이에요. 어때요? 개념이 좀 잡히나요? 언어적 감각이 조금 필요해요. 글을 많이 읽으면 언어적 감각이 생겨요. 수동태 문장에는 기본적으로 "~에 의하여"가 들어가요. 이제 두 문장만 더 연습해 볼게요. 수동의 개념을 확실히 잡을 수 있으면 좋겠어요.

　"나의 아버지가 이 집을 2016년에 지었다." 이 문장을 수동태로 만들면 "이 집은 나의 아버지에 의해 2016년에 지어졌다."가 돼요.

"저 떡볶이는 나의 남자 친구에 의해서 요리되고 있다." 이 문장은 능동태 문장일까요, 수동태 문장일까요? 그리고 시제는 무엇일까요? 맞아요. 수동태 현재진행시제예요. 그럼 이 문장을 다시 능동태 현재진행시제로 바꿀 수 있어야 해요. 바꾸어볼까요?

"나의 남자 친구가 저 떡볶이를 요리하고 있다."가 정답이에요. 그럼, 이번에는 동사 부분만 보고 수동태로 바꾸는 연습을 해볼게요.

다음 빈칸을 모두 채워보세요. 이거 사냥꾼의 도움 없이 정확히 채워 넣을 수 있으면 우리말 감각이 있는 편이어서 앞으로 영어 공부 발전 속도가 굉장히 빠를 가능성이 높아요. 학습자 혼자서 먼저 빈칸 채워 넣고 아래에 답이랑 맞춰 보세요.

능동태 동사 부분	수동태 동사 부분
그리다(기본형)	
그린다(현재)	
그렸다(과거)	
그리고 있다(현재진행)	
그리고 있었다(과거진행)	
그리고 있을 것이다(미래진행)	
그린 적이 있다(현재완료)	
그려왔다(현재완료)	
그렸다(현재완료)	
그린 적이 있었다(과거완료)	
그려왔었다(과거완료)	
그렸었다(과거완료)	

수동의 개념 파악이 잘 되었으면 좋겠어요. 다음은 순서대로 적은 빈칸의 답이에요. 총 12개를 손가락으로 짚어가면서 맞춰보세요. "그려지다,

그려진다, 그려졌다, 그려지고 있다, 그려지고 있었다, 그려지고 있을 것이다, 그려진 적이 있다, 그려져 왔다, 그려졌다, 그려진 적이 있었다, 그려져 왔었다, 그려졌었다." 다 맞추셨기를 기원합니다.^^

이제 수동태 문장의 동사 부분의 형태를 살펴볼게요. 수동태 문장에는 be동사가 꼭 들어가요. be동사는 수동태를 만들기 위해 들어간 것이라서 뜻은 없어요. 그리고 끝에는 과거분사(p.p)가 와요. 뜻은 이 과거분사에서 나와요.

수동태 문장은 "수동태현재, 수동태과거, 수동태미래, 수동태현재진행, 수동태과거진행, 수동태미래진행, 수동태현재완료, 수동태과거완료, 수동태미래완료" 이렇게 9가지 형태로 나타나요.

일목요연하게 표로 정리해 드릴게요. 무조건 암기해야 합니다. 영어 문장을 척 보고, 능동태 12가지 형태와 수동태 9가지 형태를 한눈에 빠르게 파악할 수 있는 능력이 생기면 이제 영어가 훤히 들여다보여요. 그러면 영어 사냥을 자신 있게 할 수 있어요.^^

수동태 아홉 가지 시제	동사 부분의 형태
수동태현재	am(are, is) + p.p
수동태과거	was(were) + p.p
수동태미래	will be + p.p
수동태현재진행	am(are, is) + being p.p
수동태과거진행	was(were) + being p.p
수동태미래진행	will be + being p.p
수동태현재완료	have(has) + been p.p
수동태과거완료	had been p.p
수동태미래완료	will have been p.p

사냥꾼 요약 9

☞ 사냥꾼 강의를 참고하여 빈칸을 채워보세요

수동태란?	능동태의 (　　　)를 (　　　)로 하여 의미 변화 없이 다시 쓴 문장

능동태 ↔ 수동태
(시제는 바뀌지 않고 그대로 간다)

우리말 능동태	우리말 수동태
만들다(기본형)	
만들었다(과거)	
만들고 있었다(과거진행)	
만든 적이 있다(현재완료)	
만들어 왔다(현재완료)	
만들었다(현재완료/과거)	
누군가가 그 사무실을 매일 청소한다(현재)	

수동태는 be동사를 사랑하고 과거분사(p.p)로 끝남

수동태시제	동사 부분의 형태
수동태현재	
수동태과거	was(were) + p.p
수동태미래	
수동태현재진행	am(are, is) + being p.p
수동태과거진행	
수동태미래진행	will be + being p.p
수동태현재완료	
수동태과거완료	had been p.p
수동태미래완료	

영어 사냥 과제 9 ☞ 완벽하게 암기해서 빈칸을 채우세요

수동태란?	능동태의 (　　　)를 (　　　)로 하여 의미 변화 없이 다시 쓴 문장

능동태 ↔ 수동태
(　　　)는 (　　　) 않고 그대로 간다

우리말 능동태	우리말 수동태
만들다(기본형)	
만들었다(과거)	
만들고 있었다(과거진행)	
만든 적이 있다(현재완료)	
만들어 왔다(현재완료)	
만들었다(현재완료/과거)	
누군가가 그 사무실을 매일 청소한다(현재)	

수동태는 (　　　)동사를 사랑하고 (　　　)로 끝남

수동태시제	동사 부분의 형태
수동태현재	
수동태과거	
수동태미래	
수동태현재진행	
수동태과거진행	
수동태미래진행	
수동태현재완료	
수동태과거완료	
수동태미래완료	

영어 사냥 시범 9   ☞ 우리말 순서로 해석하여 연필로 쓰기 ^^

He /is loved /by so many people.
그는/ 사랑받는다/ 매우 많은 사람들에 의해

해석 ☞

이 문장의 동사 부분은 is loved, 시제는 수동태현재예요. "사랑하다"의 수동은 "사랑받다"이고 현재니까 "사랑받는다"라고 해석해요. 이 수동태 문장을 다시 능동태로 바꾸면 주어 He가 목적어가 되고, so many people이 주어가 돼요. "매우 많은 사람들이 그를 사랑한다." So many people love him. 능동태를 수동태로 만들 때, 능동태의 주어 앞에 전치사 by를 달아서 뒤로 보내요. 이때, 전치사 by 뒤에는 반드시 목적격을 써야 해요.

The cake /was made /by Mary.
그 케이크는/ 만들어졌다/ Mary에 의해

해석 ☞

동사 부분은 was made, 시제는 수동태과거예요. 뜻은 make에서 나와요. 기본형은 '만들다'이고, 수동은 "만들어지다"인데, 시제가 과거니까 "만들어졌다"라고 해석해요. 수동태에서 'by 행위자'는 "~의해"라고 해석해요. 능동태로 바꾸면, "Mary made the cake."가 돼요.

I /bought /this sweater /yesterday.
나는/ 샀다/ 이 스웨터를/ 어제

해석 ☞

동사 부분은 bought, 시제는 능동태 과거예요. 이 문장을 수동태로 만들기 위해 목적어 this sweater를 주어로 하여 다시 쓰면 다음과 같은 수동태과거 문장이 나와요. "This sweater was bought by me yesterday."

영어 사냥 실전 9 화살 ☞ 즐기면서 신나게 암기하기 ^^*

film 영화, 필름
discover 발견하다
strange 이상한, 낯선
object 물건, 물체
diligent 부지런한
history 역사
consider 여기다, 고려하다, 생각하다
scientist 과학자
novel 소설
all over the world 전 세계에

영어 사냥 핵무기 복습 ☞ ( ) 안에 과거분사형을 쓰세요

원형	과거	과거분사
be	was, were	( )
have	had	( )
do	did	( )
go	went	( )
come	came	( )
give	gave	( )
meet	met	( )
say	said	( )
tell	told	( )
throw	threw	( )
lose	lost	( )
make	made	( )
think	thought	( )
know	knew	( )
wear	wore	( )
read	read	( )

영어 사냥 실전 9   ☞ 지시대로 풀고 뒷장에 정답을 확인하세요

♥ 각 문장의 동사 부분을 찾아서 시제를 밝히고 해석한 다음, 능동태 ↔ 수동태로 문장 전환하세요.

1. We will see this film tomorrow.
   동사 부분(   )   시제(   )

해석☞

전환☞

2. People understand your topic easily.
   동사 부분(   )   시제(   )

해석☞

전환☞

3. She discovered a strange object in the bag.
   동사 부분(   )   시제(   )

해석☞

전환☞

♥ 주어진 우리말에 맞도록 단어들을 잘 배열하여 영문을 완성하세요.
(조건: 주어진 단어를 한 번씩 모두 사용하고, 필요하면 변환하세요.)

4. 역사는 부지런한 사람들에 의해 쓰인다.
   (write, people, diligent, be, by, history)

☞ _____.

5. 그는 위대한 과학자로 여겨졌다.
   (a, be, great, be, he, consider, scientist)

☞ _____.

6. 이 소설은 전 세계 어린이에 의해 사랑받을 것이다.
   (children, this, love, novel, will, by, all over the world, be)

☞ _____.

영어 사냥 실전 9 (정답) ☞ 우리말 ↔ 영어로 번역하세요

1. will see, 미래

해석☞ 우리는 내일 이 영화를 볼 것이다.

전환☞ This film will be seen by us tomorrow.

☞

2. understand, 현재

해석☞ 사람들은 너의 주제를 쉽게 이해한다.

전환☞ Your topic is understood easily. (by people)

☞

3. discovered, 과거

해석☞ 그녀는 그녀의 가방에서 이상한 물건을 발견했다.

전환☞ A strange object was discovered in the bag by her.

☞

4. History is written by diligent people.

☞

5. He was considered (to be) a great scientist.

☞

6. This novel will be loved by children all over the world.

☞

영어 사냥 통역 9 ☞ 입으로 직접 소리 내어 말하기 훈련^^*

♥ 우리말을 영어로 입으로 소리 내어 가며 연필로 옮기세요.

그는 매우 많은 사람들에 의해 사랑받는다.

☞ ....

그 케이크는 Mary에 의해 만들어졌다.

☞ ....

나는 어제 이 스웨터를 샀다.

☞ ....

Unit 10 : 의문사, 의문문; 명령문

> **사냥터 에피소드 10**   ☞ 가볍게 읽고 살짝만 생각하기 ^^*

모 아 선생님 식사하셨어요?
사냥꾼 어. 넌?
모 아 어디서 드셨어요?
사냥꾼 집에서 먹었지, 왜?
모 아 뭘 드셨어요? 맛있었어요?
사냥꾼 청문회 하니? 이제 그만 물어!! 아니면 그런 영혼 없는 질문이라도 영어로 한다면 답해주지. 모아가 자꾸 질문했으니 그런 의미에서 오늘은 의문문과 그 외 친구들을 좀 배워볼까? ^^

사냥꾼 강의 10　　　　　　　　☞ **꼼꼼하게 읽고 깊이 생각하기**

'의문사'란 우리말의 '6하 원칙'을 가리켜요. 누가(who), 언제(when), 어디에서(where), 무엇을(what), 어떻게(how), 왜(why). 이렇게 여섯 가지인데, 여기다가 who에서 나온 소유격 whose와 목적격 whom도 알아두시고요, which(어느, 어느 것)도 알아두세요.

의문문이란 물어보는 문장이에요. be동사가 쓰인 문장은 주어와 be동사의 자리를 바꾸고 끝에 물음표를 붙여주면 의문문이 돼요. "너는 훌륭한 요리사이다.(You are a good cook.)" 이 문장을 의문문으로 만들면 우리말로는 "너는 훌륭한 요리사니?"가 돼요. 영어로는 be동사 are와 그 앞에 있는 주어 you의 자리를 바꾸고 끝에 물음표를 붙이면, "Are you a good cook?"이 돼요. 쉽죠?

이번에는 조동사가 쓰인 문장을 볼까요? "너는 아름다운 노래를 부를 수 있다.(You can sing a beautiful song.)"를 의문문으로 만들면 우리말로는 "너는 아름다운 노래를 부를 수 있니?"가 돼요. 이렇게 can과 같은 조동사(will, may, must 등)가 쓰인 문장을 의문문으로 만들려면 주어와 그 조동사의 자리를 바꾸고 끝에 물음표를 붙여주면 돼요. 주어 You와 조동사 can의 자리를 바꾸고 물음표를 붙이면, "Can you sing a beautiful song?"이 돼요. 쉽죠?

이번엔 일반동사가 쓰인 문장을 볼까요? "너의 여동생은 로봇을 좋아한다.(Your sister likes robots.)"를 의문문으로 만들면 우리말로는 "너의 여동생은 로봇을 좋아하니?"가 돼요. 이렇게 likes와 같은 일반동사가 쓰인 문장을 의문문으로 만들려면 do나 does나 did 중에 하나를 주어 앞에 놓고, 원래 쓰여 있던 일반동사를 원형으로 바꿔주고 그 끝에 물음표를 붙이면 의문문이 돼요. 시제가 현재이고, 주어가 3인칭 단수이면 does

를, 시제가 현재이고 주어가 3인칭 단수 이외의 것이면 do를 주어 앞에 둬요. 시제가 과거일 땐 무조건 did를 주어 앞에 두면 돼요. "Your sister likes robots."의 동사는 일반동사인 likes이고 현재시제이고, 주어는 Your sister이니까, Does를 your sister 앞에 놓고 원래 쓰여 있던 일반동사 likes를 원형인 like로 고쳐주고 끝에 물음표를 붙이면, "Does your sister like robots?"가 돼요. 쉽죠?

이번엔 의문사가 쓰인 문장을 볼까요? 의문사가 들어간 문장은 다른 것은 다 똑같고, 의문사를 문장의 맨 앞으로 보내면 돼요. "너의 여동생은 로봇을 좋아하니?"라는 문장에 "왜"라는 의문사가 들어간 "왜 너의 여동생은 로봇을 좋아하니?"라는 의문문을 만들려면, 의문사 '왜'에 해당하는 'why'를 "Does your sister like robots?"의 맨 앞에 넣은 "Why does your sister like robots?"가 돼요. 쉽죠?

의문사가 주어인 문장에서는 do, does, did를 도입하지 않고 바로 그 동사의 시제를 써요. 예를 들면, "무엇이 너를 행복하게 만드니?"라는 의문문은 주어가 '무엇(what)'이에요. 그리고 시제는 현재고요. '무엇(what)'은 3인칭 단수이므로 동사에 '-s'를 붙이면 돼요. "What makes you happy?(무엇이 너를 행복하게 만드니?)"가 돼요. 쉽죠? 참고로, 완료시제인 문장을 의문문으로 만들려면 주어와 have(has, had)의 자리를 바꾸고 끝에 물음표를 붙이면 돼요.

자, 이제 명령문 만들기를 해볼게요. 명령문은 우리말로 "~해라"라고 해석해요. '동사원형'을 문장의 맨 앞에 두면, 그게 바로 명령문이에요. 간단하죠? 이제 명령문을 배웠으니까, 형, 동생, 누나, 언니, 오빠들한테 닥치는 대로 시켜먹으세요. ㅋ

사냥꾼 요약 10   ☞ 사냥꾼 강의를 참고하여 빈칸을 채워보세요

의문사 종류	( ), (whose), (whom), ( ), ( ), ( ), ( ), (which)

● 의문문 만들기

be동사가 쓰인 문장	( )와 ( )의 자리를 바꾸고 끝에 물음표(?)를 붙임
조동사가 쓰인 문장	( )와 ( )의 자리를 바꾸고 끝에 물음표(?)를 붙임
일반동사가 쓰인 문장	( )나 ( )나 ( )를 도입하여 주어 앞에 놓고, 원래 쓰여 있던 일반동사를 원형으로 바꾸고 끝에 물음표(?)를 붙임
의문사가 쓰인 문장	다른 것은 다 똑같고 ( )를 문장의 맨 앞에 위치시킴
의문사가 주어일 때	( ), ( ), ( )를 도입하지 않고 바로 그 동사의 시제를 씀
완료시제일 때 have(has, had)+ p.p	주어와 have나 has나 had의 자리를 바꾸고, 끝에 물음표를 붙임

명령문 만들기	( )을 문장의 맨 앞에 둠 해석은 ( )

영어 사냥 과제 10   ☞ 완벽하게 암기해서 빈칸을 채우세요

의문사 종류	( ), ( ), ( ), ( ), ( ), ( ), ( ), ( )

● 의문문 만들기

be동사가 쓰인 문장	( )와 ( )의 자리를 바꾸고 끝에 물음표를 붙임
조동사가 쓰인 문장	( )와 ( )의 자리를 바꾸고 끝에 물음표를 붙임
일반동사가 쓰인 문장	( )나 ( )나 ( )를 도입하여 ( ) 앞에 놓고, 원래 쓰여 있던 ( )동사를 ( )으로 바꾸고 끝에 물음표를 붙임
의문사가 쓰인 문장	다른 것은 다 똑같고 ( )를 문장의 맨 ( )에 위치시킴
의문사가 주어일 때	( ), ( ), ( )를 도입하지 않고 바로 그 ( )의 시제를 씀
완료시제일 때	주어와 ( )의 자리를 바꾸고, 끝에 물음표를 붙임

명령문 만들기	( )을 문장의 맨 ( )에 둠 해석은 ( )

> **영어 사냥 시범 10** ☞ 우리말 순서로 해석하여 연필로 쓰기 ^^

> **He's my music teacher.**
> 해석 ☞

동사는 is, 시제는 현재예요. be동사가 쓰인 문장이네요. 의문문으로 만들어볼까요? 일단 우리말 의문문은 "그는 나의 음악 선생님이니?"가 돼요. 동사가 be동사니까, 주어 he와 be동사 is의 자리만 바꾸고 끝에 물음표만 붙이면 의문문 만들기 끝! "Is he my music teacher?"

> **She /loves /my money.**
> 그녀는/ 사랑한다/ 나의 돈을
> 해석 ☞

동사는 loves, 시제는 현재예요. 일반동사가 쓰인 문장이에요. 의문문으로 만들어볼까요? 우리말을 먼저 의문문으로 만들어보면, "그녀는 나의 돈을 사랑하니?"가 돼요. 주어가 3인칭 단수 she이고 일반동사가 쓰인 문장이고 시제가 현재니까, 영어로 의문문 만들려면 does를 도입해서 주어 앞에 놓고, 원래 쓰인 일반동사 loves를 원형(love)으로 고쳐주고, 끝에 물음표 붙이면 끝! "Does she love my money?" loves를 원형 love로 고치는 것 잊지 마세요.

> **You can help /me /with my English homework.**
> 너는 도와줄 수 있다/ 나를/ 나의 영어 숙제와 함께
> 해석 ☞

동사 부분은 can help. 조동사 can이 쓰인 문장이에요. 이 문장을 의문문으로 만들어볼까요? 먼저 우리말 의문문을 만들면, "너는 나의 영어 숙제를 도와줄 수 있니?"가 되죠. 조동사가 쓰인 문장은 주어와 조동사의 자리를 바꾸고, 물음표를 문장 끝에 붙이면, 끝! "Can you help me with my English homework?" ^^

> **He /ate /lunch /at school.**
> 그는/ 먹었다/ 점심을/ 학교에서
>
> 해석 ☞

동사는 ate, 과거예요. 일반동사 ate가 쓰였어요. 의문문으로 만들어볼까요? 우리말로 의문문을 만들면 "그는 학교에서 점심을 먹었니?"가 돼요. 일반동사가 쓰였고, 과거니까 did를 도입해서 주어 앞에 놓고 ate를 원형인 eat으로 고쳐주면 끝! "Did he eat lunch at school?"

> **그녀는 무엇을 샀니? (영어)** ☞

딱 봤을 때, 우리말 시제가 뭔가요? 그래요. 동사는 '샀다'예요. 시제 해석법을 따져 봤을 때, 과거나 현재완료로 볼 수 있어요. 과거시제로 영작을 해보기로 해요. 기본형이 '사다(buy)'예요. 일반동사가 쓰인 문장이고, 의문사 '무엇(what)'이 쓰였으니까, 배운 대로 의문사를 문장의 맨 앞으로 보내요. 다른 것은 똑같고요. "그녀는 샀니?(Did she buy?)"에 의문사 what만 문장 앞에 넣으면 돼요. "What did she buy?"가 돼요. 쉽죠?

> **너의 숙제를 해라. 이 규칙을 따라라.**
> (영어) ☞
>
> **매일 영어 단어 50개를 암기해라.**
> (영어) ☞

모두 "~해라"로 되어 있어요. 모두 명령문이에요. 영어로는 '동사원형'을 문장의 맨 앞에 두면 그게 명령문이에요. 각 문장의 동사는 "하다, 따르다, 암기하다"예요. 우리말을 영어순서로 해보면, "해라/ 너의 숙제를", "따라라/ 이 규칙을", "암기해라/ 영어단어 50개를/ 매일"이 돼요. 영어를 대입하면, "Do your homework.", "Follow this rule.", "Memorize 50 English words every day."가 돼요. 명령문 배웠다고 너무 많이 시켜 먹지는 마세요. ㅋ

영어 사냥 실전 10 화살 　　　☞ 즐기면서 신나게 암기하기 ^^*

on the Internet 인터넷상에(서)
buy - bought - bought 사다
be interested in ~에 흥미가 있다
train station 기차역
near here 이 근처에

영어 사냥 핵무기 복습 　　　☞ 빈칸을 모두 채우세요

원형	과거형	과거분사형	단어 뜻
dig			
swim			
smell			
shake			
mistake			
wake			
blow			
fly			
bind			
ring			
seek			
tear			
shoot			
strike			
shine			
bite			
set			
bear			

영어 사냥 실전 10   ☞ 지시대로 풀고 뒷장에 정답을 확인하세요

♥ 다음 문장들의 동사 부분을 찾아서 시제를 파악하여 해석하고, 평서문↔의문문으로 문장 전환하세요.

1. She bought a T-shirt on the Internet.
   동사 부분(   )   시제(   )

해석☞

전환☞

2. Are you interested in sports?
   동사 부분(   )   시제(   )

해석☞

전환☞

3. Is there a train station near here?
   동사 부분(   )   시제(   )

해석☞

전환☞

♥ 다음 우리말에 맞게 단어들을 배열하여 문장을 완성하세요.
(조건: 주어진 단어를 한 번씩 모두 사용하고, 필요하면 어형을 변형하거나 추가하세요.)

4. 누가 어제 그녀의 T-shirt를 샀니?
   (buy, yesterday, her, who, T-shirt?)

☞ _____ ?

5. 저를 Plaza 호텔로 데려다주세요.
   (me, to, Take, the Plaza Hotel)

☞ _____, please.

6. 너 그거 잊었니?(현재완료시제로)
   (that, forget, you)

☞ _____ ?

영어 사냥 실전 10 (정답)   👉 우리말 ↔ 영어로 번역하세요

1. bought, 과거
   그녀는 인터넷에서 티셔츠를 하나 샀다.

👉 Did she buy a T-shirt on the Internet?

2. are interested in, 현재
   너는 스포츠에 흥미가 있니?

👉 You are interested in sports.

3. is, 현재
   여기 근처에 기차역이 있나요?

👉 There is a train station near here.

4. Who bought her T-shirt yesterday?

👉

5. Take me to the Plaza Hotel, please.

👉

6. Have you forgotten that?

👉

영어 사냥 통역 10 ☞ 입으로 직접 소리 내어 말하기 훈련^^*

♥ 우리말을 영어로 입으로 소리 내어 가며 연필로 옮기세요.

그는 나의 음악 선생님이다.
☞ _____

그녀는 나의 돈을 사랑한다.
☞ _____

너는 나의 영어숙제를 도와줄 수 있다.
☞ _____

그는 학교에서 점심을 먹었다.
☞ _____

그녀는 무엇을 샀니?
☞ _____

너의 숙제를 해라.
☞ _____

이 규칙을 따라라.
☞ _____

매일 영어 단어 50개를 암기해라.
☞ _____

Unit 11 — 부정문; 감탄문; 기원문; 부가의문문;

사냥터 에피소드 11 ☞ 가볍게 읽고 살짝만 생각하기 ^^*

웅 찬 "너 어제 왜 결석했니?" 이거 영어로 하면 뭘까? 의문문이고, 시제는 과거이고, '결석한'은 'absent'인데... '결석하다'는 영어로 뭐더라?

모 아 동사가 없을 때 be동사 넣으면 되잖아. '결석하다'는 'be absent'야.

웅 찬 아하! be동사가 쓰인 문장은 주어랑 be동사랑 자리만 바꾸면 되고, '왜'라는 의문사가 있으니 의문사를 맨 앞으로 보내면, "Why were you absent yesterday?"

사냥꾼 오우~ 이론 예쁜 것들. 근데 모아, 너 웅찬이 좋아하니?

모 아 아닌데요!!!

사냥꾼 풋~ 그렇다면~ 오늘은 "아닌 것은 아니라고 말하기"를 배우자.

사냥꾼 강의 11 　　　　　　　　☞ 꼼꼼하게 읽고 깊이 생각하기

우리가 아닌 것은 아니라고 말할 수 있어야겠어요. 아니라고 부정하는 것이 부정문이에요. 부정문 만들기는 의문문 만들기랑 약간 비슷해요. 해석은 "~아니다, ~그렇지 않다." 등으로 하면 돼요.

be동사가 쓰인 문장을 부정하려면 be동사 뒤에 not을 붙여주면 돼요. 조동사가 쓰인 문장도 그 조동사 뒤에 not을 붙여주면 부정문이 돼요. 간단하죠?

그런데 일반동사가 쓰인 문장은 바로 not을 붙이지 않고, do나 does나 did에 not을 붙여서 주어 다음에 넣고, 원래 쓰여 있던 일반동사를 '원형'으로 바꿔주면 그게 일반동사가 쓰인 문장의 부정문이에요. 복잡해 보이지만 실제로는 복잡하지 않아요.

또 never, hardly, scarcely 등, 부사를 이용한 부정문 만들기도 있어요. 하지만 세세한 것은 나중에 좀더 영어 문장에 익숙해지면 따로 문장 속에서 배우기로 해요.

자, 이번에는 감탄문 만들기를 배워볼게요. 감탄문은 일정한 형식을 갖추고 있어요. 의문사 what, how 알죠? 이것들을 이용해서 만들어요. 해석은 둘 다, "야~ 정말로 ~하구나!" 정도로 하면 돼요.

What으로 시작하는 감탄문은 형식이, 'What a 형용사 + 명사 + 주어 + 동사!'이고요, How로 시작하는 감탄문은 'How + 형용사(또는 부사) + 주어 + 동사!' 이렇게 돼요. 이때, 두 경우 모두 뒤에 '주어+동사'는 생략하기도 해요.

이번엔 기원문 만들기를 알아볼게요. 소원이나 기원, 이런 것을 나타내는 문장이에요. 해석은, "~하소서!, ~하기를!" 정도로 하면 돼요. 기원문도 일정 형식이 있어요. 'May + 주어 + 동사원형!' 이게 기원문 형식이에요. May는 생략되기도 해요.

또, 의문문 중에 부가의문문이란 게 있어요. 평서문 형식으로 말해 놓고, 그 뒤에 추가로 어떤 형식을 덧붙여 만들어요. 형태는 "평서문, (1), (2)?"이에요. 이를테면, "너는 학생이다, 그렇지 않니?" 이런 거예요. 영어로 하면, "You are a student, aren't you?"가 돼요.

"You are a student."에서 동사 are를 가져와서 are의 부정형인 aren't를 (1)에, 주어 You를 (2)에 그대로 갖다놔요. 동사가 부정이면 긍정으로 바꿔서 써요. 반대로 그 동사가 긍정이면 부정으로 바꿔서 써요. 그 동사가 be동사나 조동사이면 be동사나 조동사를 그대로 쓰지만, 일반동사일 경우에는 do, does, did를 써요. 주어가 3인칭 단수이고 현재이면 does를, 시제가 현재이고 주어가 3인칭 단수가 아니면 do, 그리고 시제가 과거이면 인칭에 관계없이 무조건 did를 써요.

(2)에는 주어를 가져다 쓰는데, 인칭대명사로 받아서 써줘요. 예를 들어서 주어가 My mother라면 she로, 주어가 this book이면 it으로, 주어가 your brother이면 he로 받아서 쓰는 식이죠. 좀 복잡하죠? 인칭대명사는 I, we, you, she, he, we, they, it. 이런 거예요. 대명사는 뒤에서 좀더 자세히 다룰게요. 부가의문문은 이게 기본이고요. 좀더 자세히 들어가면 더 복잡한데, 일단 이것만은 확실히 알고 넘어가기로 해요.

사냥꾼 요약 11

☞ 사냥꾼 강의를 참고하여 빈칸을 채워보세요

● 부정문 만들기

be동사가 쓰인 문장	be동사 ( )에 not을 붙인다.
조동사가 쓰인 문장	조동사 ( )에 not을 붙인다.
일반동사가 쓰인 문장	( )나 ( )나 ( )에 not을 붙여서 ( ) 다음에 놓고, 원래 쓰여 있는 일반동사를 ( ) 으로 바꾼다.

● 감탄문 만들기(해석은, "정말로 ~하구나!")

what으로 시작	What + a(an) + ( ) + ( ) + (주어 + 동사)!
how로 시작	How + ( ) (또는 ( ) + (주어 + 동사)!

● 기원문 만들기

(May) + 수어 + 동사원형! 해석은 "~(   )!, ~(   )!"

● 부가 의문문 만들기

형식: 주어 + 동사 ~, (1), (2)?
동사가 be동사, 조동사이면 → (   )번 자리에 be동사, 조동사를 그대로 쓴다. 동사가 일반동사이면 → (   )나 (   )나 (   )로 바꾸어서 (   )번 자리에 쓴다. 동사가 긍정이면, 부정으로 바꾸어서 (   )번 자리에 쓴다. 동사가 부정이면 긍정으로 바꾸어서 (   )번 자리에 쓴다. (   )번 자리에는 주어를 가져다 쓰되, (   )로 받아서 쓴다.

영어 사냥 과제 11
☞ 완벽하게 암기해서 빈칸을 채우세요

● 부정문 만들기

be동사가 쓰인 문장	be동사 (　) 에 (　) 을 붙인다.
조동사가 쓰인 문장	조동사 (　) 에 (　) 을 붙인다.
일반동사가 쓰인 문장	(　)나 (　)나 (　)에 not을 붙여서 (　) 다음에 놓고, 원래 쓰여 있는 (　) 동사를 (　)으로 바꾼다.

● 감탄문 만들기(해석은, "정말로 ~하구나!")

what	What + !
how	How + !
해 석	(　)

● 기원문 만들기

(　) + (　) + (　)! 해석은 ~(　)!, ~(　)!

● 부가 의문문 만들기

주어 + 동사 ~, (1), (2)?
동사가 be동사, 조동사이면 → (　)번 자리에 be동사, 조동사를 그대로 쓴다. 동사가 일반동사이면 → (　)나 (　)나 (　)로 바꾸어서 (　)번 자리에 쓴다. 동사가 (　)이면 부정으로 바꾸어서 (　)번 자리에 쓴다. 동사가 (　)이면 긍정으로 바꾸어서 (　)번 자리에 쓴다. (　)번 자리에는 주어를 가져다 쓰되, (　)로 받아서 쓴다.

영어 사냥 시범 11   ☞ 우리말 순서로 해석하여 연필로 쓰기 ^^

You /are a good cook. 해석 ☞

이 문장을 부정문인 "너는 훌륭한 요리사가 아니다."로 만들어볼까요? be동사 are가 쓰였으니, are 뒤에 not만 붙이면 돼요. You are not a good cook. 줄여서 쓰면 You aren't a good cook.이 돼요.

You can sing /a beautiful song.
너는 부를 수 있다/ 아름다운 노래를
해석 ☞

이 문장을 부정문으로 만들어볼까요? 동사는 조동사 can이 쓰였으니 이것도 부정문을 만들려면 can 뒤에 not을 붙이면 돼요. You cannot sing a beautiful song.

You /like /robots.
그들은/ 좋아한다/ 로봇을
해석 ☞

이 문장을 부정문으로 만들어볼까요? 동사가 일반동사 like이고, 시제가 현재이고, 주어가 you이니까, do에 not을 붙여서 주어 뒤에 놓고, 일반동사를 원형으로 해주면 돼요. You don't like robots.(너는 로봇을 좋아하지 않는다.)

What a nice dress this is! 해석 ☞

What으로 시작하는 감탄문이에요. 대개 'what a 형 명 주 동'이라고 암기하죠. 이때 명사가 복수이면 당연히 'a'는 필요 없겠죠.

How stupid he is! 해석 ☞

How로 시작되는 감탄문이에요. "그는 정말로 어리석구나!"

당신이 성공하시기를! (영어) ☞

이것을 영어로 옮겨볼까요? "~하시기를!"은 기원문이에요. 기원문 'May 주어 동사원형!' 공식대로 가면 돼요. 주어는 '당신', 동사는 '성공하다'예요. "May you succeed!"로 옮기면 되겠어요.

당신이 오래 사시기를! (영어) ☞

이것을 영어로 옮겨 볼까요? 기원문이고요, 주어는 '당신', 동사는 '살다'예요. 그래서 "May you live long!"이 돼요.

그것은 나의 연필이야, 그렇지 않니?
It's my pencil, (1) (2)?

이런 형식을 '부가의문문'이라고 해요. (1) (2)에 뭐가 들어갈까요? 동사가 be동사 is이고 긍정이에요. 주어는 It이고요. is의 부정은 isn't. 그래서 (1)에는 isn't를 쓰고요, (2)에는 it을 그대로 쓰면 돼요. "It's my pencil, isn't it?"

너는 카메라에 흥미가 없어, 그렇지?
You're not interested in cameras, (1) (2)?

동사는 are, 현재시제예요. not이 있어서 부정이니까 긍정으로 바꿔서 (1)의 자리에, (2)의 자리에는 주어 you를 그대로 쓰면 돼요. "You're not interested in cameras, are you?"

너는 어제 Chan을 만나지 않았어, 그렇지?
You didn't meet Chan yesterday, (1) (2)?

동사는 didn't meet, 시제는 과거예요. 영어로 옮겨보면, 동사가 didn't meet으로 부정이니까, 긍정으로 바꿔서 대동사 did를 (1)의 자리에 쓰면 되고요. (2)에는 주어 'you'를 그대로 쓰면 돼요. 그래서 (1), (2)에 정답은 각각 did와 you예요. "You didn't meet Chan yesterday, did you?"

영어 사냥 실전 11 화살   ☞ 즐기면서 신나게 암기하기 ^^*

believe 믿다
lunch 점심
eat - ate - eaten 먹다
pity 애석한 일, 연민, 동정
stand 참다, 서다, 서 있다
God 신
beautifully 아름답게
sing - sang - sung 노래하다

영어 사냥 핵무기 복습   ☞ ( ) 안에 과거분사형을 채우세요

grow	grew	(	)	자라다, 재배하다
build	built	(	)	짓다, 건설하다
become	became	(	)	~이 되다
teach	taught	(	)	가르치다, 기르쳐주다
take	took	(	)	가지다, 데리고 가다 필요로 하다, 복용하다
sell	sold	(	)	팔다, 팔리다
put	put	(	)	놓다, 두다
pay	paid	(	)	(돈을) 지불하다
catch	caught	(	)	잡다
begin	began	(	)	시작하다, 시작되다
run	ran	(	)	달리다, 운영하다
write	wrote	(	)	쓰다
mean	meant	(	)	의미하다, 뜻하다
cut	cut	(	)	베다, 자르다
drive	drove	(	)	운전하다, 몰다
beat	beat	(	)	치다, (심장, 맥박) 뛰다
spend	spent	(	)	쓰다, (시간을) 보내다
bring	brought	(	)	가져오다

영어 사냥 실전 11
☞ 지시대로 풀고 뒷장에서 정답 확인하세요

♥ 다음 문장을 부정문으로 전환하여 해석하세요.

1. He's my music teacher.

전환☞

해석☞

2. He ate lunch at school.

전환☞

해석☞

3. I can believe it.

전환☞

해석☞

♥ 다음 문장을 해석하세요.

4. You are Mr. Kim, aren't you? 해석☞

5. What a pity it is! 해석☞

6. I can't stand him. 해석☞

♥ 다음 우리말에 맞게 단어들을 배열하여 문장을 완성하세요. (조건: 주어진 단어를 한 번씩 모두 사용하고, 필요하면 어형을 변형하거나 추가하세요.)

7. 신이 당신을 축복하기를!
   (you, may God, may)

☞ _____!

8. 당신은 치즈케이크를 좋아해요, 그렇지 않나요?
   (like, you, you, not, cheesecake, do)

☞ _____?

9. 그녀는 참으로 아름답게 노래하는구나!
   (sing, she, how, beautifully)

☞ _____.

영어 사냥 실전 11 (정답) ☞ 우리말 ↔ 영어로 번역하세요

1.
전환☞ He isn't my music teacher.
☞
해석☞ 그는 나의 음악 선생님이 아니다.
☞

2.
전환☞ He didn't eat lunch at school.
☞
해석☞ 그는 학교에서 점심을 먹지 않았다.
☞

3.
전환☞ I can't believe it.
☞
해석☞ 나는 그것을 믿을 수 없다.
☞

4. 해석☞ 당신은 김선생님이죠, 그렇지 않나요?
☞

5. 해석☞ 참으로 애석한 일이구나!
☞

6. 해석☞ 나는 그를 참을 수 없다.
☞

7. May God bless you!
☞

8. You like cheesecake, don't you?
☞

9. How beautifully she sings!
☞

영어 사냥 통역 11   ☞ 입으로 직접 소리 내어 말하기 훈련^^*

♥ 우리말을 영어로 입으로 소리 내어 가며 연필로 옮기세요.

너는 훌륭한 요리사다.
☞ _____

너는 아름다운 노래를 부를 수 있다.
☞ _____

그들은 로봇을 좋아한다.
☞ _____

이것은 정말로 멋진 옷이구나!
☞ _____

그는 정말로 어리석구나!
☞ _____

당신이 성공하시기를!
☞ _____

당신이 오래 사시기를!
☞ _____

그것은 나의 연필이야, 그렇지 않니?
☞ _____

너는 카메라에 흥미가 없어, 그렇지?
☞ _____

너는 어제 Chan을 만나지 않았어, 그렇지?
☞ _____

Unit 12 : 부정사; It; 한 시제 이전

사냥터 에피소드 12 ☞ 가볍게 읽고 살짝만 생각하기 ^^*

사냥꾼 명사, 형용사, 부사의 역할에 대해 한 명씩 말해보자.

예 일 명사는 문장에서 주어나 목적어, 보어로 쓰여요. 명사의 예로는 책상, 선생님, 사랑, 교실, 학교, 우정 등입니다.

모 아 형용사는 문장에서 명사나 대명사를 수식하고, 보어로 쓰이고요. 보통 우리말로 'ㄴ' 받침으로 끝나요. 예를 들면, "훌륭한", "깨끗한", "부지런한" 같은 것들이 있어요.

태 혁 부사는 꾸며주기만 해요. 동사, 형용사, 부사를 수식하고, 구, 절, 문장 전체를 수식할 수도 있어요. 형용사에 '~하게'를 붙이면 부사기 되기도 해요. "훌륭하게", "깨끗하게", "부지런하게"처럼요.

사냥꾼 오~ 품사에 대해 잘 알고 있군. 그렇다면 이제 부정사를 사냥하러 가보자!!

사냥꾼 강의 12　　　　☞ 꼼꼼하게 읽고 깊이 생각하기

부정사　모든 영어 단어는 품사가 정해져 있어요. 그런데, 품사가 정해져 있지 않은 '부정사'라는 것이 있어요. 얘는 문장 안에서 품사가 정해져요. 문맥에 따라 명사, 형용사, 부사 역할을 해요.

부정사의 종류　부정사에는 to부정사와 원형부정사. 이렇게 두 가지가 있어요. to부정사는 형태가 'to + 동사원형'이고 원형부정사는 to 없이 그냥 '동사원형'이에요.

to부정사의 용법　to부정사는 앞으로 'to V'라고 표기할게요. 이 'to V'가 문맥 가운데서 명사처럼 쓰이면 명사적 용법이라고 불러요. 형용사처럼 쓰이면 형용사적 용법이라고 부르겠고, 부사처럼 쓰이면 부사적 용법이라고 부르겠죠.

to부정사의 해석　용법 구별보다는 해석에 집중하는 것이 좋습니다. 'to V'가 명사 역할을 하고 있으면 해석은, "~하기, ~하는 것"이라고 해석하고, 형용사 역할을 하고 있으면 "~할, ~인, ~하기 위한"이라고 해석해요. 그 외는 전부 부사적 용법으로 쓰인 거로 보면 되는데, 해석하는 방법도 다양해요. 그 중에 목적을 나타내는, "~하기 위하여"란 뜻으로 가장 많이 쓰여요. 그 외에도 "~해서, ~하기에, ~할 만큼, ~하다니, ~하면, ~할지라도, ~해서 ~하다." 등으로 해석돼요.

It이 나오면 생각해봐야 할 것들　'to V'의 명사적 용법을 배웠으니 곁가지로 'it'에 대해서 살펴보고 갈게요. 앞으로 문장 가운데 it이 나오면, 다음 중 어느 용법으로 쓰인 것인지를 확인하고 정확하게 해석해 내야 해요. 입에서 술술 나올 수 있게 암기해요!

첫째, '대명사 it'으로 쓰인 경우예요. 이때는 '그것'이라고 해석해요.

둘째, 날씨, 시간, 거리, 명암 등을 나타내는 '비인칭 주어 it'이 있어요. 이때는 '그것'이라고 해석하면 안 되고, "날씨가~, 시간이~, 거리가~, 명암이~" 등으로 해석해요.

셋째, '가짜 주어 it'이 있어요. '가주어 it'이라고도 불러요. 이때, 진짜 주어(진주어)는 따로 있어요. 대표적인 것이 'to V, 동명사, that절, 의문사절, whether절'이 있어요. 여기서 한 가지 짚고 넘어가면, 'to V의 의미상의 주어'라는 것이 있어요. "누가 ~하는 것이냐"를 나타내기 위해 to V 앞에 'for ~'를 끼워 넣어서 표현해요. 여기서 항상 'for'만 쓰는 것은 아니고, '사람의 성품'을 나타내는 어구가 앞에 쓰였을 때는 'for'대신 'of'를 써요.

넷째, 'it is ~ that 강조 구문'이 있어요. it is와 that 사이의 어구를 넣어서 강조하는 용법이에요. 이때, 강조하는 어구가 사람이면 that 대신 who를, 강조하는 어구가 사물이면 that 대신 which를 쓰기도 해요.

다섯째, '가짜 목적어 it'이 있어요. 진짜 목적어로는 'to V, 동명사구, that절'이 쓰여요. 앞으로 문장 가운데 it이 나오면 위에서 나열한 것 중 어느 용법으로 쓰인 것인지를 파악해서 해석해야 해요.

한 시제 이전이란 말 영어를 공부하다 보면, 한 시제 이전이란 말을 하게 돼요. 현재보다 한 시제 이전은 과거, 또는 현재완료이고, 과거보다 한 시제 이전은 과거완료이고, 현재완료보다 한 시제 이전은 과거완료예요, 현재진행보다 한 시제 이전은 당연히 과거진행이 되겠죠? 현재와 미래 사이에는 한 시제 이전 개념이 없어요.

원형부정사 원형부정사는 형태가 to 없이 그냥 '동사원형'이에요. 지각동사나 사역동사가 쓰인 문장의 목적격보어 자리에는 to부정사를 안 쓰고 원형부정사를 써요. 지각동사가 뭔지 사역동사가 뭔지를 알아야겠죠? 또, 동사원형이 습관적으로 쓰이는 표현들이 있어요. 이건 그냥 표현으로 암기하면 돼요.

지각동사 지각동사는 "보다, 듣다, 느끼다"라는 뜻을 가진 단어예요. see, watch, observe(관찰하다), notice(보고 알아차리다), hear(듣다), listen to(듣다), feel(느끼다) 등이 있어요.

사역동사 사역동사는 "~에게 ~하게 하다, 시키다"라는 뜻을 가져요. make, have, let이 있어요. 또, 반사역동사라고 해서 help(돕다, 도와주다)와 bid(명령하다, 명하다)가 있어요. 이 둘은 말 그대로 반사역동사라서 이런 동사가 쓰인 문장에서는 목적격보어 자리에 원형부정사를 써도 되고 to부정사를 써도 돼요.

부정사의 부정 부정사를 부정하려면 to부정사든 원형부정사든 그 앞에 not이나 never를 붙이면 돼요.

준동사 준동사는 원래 동사였는데 그 동사 앞이나 뒤에 뭔가를 붙여서 다른 품사로 사용하는 거예요. to부정사가 대표적인 준동사예요. 동사 앞에 to를 붙여서 다른 품사(명사, 형용사, 부사)로 쓰잖아요. 다음에 배울 동명사나 분사도 준동사예요. 준동사는 문장의 12시제 말고, 자기 자체의 시제가 있어요. 단순이냐 완료냐, 이 두 가지예요. 준동사는 복문(주어+동사의 관계가 두 개 이상인 문장)을 단문(주어+동사의 관계가 하나인 것)으로 바꿀 때 요긴하게 쓸 수 있어요. 준동사를 이용할 때는 그 시제에 조심해야 해요.

`to부정사의 시제` '단순부정사'는 그 문장의 시제보다 한 시제 이전 관계가 아닐 때 써요. '완료부정사'는 그 문장의 시제보다 한 시제 이전 관계일 때 써요. 한 시제 이전이란 말은 앞에서 배웠어요. 단순부정사는 형태가 'to 동사원형'이고요, 완료부정사는 'to have p.p'예요.

`be동사 + to부정사` 일명 'be to용법'이라고 불리는데요, be동사와 to부정사가 결합하여 "예정(be going to V), 가능(can), 의무(should), 운명(be destined to V), 의도(intend to V)"의 뜻을 갖게 돼요. 문맥에 따라 각각 "~할 예정이다, ~할 수 있다, ~해야 한다, ~할 운명이다, ~할 의도이다"로 해석해요.

`의문사 + to부정사` 이 표현은 약간 미래적인 의미를 나타내는 경향이 있어서 "주어 should 동사원형"으로 바꿔서 생각해 볼 수 있어요. where to go는 어디로 가야할지, when to leave는 언제 떠나야할지, what to eat은 무엇을 먹어야 할지 정도로 해석해요.

`관계대명사 + to부정사` 관계대명사는 뒤에서 자세히 배울 건데요, 이 '관계대명사 to V'는 앞에 있는 선행사를 수식해요. 한마디로 형용사 역할을 해요. 기억해주세요. 형용사 역할.

`too ~ to V, never to V, only to V` too ~ to V(너무 ~해서 ~할 수 없다), never to V(결코 ~하지 못하다), only to V(결과는 ~일 뿐이다)는 앞에서부터 뒤로 죽죽 이어서 결과적으로 해석해요.

이 정도면 부정사는 다 다루었어요. 이제는 부정사도 배웠고 사냥 무기가 하나 늘었으니 배운 것들을 체화하면 영어 사냥이 점점 더 쉬워질 거예요. 파이팅! ^^

사냥꾼 요약 12   ☞ 사냥꾼 강의를 참고하여 빈칸을 채워보세요

부정사란?	( )가 정해져 있지 않은 것. ( ) 가운데서 품사가 정해진다.

부정사 종류	형태
to부정사	
원형부정사	

to부정사의 용법	해석 방법(용법 구별보다는 해석에 중점을!)
명사적 용법	~하기, ( )
형용사적 용법	( ), ( ), ~하기 위한
부사적 용법	( ), ~해서, ~하기에, ~할 만큼, ~하다니, ~하면, ~할지라도, ~해서 ~하다

● 문장 가운데 it이 보이면 생각해 봐야 할 것들

1	대명사 it 해석( )
2	( )주어 it(날씨, 시간, 거리, 명암 등)
3	( )주어 it, ( )주어 - to부정사, 동명사구, that절, 의문사절, whether절, if절 It ~ for(of) ~ to V 구문(for~는 to부정사의 의미상 주어, 사람 성품을 나타내는 단어가 쓰였을 때 - for 대신 ( )
4	It is ~ that 강조 구문
5	가( ) it; 진( ) = to부정사, 동명사 구, that절

사냥꾼 요약 12   ☞ 사냥꾼 강의를 참고하여 빈칸을 채워보세요

● 한 시제 이전 시제란?

현재보다 한 시제 이전	( ), ( )
과거보다 한 시제 이전	( )
현재완료보다 한 시제 이전	( )

원형부정사	( )동사나 ( )동사가 쓰인 문장에서 ( ) 자리에, 동사원형이 들어가는 표현에(had better V 등)
지각동사	see, watch, observe, notice, hear, listen to, feel 등
사역동사	~하게 하다(make, let, have) 반사역(help, bid)
부정사의 부정	부정사 ( )에 ( )이나 never

의문사 + to부정사	where to go(어디로 가야 할 지) 언제 시작해야 할지( ) 무엇을 먹어야 할지( )
be동사 + to부정사	예정(be going to V), 가능(can), 의무(should), 운명(be destined to V), 의도(intend to V)
관대 + to부정사	관계대명사 앞에 있는 ( )를 수식 - 형용사적 용법

사냥꾼 요약 12   ☞ 사냥꾼 강의를 참고하여 빈칸을 채워보세요

● to부정사의 시제

단순부정사	to 동사원형 - 그 문장의 시제와 ( ) 때
완료부정사	to have p.p - 그 문장의 시제보다 ( )을 나타냄

too ~ to V	( ), ~하기에는 너무 ~하다
never to V	결코 ~하지 못하다
only to V	결과는 ~일 뿐이다

영어 사냥 과제 12　　☞ 완벽하게 암기해서 빈칸을 채우세요

부정사란?	(　　　　)가 정해져 있지 않은 것. (　　　　) 가운데서 품사가 정해진다.

부정사 종류	형태
to부정사	
원형부정사	

to부정사의 용법	해석 방법(용법 구별보다는 해석에 중점을!)
명사적 용법	(　　　), (　　　)
형용사적 용법	(　　　), (　　　), ~하기 위한
부사적 용법	(　　　), (　　　), ~하기에, ~할 만큼, ~하다니, (　　　), ~할지라도, (　　　)

● 문장 가운데 it이 보이면 생각해 봐야 할 것들

1	대명사 it 해석(　　　)
2	(　　　)주어 it(날씨, 시간, 거리, 명암 등)
3	(　　　)주어 it, (　　　)주어 - to부정사, 동명사구, that절, 의문사절, whether절, if절 It ~ for(of) ~ to V 구문(for~는 to부정사의 (　　　) 주어, 사람 (　　　)을 나타내는 단어가 쓰였을 때 - (　　　) 대신 of
4	It is ~ that (　　　)구문 - (　　　)를 강조
5	가(　　　) it, 진(　　　) = to부정사, 동명사 구, that절

● 한 시제 이전 시제란?

현재보다 한 시제 이전	( ), ( )
과거보다 한 시제 이전	( )
현재완료보다 한 시제 이전	( )

원형부정사	( )동사나 ( )동사가 쓰인 문장에서 ( ) 자리에, 동사원형이 들어가는 표현에 예: had better V 등
지각동사	( ), watch, observe, notice, ( ), listen to, ( ) 등
사역동사	~하게 하다: ( ), ( ), have 반사역: ( ), bid
부정사의 부정	부정사 ( )에 ( )이나 never

의문사 + to부정사	where to go( ) when to start ( ) what to eat ( )
be동사 + to부정사	( ) = be going to V, ( ) = 가능, ( ) = should, ( ) = ~할 운명이다, ( ) = ~할 의도이다
관대 + to부정사	관계대명사 ( )에 있는 ( )를 수식 - 형용사적 용법

● to부정사의 시제

단순부정사 (to + 동사원형)	그 문장의 시제와 ( )때
완료부정사 (to have p.p)	그 문장의 시제보다 ( )을 나타냄

영어 사냥 시범 12 화살

☞ 즐기면서 신나게 암기하기 ^^*

become - became - become ~이 되다
singer 가수   great 훌륭한, 멋진
compose 작곡하다   chance 기회
start 시작하다   sunny 화창한
fun 재미있는 / 재미
student ambassador 학생홍보대사
take lessons 수업을 받다
easy 쉬운
comfort 위로하다 / 위로, 위안
neighbor 이웃사람   global 전지구의
global warming 지구온난화
cause 야기하다
happen 일어나다, 발생하다
large enough 충분히 큰
together 함께   hospital 병원
ask 목적어 to V 목적어에게 ~해달라고 요청[부탁]하다
keep ~ing 계속해서 ~하다
how to make 어떻게 만드는지, 만드는 방법
doll 인형   be afraid 무서워하다
hold - held - held 잡다
tell - told – told 말하다
tell 목적어 to V 목적어에게 ~하라고 말하다
hear - heard - heard 듣다
let - let - let ~하게 하다
next to ~ ~옆에   smile 미소 짓다

영어 사냥 시범 12 ☞ 우리말 순서로 해석하여 연필로 쓰기 ^^

My dream /is to become /a great singer.
나의 꿈은/ 되는 것이다/ 훌륭한 가수가

해석 ☞

동사는 is, 시제는 현재시제예요. 'to become a great singer'는 "훌륭한 가수가 되는 것"으로 해석합니다. 주격보어로 쓰였어요.

He started /to compose music /when he was young.
그는 시작했다/ 음악을 작곡하는 것을/ 그가 어렸을 때

해석 ☞

동사는 started, 과거시제예요. 'to compose music'은 "음악을 작곡하는 것"으로 해석하면 돼요. 목적어로 쓰였어요.

I gave /him /a chance to live.
나는 주었다/ 그에게/ 살 기회를

해석 ☞

동사는 gave, 시제는 과거예요. 4형식 문장이네요. 'him'이 간접목적어, 'a chance to live'가 직접목적어예요. 직접목적어에 to부정사 'to live'는 명사 chance를 꾸며줘요. 형용사적 용법일 때는 "~할, ~인, ~하기 위한" 등으로 해석해요. "살 기회"로 해석하면 돼요.

It's hot and sunny.

해석 ☞

동사는 is, 시제는 현재예요. it이 주어인데, 어떤 it으로 쓰인 것인지를 살펴야 해요. 날씨, 시간, 거리, 명암 등을 나타내는 '비인칭 주어 it'이에요. 여기서는 날씨를 나타내요.

It is fun /to travel /as a student ambassador.
재미있다/ 여행하는 것은/ 학생홍보대사로서

해석 ☞

동사는 is, 시제는 현재예요. 주어는 It인데요, 가짜 주어예요. 즉, 가주어 it입니다. 뒤에 to부정사, to travel이 진짜 주어예요. to부정사가 주어로 쓰인 거면 명사적 용법으로 "~하기, ~하는 것"으로 해석해요. 선생님은 이런 것을 어떻게 아냐고요? 문맥과 문법적인 지식으로 아는 거예요.

It was not easy /for him to take lessons /every day.
쉽지 않았다/ 그가 수업을 받는 것은/ 매일

해석 ☞

동사는 was, 시제는 과거예요. 주어는 동사 앞에 있는 It인데, 그냥 주어가 아니라 '가주어'라는 녀석이에요. 진주어는 뒤에 있는 'to take…' 이 부분이에요. to부정사가 주어로 쓰였으면 해석은 "~하기, ~하는 것"이라고 해석해요. 이 to부정사를 해석해서 거기에 "은, 는, 이, 가" 중에서 문맥상 어울리는 것을 붙여서 해석해요. 'to take…' 앞에 'for him'은 to부정사의 '의미상 주어'라는 녀석이에요. 외미상일지라도 주어는 주어니까 해석할 때, "은, 는, 이, 가"가 붙을 자격이 있어요. 그래서 "for him to take lessons"는 기본적으로 "그가 수업을 받는 것"이라고 해석해요.

The old man's neighbor /visited /to comfort /him.
그 늙은 남자의 이웃사람이/ 방문했다/ 위로하기 위하여/ 그를

해석 ☞

동사는 visited, 시제는 과거예요. 'to comfort'는 "위로하기 위하여"로 해석돼요. "하기 위하여"는 to부정사의 부사적 용법의 가장 대표적인 해석법이죠.

> **Global warming /caused /all this /to happen.**
> 지구 온난화가/ 야기시켰다/ 이 모든 것이/ 발생하도록
>
> 해석 ☞

동사는 caused, 과거시제예요. 'cause 목적어 to V'는 "목적어가 ~하도록 야기시키다"로 해석해요.

> **It is large enough /to play /there /together /with my friends.**
> 그것은 충분히 크다/ 놀기에/ 거기에서/ 함께/ 나의 친구들과 함께
>
> 해석 ☞

동사는 is, 시제는 현재예요. it이 보이면 생각해봐야 할 것 중에 대명사 it이에요. 대명사 it은 "그것"이라고 해석해요. 그리고 부사 enough는 형용사나 부사를 수식할 때, 뒤에서 수식해요. 예를 들어, 'cold enough'는 "충분히 추운"으로 'large enough'는 "충분히 큰"이라고 해석해요. 'to play'는 앞에 있는 large enough구를 수식하네요. "~하기에, ~할 만큼" 정도로 해석이 됩니다. large enough to play는 "놀기에 충분히 큰"으로 해석돼요.

> **People at the hospital /asked /him /to keep coming.**
> 그 병원에 있는 사람들은/ 요청했다/ 그에게/ 계속해서 오라고
>
> 해석 ☞

동사는 asked, 시제는 과거예요. 'ask 목적어 to부정사'는 "목적어에게 ~해달라고 요구[요청, 부탁]하다"로 해석돼요. 'keep ~ing'는 "계속해서 ~하다"라고 해석해요.

> **Do you know /how to make /dolls?**
> 너는 아니/ 어떻게 만드는지를/ 인형을
>
> 해석 ☞

동사는 know, do를 쓴 것으로 보아 시제는 현재예요. '의문사 + to부정사' 용법인 'how to make'는 "어떻게 만들어야 할지, 만드는 방법"으로 해석돼요.

> **Sophie held /my hand /and told /me /not to be afraid.**
> Sophie는 잡았다/ 나의 손은/ 그리고 말했다/ 나에게/ 두려워하지 말라고
> 해석 ☞

동사는 held, 시제는 과거예요. 'to be'를 부정하기 위해 to부정사 앞에 not을 첨가하여 'not to be'를 만들었어요. 'tell 목적어 to V'는 "목적어에게 ~하라고 말하다" 정도로 해석하면 돼요.

> **I heard /the children /sing a song.**
> 나는 들었다/ 그 아이들이/ 노래를 부르는 것을
> 해석 ☞

동사는 heard, 과거시제예요. hear는 지각동사죠. 지각동사가 쓰인 문장에서는 목적격보어 자리에 to부정사를 쓰지 않고 원형부정사를 써요. 5형식 문장에서 목적어와 목적격보어는 equal 관계가 성립하니까, '그 아이들 = 노래하다'의 관계를 적용해서 해석하면 돼요.

> **My parents /let me play computer games /every Friday.**
> 나의 부모님은/ 나에게 컴퓨터 게임을 하게 했다/ 금요일마다
> 해석 ☞

동사는 let이에요. 동사 'let'은 과거도 'let'이기 때문에 현재인지 과거인지를 파악하기 위해서는 문맥을 잘 살펴야죠. 여기서 'let'은 현재시제를 나타내는 걸로 보는 것이 합리적일 것 같아요. 'every Friday'는 "금요일마다"라는 뜻이에요. 현재의 습관을 나타내 주는 것으로 보면 되겠어요.

> **I saw /the man next to me /smiling.**
> 나는 보았다/ 나의 바로 옆에 있는 그 남자가/ 미소를 짓고 있는 것을
> 해석 ☞

동사는 saw, 시제는 과거예요. 지각동사 saw가 쓰였어요. 지각동사가 쓰인 문장에서 목적격보어 자리에 to부정사를 안 쓴다고 했지만, 분사는 쓸 수 있어요. 현재분사 smiling을 목적격보어 자리에 썼어요.

영어 사냥 실전 12 화살 ☞ 즐기면서 신나게 암기하기 ^^*

help 도움 / 돕다, 도와주다
stay alive 살아있다
there is[are] ~ ~가 있다, ~이 있다
gesture 몸짓
communicate 의사소통하다, 전달하다
come to a conclusion 결론에 도달하다
too ~ to V 너무 ~해서 ~할 수 없다, ~하기에는 너무 ~하다
catch - caught - caught 잡다
careless 부주의한
such 그러한
find ~라고 생각하다, ~임을 알다, 찾다, 발견하다
bright side 밝은 면

영어 사냥 핵무기 복습 ☞ ( ) 안에 과거분사형과 뜻을 채우세요

원형	과거	과거분사	뜻
draw	drew	( )	
lay	laid	( )	
hurt	hurt	( )	
win	won	( )	
let	let	( )	
fight	fought	( )	
rise	rose	( )	
show	showed	( )	
hold	held	( )	
fall	fell	( )	
hide	hid	( )	
shut	shut	( )	
ride	rode	( )	

영어 사냥 실전 12 ☞ 지시대로 풀고 뒷장에서 정답 확인하세요

♥ 다음 문장의 동사 부분을 찾아 시제를 파악한 후 해석하세요.

1. This helps them to stay alive when there is no food.
   동사 부분(   )   시제(   )

   해석☞

2. People use gestures to communicate.
   동사 부분(   )   시제(   )

   해석☞

3. It's not easy to come to a conclusion.
   동사 부분(   )   시제(   )

   해석☞

4. He got up too late to catch the first bus.
   동사 부분(   )   시제(   )

   해석☞

5. There are many places to visit in New York.
   동사 부분(   )   시제(   )

   해석☞

♥ 다음 우리말에 맞게 단어들을 배열하여 문장을 완성하세요. (조건: 주어진 단어를 한 번씩 모두 사용하고, 필요하면 어형을 변형하거나 추가하세요.)

6. 우리의 영어 선생님이 우리에게 그 이야기를 읽으라고 말했다.
   (we, the story, our English teacher, tell, read, to)

   ☞ _____.

7. 그가 그러한 것을 말한 것은 부주의했다.
   (him, to, it, be, careless, of, such a thing, say)

   ☞ _____.

8. 나는 밝은 면을 보는 것이 쉽다고 생각했다.
   (find, the bright side, it, easy, look on, I, to)

   ☞ _____.

영어 사냥 실전 12 (정답)   ☞ 우리말 ↔ 영어로 번역하세요

1. helps, 현재
   해석☞ 먹이가 없을 때, 이것이 그들을 살아있도록 도와준다.

   ☞

2. use, 현재
   해석☞ 사람들은 의사소통하기 위하여 몸짓을 사용한다.

   ☞

3. is, 현재
   해석☞ 결론에 도달하는 것은 쉽지 않다.

   ☞

4. got, 과거
   해석☞ 그는 첫 버스를 잡기에는 너무 늦게 일어났다.
         그는 너무 늦게 일어나서 첫 버스를 잡지 못했다.

   ☞

5. are, 현재
   해석☞ 뉴욕에는 방문할 많은 곳이 있다.

   ☞

6. Our English teacher told us to read the story.

   ☞

7. It was careless of him to say such a thing.

   ☞

8. I found it easy to look on the bright side.

   ☞

영어 사냥 통역 12
☞ 입으로 직접 소리 내어 말하기 훈련^^*

💙 우리말을 영어로 입으로 소리 내어 가며 연필로 옮기세요.

나의 꿈은 훌륭한 가수가 되는 것이다.
☞ _____

그는 어렸을 때 음악을 작곡하는 것을 시작했다.
☞ _____

나는 그에게 살 기회를 주었다.
☞ _____

날씨가 덥고 화창하다.
☞ _____

학생홍보대사로서 여행하는 것은 재미있다.
☞ _____

그가 매일 수업을 받는 것은 쉽지 않았다.
☞ _____

그 늙은 남자의 이웃사람이 그를 위로하기 위하여 방문했다.
☞ _____

지구 온난화가 이 모든 것이 발생하도록 야기하였다.
☞ _____

그것은 나의 친구들과 함께 거기에서 함께 놀기에 충분히 크다.
☞ _____

그 병원에 있는 사람들은 그에게 계속해서 오라고 요청했다.
☞ _____

너는 인형을 어떻게 만드는지를 아니?
☞ _____

Sophie는 나의 손을 잡았다. 그리고 나에게 두려워하지 말라고 말했다.
☞ _____

나는 그 아이들이 노래를 부르는 것을 들었다.
☞ _____

나의 부모님은 나에게 매주 금요일마다 컴퓨터 게임을 하게 했다.
☞ _____

나는 나의 바로 옆에 있는 그 남자가 미소를 짓고 있는 것을 보았다.
☞ _____

Unit 13 　 동명사

사냥터 에피소드 13 　　　　☞ 가볍게 읽고 살짝만 생각하기 ^^*

사냥꾼 모아야, 넌 꿈이 뭐니?
모 아 전 영어 선생님이 되고 싶어요. 그런데... 영어를 좋아하기는 하는데... 어려워요.
사냥꾼 모아야. 좋아하는 일은 꼭 잘하게 되어 있어. 영어는 결코 어렵지 않으니까, 열심히 노력해서 꿈을 이루기 바란다. 선생님도 최선을 다해서 도와줄게~ 미래의 영어 선생님 파이팅!! ^

사냥꾼 강의 13   ☞ 꼼꼼하게 읽고 깊이 생각하기

동명사란 오늘은 동명사를 배웁니다. 동명사는 동사 끝에 '-ing'를 붙여서 명사처럼 쓰는 것이에요. 해석은 "~하기, ~하는 것"으로 해석해요. 어라, to부정사의 명사적 용법과 해석하는 방법이 같네요? 맞아요. 둘 다 명사처럼 쓰는 거라서 그렇습니다. 그래서 때로는 목적어 자리에 to부정사 대신 동명사를 써도 무방해요.

그런데, 목적어 자리에 동명사만 써야 하는 경우도 있고, 목적어 자리에 to부정사만 써야 하는 경우도 있어요. 또, 목적어 자리에 동명사를 써도 되고, to부정사를 써도 되지만, 뜻이 달라지는 경우도 있어요. 각각의 경우를 몇 가지만 짚어보고 넘어갈게요.

동명사만 목적어로 써야 하는 경우 그 문장의 동사가 mind(꺼리다), enjoy(즐기다), give up(포기하다), avoid(피하다), finish(끝마치다), escape(면하다, 모면하다), consider(고려하다), deny(부인하다), postpone(연기하다) 등일 때는 그 뒤 목적어 자리에 to부정사를 쓰면 안 되고 동명사만 써야 해요. 이 녀석들이 to부정사를 싫어해요.

to부정사만 목적어로 써야 하는 경우 반대로 목적어 자리에 동명사를 쓰면 안 되고 to부정사만 써야 하는 경우도 있어요. 그 문장의 동사가 hope(희망하다), wish(바라다), fail(실패하다), decide(결정하다), expect(기대하다), refuse(거절하다), attempt(시도하다), choose(선택하다, 고르다) 등일 때는 그 뒤 목적어 자리에 to V만 써야 해요. 이 녀석들은 동명사를 싫어해요.

동명사와 to V 둘 다 쓸 수 있지만 뜻이 달라지는 경우 try라는 동사는 그 뒤에 목적어로 to V가 오면, "~하려고 노력하다"라고 해석해요. try 다음에 동명사가 오면, "(시험 삼아) ~해 보다"라고 해석해요. forget이나 remember라는 단어도 각각 뜻이 달라져요. forget to V는 "미래에 ~할 것을 잊다"라는 뜻이고, forget ~ing는 과거에 "과거에 ~한 것을 잊다"라는 뜻이에요. 참고로 stop이라는 동사는 그 뒤에 목적어로 동명사가 오는데, 간혹 to V가 보일 때가 있어요. 하지만 이때 to V는 목적어가 아니라, "~하기 위해서"로 해석되는 to부정사의 부사적 용법이란 말이에요. 'stop to V'는 "~하기 위하여 멈추다"로, 'stop ~ing'는 "~하는 것을 그만두다"로 해석된다는 점 기억하세요.

동명사의 부정 동명사를 부정하려면 동명사 앞에 not을 붙여주면 돼요.

동명사의 시제 동명사도 to부정사처럼 자체 시제를 갖고 있어요. 단순동명사, 완료동명사, 이렇게 두 가지 시제가 있어요. 단순동명사는 형태가 '~ing'이고 완료동명사는 형태가 'having p.p'예요. 완료동명사는 절로 고쳤을 때 그 문장의 시제보다 한 시제 이전이었음을 나타내주는 장치예요.

동명사의 수동 단순동명사의 수동은 'being p.p'이고 완료동명사의 수동은 'having been p.p'예요. 살짝 감이 오지 않나요?

동명사의 숙어적 표현들 '~ing'가 들어간 숙어적인 표현들이 있어요. 이것들은 그대로 표현으로 암기하는 것이 좋아요. cannot help ~ing(~하지 않을 수 없다), be busy ~ing(~하느라 바쁘다) 등이 있어요.

사냥꾼 요약 13   ☞ 사냥꾼 강의를 참고하여 빈칸을 채워보세요

동명사란?	동사 끝에 ( )를 붙여서 ( )처럼 쓰는 것
동명사의 해석	~하기, ( )

목적어로 뒤에 동명사만 갖는 동사	mind, enjoy, give up, avoid, finish, escape, consider, deny, postpone 등
목적어로 뒤에 to부정사만 갖는 동사	hope, wish, fail, decide, expect, refuse, attempt, choose 등

try	try to V : ~하려고 노력하다[애쓰다] try ~ing : ( )
forget	forget to V : (미래에) ~할 것을 잊다 forget ~ing : ( )
remember	remember to V : (미래에) ~할 것을 기억하다 remember ~ing : ( )
stop	stop to V : ~하기 위하여 멈추다 stop ~ing : ( )

동명사의 부정	동명사 앞에 ( )을 붙임
동명사의 시제	단순동명사( ) 완료동명사( )
동명사의 수동	단순동명사의 수동( ) 완료동명사의 수동( )
동명사 숙어	cannot help ~ing( ) 등

영어 사냥 과제 13 ☞ 완벽하게 암기해서 빈칸을 채우세요

동명사란?	동사 끝에 ( )를 붙여서 ( )처럼 쓰는 것
동명사의 해석	동명사의 해석

목적어로 뒤에 동명사만 갖는 동사	mind, enjoy, give up, avoid, finish, escape, consider, deny, postpone 등
목적어로 뒤에 to부정사만 갖는 동사	hope, wish, fail, decide, expect, refuse, attempt, choose 등

try	try to V : ( ) try ~ing : (시험 삼아) ~해 보다
forget	forget to V : ( ) forget ~ing : (과거에) ~한 것을 잊다
remember	remember to V : ( ) remember ~ing : (과거에) ~한 것을 기억하다
stop	stop to V : ( ) stop ~ing : ~하는 것을 그만두다

동명사의 부정	동명사 앞에 ( )을 붙임
동명사의 시제	단순동명사( ) 완료동명사( )
동명사의 수동	단순동명사의 수동( ) 완료동명사의 수동( )
동명사 숙어	be busy ~ing( ) 등

영어 사냥 시범 13 화살 ☞ 즐기면서 신나게 암기하기 ^^*

study 공부하다, 연구하다 / 공부, 연구, 학습
hobby 취미
hate 싫어하다
walk 걷다, 걸어가다, 걷게 하다
chat 수다를 떨다, 잡담하다, 채팅하다
online 온라인으로
finish 끝마치다
clean 청소하다, 깨끗이 하다 / 깨끗한
bleed 피를 흘리다, 피가 나다
gently 부드럽게
area 지역, 구역, 부분
never 전혀 ~아니다
forget - forgot - forgotten 잊다
forget ~ing (과거에) ~한 것을 잊다
burn 화상을 입히다, 화상을 입다, 태우다, 타다
mind 꺼려하다
turn off 끄다
cell phone 휴대폰
decide 결정하다, 결심하다
lose - lost - lost 잃다
weight 무게, 체중
fail to V ~하지 못하다
meet 충족시키다, (마감 기한 등을) 지키다, 만나다
deadline 기한, 마감 시간

영어 사냥 시범 13   ☞ 우리말 순서로 해석하여 연필로 쓰기 ^^

Studying English /is my hobby.
영어를 공부하는 것은/ 나의 취미이다.

해석 ☞

동사는 is, 시제는 현재예요. 주어 부분은 Studying English, 여기에 동명사 Studying이 쓰였어요. Studying English는 "영어를 공부하는 것"이라고 해석해요. 동명사는 명사 역할을 하는데요, 여기서는 주어로 쓰인 거죠.

I hate /walking /to school.
나는 싫어한다/ 걸어가는 것을/ 학교에

해석 ☞

동사는 hate, 시제는 현재예요. 동명사 walking이 목적어로 쓰였어요. "걸어가는 것"이라고 해석해요.

Do you enjoy /chatting /online?
너는 즐기니/ 채팅하는 것을/ 온라인으로

해석 ☞

동사는 enjoy, 시제는 현재예요. 의문문을 만들기 위해 Do를 도입한 거죠. enjoy라는 동사는 목적어 자리에 동명사를 써야 해요. 'to chat'으로 대체할 수 없어요.

She finished /cleaning /her room.
그녀는 끝마쳤다/ 청소하는 것을/ 그녀의 방을

해석 ☞

동사는 finished, 시제는 과거예요. finish라는 동사도 목적어로 동명사를 써야 해요.

> **When your nose /stops /bleeding, gently clean /the area.**
> 너의 코가/ 멈출 때/ 피 흘리는 것을/ 부드럽게 닦아라/ 그 부분을
>
> 해석 ☞

when절과 주절로 이루어진 문장이에요. when절의 동사는 stops, 시제는 현재고요, 주절의 동사는 clean이에요. gently는 부사로서 동사 clean을 수식해요. 부사는 문장 성분이 못되므로 없는 것으로 봐도 무방해요. 그래서 동사원형 clean이 맨 앞에 있는 것이나 마찬가지예요. 동사원형이 문장의 맨 앞에 나오면 명령문이라고 했죠. 명령문은 '~해라'라고 해석해요.

> **I'll never forget /burning /my hand!**
> 나는 결코 잊지 못할 것이다/ 화상을 입힌 것을/ 나의 손에
>
> 해석 ☞

동사 부분은 will never forget, 시제는 미래예요. 조동사 will 뒤에 never를 넣어서 부정문을 만들었어요. forget이라는 단어 뒤에 목적어로 이렇게 동명사가 나오면 "과거에 ~한 것"으로 해석해요.

> **Would you mind /turning off /your cell phone?**
> 당신은 꺼리시겠습니까/ 끄는 것을/ 당신의 휴대폰을
>
> 해석 ☞

"Would you mind ~?" 이런 식으로 나가는 문장은 "~하시겠습니까?" "~해주시겠어요?" 하면서 공손하게 묻거나 요청할 때 쓰는 표현이에요. mind는 동사로 '꺼려하다'라는 뜻이 있어서 대답할 때 조심해야 해요. "네, 끌게요."라고 할 때는 "꺼려하지 않는다."는 의미가 들어가야 해요. 그래서 "No, I wouldn't", "Of course not", "No, I don't." 등으로 대답해요. mind는 동명사를 목적어로 취하는 동사예요. 그래서 turning이라고 했어요.

> **I decided /to lose my weight.**
> 나는 결정했다/ 살을 빼는 것을
>
> 해석 ☞

동사는 decided, 시제는 과거예요. decide라는 동사는 목적어로 to부정사를 갖는 동사예요. lose one's weight는 "살을 빼다" 정도로 해석하면 돼요.

> **People have failed /to meet deadlines.**
> 사람들은 실패했다/ 마감 시간에 맞추는 것을
>
> 해석 ☞

동사는 have failed, 시제는 현재완료예요. "~한 적이 있다, ~해왔다, ~했다" 중에서 어울리는 것을 골라서 해석하면 돼요.

영어 사냥 실전 13 화살   👁 즐기면서 신나게 암기하기 ^^*

touch   대다, 만지다
remember ~ing   (과거에) ~한 것을 기억하다
emergency room   응급실
quickly   빠르게
stop to V   ~하기 위하여 멈추다
tissue   화장지, 조직
poor light   밝지 않은 조명, 어두운 조명
damage   손상을 입히다
be good at   ~을 잘하다
draw   그리다
comics   만화
handle   다루다, 처리하다
ever   이제까지

영어 사냥 화살 복습   👁 ( ) 안에 영어 단어를 쓰세요. (정답은 앞장에)

(   ) 👁 싫어하다
(   ) 👁 수다를 떨다, 잡담하다, 채팅하다
(   ) 👁 피를 흘리다, 피가 나다
(-   -   ) 👁 잊다
(   ) 👁 (과거에) ~한 것을 잊다
(   ) 👁 꺼려하다
(   ) 👁 끄다
(   ) 👁 결정하다, 결심하다
(-   -   ) 👁 잃다
(   ) 👁 ~하지 못하다
(   ) 👁 충족시키다, (마감 기한 등을) 지키다, 만나다

영어 사냥 실전 13   ☞ 지시대로 풀고 뒷장에 정답을 확인하세요.

♥ 각 문장의 동사를 찾아 시제를 파악한 후 해석하세요.

1. He tried to touch me again.
   동사 부분(   )   시제(   )

   해석☞

2. I remember going to the emergency room.
   동사 부분(   )   시제(   )

   해석☞

3. Mrs. Kim quickly stopped to buy more tissues.
   동사 부분(   )   시제(   )

   해석☞

4. Does reading in poor light damage you eyes?
   동사 부분(   )   시제(   )

   해석☞

5. Kevin is good at drawing comics.
   동사 부분(   )   시제(   )

   해석☞

♥ 우리말에 맞게 주어진 단어들을 배열하여 문장을 완성하세요. (조건: 주어진 단어를 한 번씩 모두 사용하고, 필요하면 어형을 변형하거나 추가하세요.)

6. 너 자신이 그 문제를 처리해봐라.
   (try, the problem, yourself, handle)

   ☞ _____.

7. 나에게 이메일을 보낼 것을 잊지 마라.
   (I, send, do, forget, to, not, e-mails, to)

   ☞ _____.

8. 너는 시험 삼아 기사를 써 본 적이 있니?(현재완료)
   (try, write, have, a story, you, ever)

   ☞ _____?

영어 사냥 실전 13 (정답)　　　☞ 우리말 ↔ 영어로 번역하세요

1. tried, 과거
   해석☞ 그는 나를 다시 터치하려고 노력했다.

☞

2. remember, 현재
   해석☞ 나는 응급실에 간 것을 기억한다.

☞

3. stopped, 과거
   해석☞ 김씨 부인은 더 많은 티슈를 사기 위해 빠르게 멈췄다.

☞

4. damage, 현재
   해석☞ 어두운 조명에서 책을 읽는 것은 당신의 눈에 손상을 주니?

☞

5. is, 현재
   해석☞ 케빈은 만화 그리는 것을 잘한다.

☞

6. Try handling the problem yourself.

☞

7. Don't forget to send e-mails to me.

☞

8. Have you ever tried writing a story?

☞

영어 사냥 통역 13 ☞ 입으로 직접 소리 내어 말하기 훈련^^*

♥ 우리말을 영어로 입으로 소리 내어 가며 연필로 옮기세요.

영어를 공부하는 것은 나의 취미이다.
☞ _____

나는 학교에 걸어가는 것을 싫어한다.
☞ _____

너는 온라인으로 채팅하는 것을 즐기니?
☞ _____

그녀는 그녀의 방을 청소하는 것을 끝마쳤다.
☞ _____

너의 코가 피 흘리는 것을 멈출 때 그 부분을 부드럽게 닦아라.
☞ _____

나는 나의 손에 화상을 입힌 것을 결코 잊지 못할 것이다.
☞ _____

당신은 당신의 휴대폰을 끄는 것을 꺼리시겠습니까?
☞ _____

나는 살을 빼는 것을 결정했다.
☞ _____

사람들은 마감 시간에 맞추는 것을 실패했다.
☞ _____

Unit 14 — 접속사

사냥터 에피소드 14 ☞ 가볍게 읽고 살짝만 생각하기 ^^*

사냥꾼 얘들아, 들어봐~ 뚝. 뚝. 뚝. 무슨 소리 같아? 뚝. 뚝. 뚝.
서 연 글쎄요. 비 내리는 소리인가? ㅎㅎ
사냥꾼 뭔가 끊어지는 소리 같지 않아? 단절된 느낌?
사냥꾼 말 나온 김에 접속사를 배워보자!! 글이 그런 단절된 느낌을 주는 것이 싫을 때는 여러 가지 접속사를 잘 활용하여 자연스럽게 연결된 글을 쓸 수 있으니까. 잘 배워서 필요한 접속사를 적시 적소에 써먹어 보자!!

사냥꾼 강의 14　　　　☞ 꼼꼼하게 읽고 깊이 생각하기

　단어와 단어, 구와 구, 절과 절을 연결해주는 접속사에 대해서 좀더 자세히 알아볼게요. 접속사는 단어 암기하듯이 그 뜻과 쓰임새를 정확하게 암기하여 써먹으면 돼요. 가장 흔히 사용되는 접속사에 and, but, or가 있어요. 요놈들부터 알아볼게요.

　`and` and의 가장 기본적인 뜻은 "그리고, ~와"예요. 이거 말고도 자주 쓰이는 뜻을 소개할게요. 첫째, to부정사의 to 대신 쓰이는 경우가 있어요. 둘째, 하나의 세트 개념으로 사용할 때가 있어요. 두 단어를 연결하고 있지만 그 둘을 하나로 보는 거예요. 그래서 단수 취급해줘요. 셋째, 명령문 다음에 and로 이어지면 이때 and는 "그러면"이라고 해석해요. 넷째, A와 B 두 개를 서로 연관시킬 때 'both A and B'라고 표현해요. "A와 B 둘 다"로 해석해요.

　`but` but의 가장 기본적인 뜻은 "그러나, 하지만"이에요. 그리고 A와 B 두 개를 서로 연관시키는 표현으로 'not A but B'와 'not only A but also B'가 있어요. 각각, "A가 아니라 B"와 "A뿐만 아니라 B"라는 뜻이에요. 'not only A but also B'에서 only 대신에 just, merely, simply가 쓰이기도 해요. 그리고 also는 생략하고 쓰기도 해요.

　`or` or는 "또는, 혹은"이라는 기본적인 뜻이 있는데, 이거 말고도 "that is to say"라는 뜻도 있어요. "즉, 다시 말해서"라는 뜻이에요. 또, 명령문 뒤에 이어지는 or는 "그렇지 않으면"이라는 뜻이에요. 또, A와 B 두 개를 서로 연관시켜서 쓰는 표현으로 'either A or B'라는 표현이 있어요. "A나 B 둘 중의 하나"라는 뜻이에요. 참, 이것과 생김새가 비슷한 'neither A nor B'라는 표현이 있는데, 이것은 A와 B를 양쪽 모두 부정하는 표현으로, "A도 B도 ~가 아니다"라는 뜻이랍니다.

`that` that 다음에 주어와 동사를 갖춘 절이 오는데, 이것을 흔히 that절이라고 해요. 명사처럼 쓰인다고 해서 명사절이에요. 명사는 주어나 목적어, 또는 보어로 쓰이는 거 알고 있지요? 여기에 한 가지 추가하여 동격을 나타내는 용법으로도 쓰인다는 거 기억합시다. 그리고 접속사 뒤에는 주어동사를 갖춘 완벽한 문장이 온다는 것도 덤으로 기억해 놓자고요. 참, 명사 역할을 하는 that절은 해석을 "~라는 것"으로 하는 것이 원칙이에요.

`whether = if` '~인지 아닌지'라는 뜻을 가진 명사절을 이끄는 접속사로 whether절이 있어요. 그리고 if절도 '~인지 아닌지'라는 뜻으로 쓰이기도 해요. 다만, 이와 같은 뜻으로 쓰일 때 if절은 주어로는 안 쓰여요. 그리고 'or not'을 whether 바로 뒤에 붙여서 'whether or not ~' 이런 식으로는 쓰지만, 'if or not ~' 형태로는 안 써요.

`부사절` 이번에는 부사절에 대해서 알아볼게요. 앞에서도 살짝 언급했지만, 영어를 배울 때는 국어에서 배우는 개념과 독립적으로 생각하는 것이 정신 건강에 좋아요. 부사절에게 소개를 부탁해 볼게요.

안녕하세요. 저는 부사절이에요. 때, 이유, 원인, 결과, 목적, 조건, 양보를 나타내는 접속사 뒤에 주어와 동사가 따라오는 것. 이게 바로 저 부사절이에요. 저를 더 자세하게 알고 싶으면, 이와 같은 뜻을 가진 접속사가 뭐가 있는지를 살펴보시면 돼요. 참, '양보'를 나타내는 접속사라고 하면 '양보'가 뭐지? 하고 궁금해하시는 데, 그냥 이름일 뿐이에요. "비록 ~일지라도, ~이긴 하지만, 아무리 ~하더라도, ~이든 아니든" 이런 뜻으로 해석되는 것을 양보라고 하니까 앞으로는 양보가 뭐지? 하고 궁금해하기 없기예요. ㅋㅋ 국어적으로 머리 아프게 생각하지 말아주세요. 이 정도로 저 소개를 마칠게요. 자세한 것은 사냥꾼과 상담하세요. ㅎㅎ

부사절의 소개를 들었는데요, 지금부터 "때, 시간, 이유, 원인, 결과, 목적, 조건, 양보를 나타내는 접속사"들을 몇 개 소개할게요. 암기가 빨리 되면 될수록 영어 사냥 무기가 많아지는 거니까 좋긴 한데요, 느려도 착실히, 성실하게, **꾸준히** 암기하는 게 더 좋아요. 결국에는 그런 사냥꾼이 영어 사냥을 더 잘하게 되거든요.

Slow and steady wins the race.

● 때(시간)를 나타내는 접속사

until ~ = till ~	~ (때) 까지
not ~ until ~	~ 때까지 ~은 아니다
when ~	~할 때
while ~	~하는 동안에
after ~	~ 후에
before ~	~하기 전에
as ~	~할 때, ~하면서
as long as ~ = so long as ~	~하는 한
as soon as ~	~하자마자, ~할 때
no sooner ~ than ~	~하자마자 ~하다

● 원인(이유)을 나타내는 접속사

because ~	~ 때문에
since ~	~ 때문에
as ~	~ 때문에
now that ~	~ 이니까
not because A but because B	A 때문이 아니라 B 때문에

● 결과(목적)을 나타내는 접속사

so ~ that ~ = such ~ that ~	너무 ~해서 ~하다
so that ~ = and so ~	그래서 ~
so that ~ can[may, will] ~	~가 ~할 수 있도록
in order that ~ can[may, will] ~	~가 ~할 수 있도록
lest ~ should V	~가 ~하지 않도록

● 조건을 나타내는 접속사

if	(만약) ~라면

● 양보를 나타내는 접속사

though	(비록) ~일지라도, ~이긴 하지만
although	
even though	
if	
even if	
whether ~ or not	~이든 아니든
~ or ~	~이든 ~이든

● 접속사 흉내를 내는 것들

every time ~ = whenever ~	~할 때마다
the moment ~ = the instant ~ = the minute ~	~하자마자
next time ~	다음에 ~할 때
moreover 더욱이, 게다가	then 그때, 그러면, 그리고 나서
thus 따라서, 그래서, 그러므로	besides 게다가
however 그러나, 하지만	therefore 그러므로
instead 대신에	in addition 게다가

사냥꾼 요약 14

☞ 사냥꾼 강의를 참고하여 빈칸을 채워보세요

and	기본적인 뜻 (그리고, ~ 와 ~) to부정사의 to 대신 (try and do = try to do) 명령문, and (~해라, 그러면) both A and B ( )
but	기본적인 뜻(그러나, 하지만) not A but B(A가 아니라 B) not only[just/merely/simply] A but (also) B ( )
or	기본적인 뜻(또는, 혹은) 명령문, or (~해라, 그렇지 않으면) that is to say (즉, 다시 말해서) either A or B ( ) neither A nor B (A도 B도 ~ 아니다)

● 명사절을 이끄는 접속사 that, whether(if)

that절	주어, 목적어, 보어(뜻:); 동격(~라는)
whether절	주어, 목적어, 보어(뜻:) whether or not ~ (o)
if절	목적어, 보어 자리에 씀. 그러나 ( )자리에는 안 씀 if or not ~ (x)

사냥꾼 요약 14

☞ 사냥꾼 강의를 참고하여 빈칸을 채워보세요

● 때(시간)를 나타내는 접속사

until ~ = till ~	~ (때) 까지
not ~ until ~	( )
when ~	~할 때
while ~	( )
after ~	~ 후에
before ~	( )
as ~	~할 때, ~하면서
as long as ~ = so long as ~	( )
as soon as ~	~하자마자, ~할 때
no sooner ~ than ~	( )

● 원인(이유)을 나타내는 접속사

because ~	~ 때문에
since ~	( )
as ~	~ 때문에
now that ~	( )
not because A but because B	A 때문이 아니라 B 때문에

사냥꾼 요약 14 ☞ 사냥꾼 강의를 참고하여 빈칸을 채워보세요

● 결과(목적)을 나타내는 접속사

so ~ that ~ = such ~ that ~	( )
so that ~ = and so ~	그래서 ~
so that ~ can[may, will] ~	( )
in order that ~ can[may, will] ~	~가 ~할 수 있도록
lest ~ should V	( )

● 조건을 나타내는 접속사

if	(만약) ~라면

● 양보를 나타내는 접속사

though	
although	
even though	(비록) ~일지라도, ~이긴 하지만
if	
even if	
whether ~ or not	~이든 아니든
~ or ~	~이든 ~이든

● 접속사 흉내를 내는 것들

every time ~ = whenever ~	~할 때마다
the moment ~ = the instant ~ = the minute ~	~하자마자
next time ~	다음에 ~할 때
moreover 더욱이, 게다가	then 그때, 그러면, 그리고 나서
thus 따라서, 그래서, 그러므로	besides 게다가
however 그러나, 하지만	therefore 그러므로
instead 대신에	in addition 게다가

영어 사냥 과제 14　　☞ 완벽하게 암기해서 빈칸을 채우세요

and	기본적인 뜻 (그리고, ~ 와 ~) to부정사의 to 대신 (try and do = try to do) 명령문, and (뜻:　　　　　　　　　) both A and B (뜻:　　　　　　　　　)
but	기본적인 뜻(그러나, 하지만) not A but B(뜻:　　　　　　　　　) not only[just/merely/simply] A but (also) B (뜻:　　　　　　　　　)
or	기본적인 뜻(또는, 혹은) 명령문, or (뜻:　　　　　　　　　) that is to say (　　　　　　　　　) either A or B (　　　　　　　　　) neither A nor B (　　　　　　　　　)

● 명사절을 이끄는 접속사 that, whether(if)

that절	주어, 목적어, 보어(뜻:　　　　　　　　　); 동격(~라는)
whether절	주어, 목적어, 보어(뜻:　　　　　　　　　) whether or not ~ (o)
if절	목적어, 보어 자리에 씀. 그러나 (　　　　)자리에는 안 씀 if or not ~ (x)

● 때(시간)를 나타내는 접속사

until ~ = till ~	~ (때) 까지
not ~ until ~	( )
when ~	~할 때
while ~	( )
after ~	~ 후에
before ~	( )
as ~	~할 때, ~하면서
as long as ~ = so long as ~	( )
as soon as ~	~하자마자, ~할 때
no sooner ~ than ~	( )

● 원인(이유)을 나타내는 접속사

because ~	~ 때문에
since ~	( )
as ~	~ 때문에
now that ~	( )
not because A but because B	A 때문이 아니라 B 때문에

● 결과(목적)을 나타내는 접속사

so ~ that ~ = such ~ that ~	( )
so that ~ = and so ~	그래서 ~
so that ~ can[may, will] ~	( )
in order that ~ can[may, will] ~	~가 ~할 수 있도록
lest ~ should V	( )

● 조건을 나타내는 접속사

if	(만약) ~라면

● 양보를 나타내는 접속사

though	
although	
even though	뜻
if	
even if	
whether ~ or not	
~ or ~	

● 접속사 흉내를 내는 것들

every time ~ = whenever ~	
the moment ~ = the instant ~ = the minute ~	
next time ~	
moreover ( )	then (뜻):
thus ( )	besides ( )
however ( )	therefore ( )
instead ( )	in addition ( )

영어 사냥 시범 14 화살 ☞ 즐기면서 신나게 암기하기 ^^*

whether ~ or not (양보) ~이든 아니든, (명사절) ~인지 아닌지
both A and B A, B 둘 다
the same things 그 똑같은 것들
artist 예술가   not A but B A가 아니라 B
some 일부 사람들, 일부 것들 / 몇몇의
separate 분리하다, 나누다
by gender 성별로   unnecessary 불필요한
be sure 확신하다
if = whether ~이지 아닌지
glue 풀, 아교   dry 마르다
carefully 주의 깊게, 조심스럽게
close 닫다 / 가까운 / 가까이
anything 무엇이든, 어떤 것
so long as = so far as = as long as ~하는 한
challenging 도전적인
before ~하기 전에   gentleman 신사
leave - left - left 떠나다, 남겨두다
gold coin 금화   waiter 웨이터
beard 턱수염   improve 향상시키다, 개선하다
appearance 외모   because ~이기 때문에
if 만약 ~라면   fast 빨리 / 빠른
alone 혼자서   far 멀리 / 먼
together 함께, 같이   parrot 앵무새
so ~ that ~ 너무 ~해서 ~하다   smart 똑똑한
although 비록 ~일지라도, ~이긴 하지만
trip 여행   really 정말로, 참으로

> **영어 사냥 시범 14**　　☞ 우리말 순서로 해석하여 연필로 쓰기 ^^

> **Whether you like it or not, /you must do /it.**
> 네가 그것을 좋아하든 안 하든/ 너는 해야 한다/ 그것을
>
> 해석 ☞

whether는 "~인지 아닌지"와 "~이든 아니든"의 뜻이 있어요. 여기서는 "~이든 아니든"의 뜻으로 썼었어요. 그걸 어떻게 아냐고요? 주절인 "you must do it."과 문맥상 어울려야 하니까요. "Whether or not you like it"으로 바꾸어 쓸 수도 있어요.

> **I talk /about the same things /with both boys and girls.**
> 나는 이야기한다/ 똑같은 것들에 대해서/ 남자아이들과 여자아이들 모두와 함께
>
> 해석 ☞

이 문장의 동사는 talk, 시제는 현재예요. 글을 읽다가 both가 보이면 혹시 뒤에 and가 나오지 않을까? 하고 유추하면서 글을 읽으세요. 그래서 and가 나오면 흐뭇한 미소를 한 번 지어요.^^

> **He /is not a scientist /but an artist.**
> 그는/ 과학자가 아니라/ 예술가이다.
>
> 해석 ☞

동사는 is, 시제는 현재죠. not이 보이면 혹시 뒤에 but이 없나 두리번거려 봐요. 머릿속에 많은 표현이 들어 있으면 그런 게 얼른 보인답니다. 'not A but B'는 'A가 아니라 B'라는 뜻이죠. 문장에 a와 an이 쓰였는데요, 이 a나 an은 이름이 부정관사예요. 발음이 모음으로 시작되는 단어 앞에는 a가 아니라 an을 써요. 관사의 용법에 대해서는 뒤에서 좀더 자세히 다룰게요.

> **Some say /that separating classes /by gender /is unnecessary.**
> 일부는 말한다/ 반을 나누는 것은/ 성별로/ 불필요하다고
>
> 해석 ☞

동사는 say, 시제는 현재예요. that절의 동사는 is, that절의 주어 부분에 동명사 separating이 쓰였어요. 동명사 해석법은 아시죠? that절이 명사절일 때 해석은 "~이라는 것"으로 해석하는 것이 원칙인데요, 문맥에 따라서는 "~라고"로 해석하면 우리말다워요.

> **I'm not sure /if we will come /to the party.**
> 나는 확신하지 못한다/ 우리가 갈 것인지 안 갈 것인지를/ 그 파티에
>
> 해석 ☞

동사는 am, 시제는 현재고요. if는 조건이 아니라 "~인지 아닌지"의 뜻이에요.

> **After the glue dries, /carefully close /the card.**
> 풀이 마른 후에/ 조심스럽게 닫아라/ 카드를
>
> 해석 ☞

after절의 동사는 dries, 현재시제고요. 주절은 명령문이 왔어요. close가 동사원형이죠.

> **Anything will be good /as long as it is challenging.**
> 어느 것이든 괜찮을 것이다/ 그것이 도전적인 한
>
> 해석 ☞

동사는 will be, 시제는 미래예요. it은 anything을 지칭해요. 'so long as'와 'so far as'도 'as long as'와 같은 표현이에요. "~하는 한"이라는 뜻이에요.

Before the gentleman left /the restaurant, //he gave / eight gold coins /to the waiter.
그 신사는 떠나기 전에/ 그 식당을// 그는 주었다/ 8개의 금화를/ 그 웨이터에게

해석 ☞

문장의 동사는 gave, 시제는 과거예요. before가 이끄는 부사절의 동사는 left이고요. the gentleman과 he는 같은 사람이에요. the는 정관사라고 하는데요, 이 정관사 the는 우리말로 해석할 때, "그"라고 해석해요. 그런데, 해석을 안 할 때가 더 자연스러울 때가 있어요. 그럴 땐 빼버리는 게 나아요.

I grew /a beard /because it would improve /my appearance.
나는 길렀다/ 턱수염을/ 그것이 향상시킬 것이기 때문에/ 나의 외모를

해석 ☞

동사는 grew, 시제는 과거예요. 동사를 찾으면서 뒤에 목적어가 있는지 없는지를 순간적으로 파악하면서 문장을 읽으세요. 그리고 중복되는 어구는 한 번만 해석하는 것이 더 자연스러울 때가 많아요. 또, 부사절이 주절의 뒤로 빠져 있을 때는 보통 콤마로 문장 분리를 안 해요.

If you want /to go /fast, //go /alone.
만약 네가 원한다면/ 가기를/ 빨리// 가라/ 혼자서

해석 ☞

주절의 동사는 go, 동사원형이 문장의 맨 앞에 있으면 명령문이죠. 명령문은 "~해라"라고 해석해요.

If you want /to go /far, //go /together.
만약 네가 원한다면/ 가기를/ 멀리// 가라/ 함께

해석 ☞

if절은 부사절이에요. 주절의 동사는 go, 동사원형이 주절의 맨 앞에 나와 있어요. 문장의 맨 앞에 동사원형이 오면 명령문이에요. 명령문은 "~해라"라고 해석해요.

The parrot /was so smart /that it could learn /many things.
그 앵무새는/ 매우 똑똑해서/ (그것은) 배울 수 있었다/ 많은 것들을

해석 ☞

동사는 was, 시제는 과거죠. 문장 중에 so가 보이면 그 뒤에 that절이 나오지 않을까? 하고 예측하면서 읽으세요. 그러다 정말 that이 보이면, 내가 점쟁이가 다 됐구나 하면서 엔돌핀이 솟아 나옵니다.^^

Although this trip was short, //I really enjoyed /it.
비록 이 여행은 짧았지만// 나는 정말로 즐겼다/ 그것을

해석 ☞

동사는 enjoyed, 시제는 과거예요. 부사절의 동사는 was고요.

영어 사냥 실전 14 화살 ☞ 즐기면서 신나게 암기하기 ^^*

therefore 그러므로, 그런 까닭에
cigarette 담배
hurry 서두르다
명령문, or ~해라 그렇지 않으면
plane 비행기
daily 매일의
necessary 필요한
mind 마음
even though ~ 비록 ~일지라도
blind 앞을 못 보는, 시각장애인의
follow 따르다
advice 충고
solve 풀다, 해결하다
do one's best 최선을 다하다
although ~ 비록 ~이긴 하지만, ~일지라도
role 역할
come true 실현되다
cool 멋진, 시원한

영어 사냥 화살 복습 ☞ ( ) 안에 영어 단어를 쓰세요. (정답은 앞장에)

(　　　　　) ☞ (과거에) ~한 것을 기억하다
(　　　　　) ☞ ~하기 위하여 멈추다
(　　　　　) ☞ 손상을 입히다
(　　　　　) ☞ ~을 잘하다
(　　　　　) ☞ 그리다
(　　　　　) ☞ 만화
(　　　　　) ☞ 다루다, 처리하다

Unit 14 : 접속사

영어 사냥 실전 14 ☞ 지시대로 풀고 뒷장에 정답을 확인하세요

♥ 시제에 주의하여 정확하게 우리말로 해석하세요.

1. You are only fifteen. Therefore, you can't buy cigarettes.

해석☞

2. Hurry, or you'll miss your plane.

해석☞

3. Mr. Chan believes that daily homework is necessary for students.

해석☞

4. The little girl could see with her mind, even though she was blind.

해석☞

5. As long as you follow my advice, no question is too difficult to solve.

해석☞

♥ 우리말에 맞게 주어진 단어들을 배열하여 문장을 완성하세요. (조건: 주어진 단어를 한 번씩 모두 사용하고, 필요하면 어형을 변형하거나 추가하세요.)

6. 나의 역할이 크지는 않았지만, 나는 나의 최선을 다했다.
   (was, my best, role, big, did, although, not, my)
   ☞ _____, I _____.

7. 너의 꿈을 따라가라. 그러면 너는 너의 꿈이 실현되는 것을 볼 것이다.
   (will, follow, come, your, you, see, them, true, dreams, and)
   ☞ _____.

8. 너의 새 집은 너무나 멋져서 모두가 거기에서 살기를 원한다.
   (so, cool, that, want, your, new, house, be, to, live, everyone, there)
   ☞ _____.

영어 사냥 실전 14 (정답)   ☞ 우리말 ↔ 영어로 번역하세요

1. 너는 겨우 15세이다. 그러므로 너는 담배를 살 수 없다.
☞ _____

2. 서둘러라, 그렇지 않으면 너는 너의 비행기를 놓칠 것이다.
☞ _____

3. 찬 선생님은 매일 나가는 숙제가 학생들에게 필요하다고 믿는다.
☞ _____

4. 비록 그 어린 소녀는 눈이 멀었지만, (그녀의) 마음으로 볼 수 있었다.
☞ _____

5. 네가 나의 충고를 따르는 한, 어떤 문제도 풀기에 많이 어려울 수 없다.
☞ _____

6. Although my role was not big, I did my best.
☞ _____

7. Follow your dreams, and you will see them come true.
☞ _____

8. Your new house is so cool that everyone wants to live there.
☞ _____

영어 사냥 통역 14 　　☞ 입으로 직접 소리 내어 말하기 훈련^^*

💙 **우리말을 영어로 입으로 소리 내어 가며 연필로 옮기세요.**

네가 그것을 좋아하든 안 하든, 너는 그것을 해야 한다.
☞

나는 남자아이들과 여자아이들 모두와 함께 그 똑같은 것들에 대해서 이야기한다.
☞

그는 과학자가 아니라 예술가이다.
☞

일부는 성별로 반을 나누는 것은 불필요하다고 말한다.
☞

나는 우리가 그 파티에 갈 것인지 안 갈 것인지를 확신하지 못한다.
☞

풀이 마른 후에, 조심스럽게 카드를 닫아라.
☞

그것이 도전적인 한, 어느 것이든 괜찮을 것이다.
☞

신사는 식당을 떠나기 전에 웨이터에게 금화 8개를 주었다.
☞

나는 그것이 나의 외모를 향상시킬 것이기 때문에 턱수염을 길렀다.
☞

만약 네가 빨리 가기를 원한다면, 혼자서 가라.
☞

만약 네가 멀리 가기를 원한다면, 함께 가라.
☞

그 앵무새는 매우 똑똑해서 많은 것들을 배울 수 있었다.
☞

비록 이 여행은 짧았지만, 나는 그것을 정말로 즐겼다.
☞

Unit 15 — 분사구문

사냥터 에피소드 15　　　☞ 가볍게 읽고 살짝만 생각하기 ^^*

웅 찬 분사는 좀 신기해. 원래 동사였으면서 꼬리에 ing나 ed를 달고 형용사 역할도 하니까.

모 아 나도 인정! 시제에 쓰이기도 하고 따로 독립적으로 쓰이기도 하고. 현재분사는 형태가 동명사랑 똑같잖아?

웅 찬 그리고 분사구문으로 쓰일 때는 또 다른 모습을 보이기도 하고 말이야. 후훗...

모 아 긴 부사절을 "현재분사"를 이용해서 짧게 구로 만들어 쓴다는 것은 경제적인 면에서 참 괜찮은 생각 같아~ 후훗...

사냥꾼 강의 15 ☞ 꼼꼼하게 읽고 깊이 생각하기

부사절 저번 강의에서 부사절이 뭔지에 대해 배웠습니다. 때, 이유, 조건, 양보 등을 나타내는 접속사 뒤에 주어와 동사가 이어지는 것. 이것을 부사절이라고 했습니다. 기억나시죠? 그럼 오늘은 분사구문이란 걸 배울 거예요.

분사구문 부사절은 접속사가 있고, 그 뒤에 주어와 동사가 나오는 등, 좀 길지 않습니까? 사람들은 가끔 이렇게 긴 걸 싫어해요. 그래서 분사구문이란 걸 만들었어요. 한마디로 분사구문이란, 긴 부사절을 현재분사를 이용해서 짧은 구로 만든 것을 말해요.

분사구문의 시제 분사구문도 12시제 말고, 자기 나름대로의 시제가 있어요. 단순이냐 완료냐, 이렇게 두 가지예요. 분사구문의 시제는 형태상으로는 동명사와 똑같아요. 단순분사구문은 '~ing' 형태이고요, 완료분사구문은 'having p.p' 형태랍니다.

분사구문 만들기 지금부터 분사구문 만드는 방법을 알아볼게요. 여기 부사절과 주절로 이루어진 문장이 있어요. 먼저, 부사절의 접속사를 빼요. 뜻을 명확하게 전달하고 싶을 때는 이 부사절의 접속사를 살려두기도 해요. 둘째, 부사절의 주어와 주절의 주어가 같으면 부사절의 주어도 빼요. 마지막으로 부사절의 시제와 주절의 시제를 확인해서 부사절의 시제가 주절의 시제보다 한 시제 이전이면 완료분사구문(having + p.p)으로, 한 시제 이전 관계가 아니면 단순분사구문(~ing)으로 만들면 돼요.

독립 분사구문 주의! 부사절의 주어와 주절의 주어가 다르면 부사절의 주어를 살려둬요. 이렇게 부사절의 주어와 주절의 주어가 달라서 부사절의 주어를 살려둔 형태의 분사구문을 '독립분사구문'이라고 불러요.

무인칭 독립분사구문 부사절의 주어와 주절의 주어가 달라서 부사절의 주어를 살려두고 만든 분사구문이 독립분사구문이라고 했어요. 그런데 그중에서 부사절의 주어가 막연한 일반사람일 때가 있어요. 이때는 그 주어도 빼버려요. 이렇게 **부사절의 주어와 주절의 주어가 다름에도 부사절의 주어가 일반사람이기 때문에 그 주어조차도 빼버리고 만든 분사구문**을 '무인칭 독립분사구문'이라고 불러요. 이 무인칭분사구문은 **숙어처럼 암기**해서 쓰면 돼요. 대표적인 것으로 generally speaking(일반적으로 말해서), strictly speaking(엄밀히 말해서)가 있어요.

분사구문의 해석 분사구문을 해석할 때는 다시 거꾸로 부사절이었을 때를 상상하면서 해석해야 해요. 한마디로 생략해버린 **접속사와 주어를 살려내서 해석**하는 거죠. 때, 이유, 조건, 양보 등을 나타내는 여러 가지 접속사 중에서 어떤 접속사를 생략했을까를 문맥으로 잡아내서 해석한답니다. 분사구문이 동시동작과 연속동작을 나타내는 경우가 있는데 이 경우는 보통의 일반적인 분사구문과는 별도로 알아두세요. **동시동작**을 나타낼 때는 "~하면서"라고 해석하고, **연속동작**을 나타낼 때는 앞에서부터 죽죽 이어서 연속적으로 해석하면 돼요.

분사구문의 부정 분사구문의 부정은 분사 앞에, 즉 '~ing'나 'having p.p' 앞에 not을 붙여요.

being과 having been의 생략 분사구문에서 being과 having been은 생략할 수 있는데, 이것들을 생략하고 나면, 간혹 형용사나 p.p(과거분사) 하나만 남겨지기도 하는데, 이런 것을 볼 수 있는 눈이 있어야겠어요. 이 정도로 분사구문은 정리가 끝나요.

사냥꾼 요약 15
☞ 사냥꾼 강의를 참고하여 빈칸을 채워보세요

부사절이란?	때, 이유, 조건, 양보 등을 나타내는 ( ) + ( ) + ( )
분사구문이란?	긴 ( )절을 ( )를 이용하여 ( ) 구문으로 만든 것

● 분사구문의 시제

단순 분사구문 (~ing)	부사절이었을 때의 시제가 주절보다 한 시제 이전 관계가 ( )을 나타냄
완료 분사구문 ( )	부사절이었을 때의 시제가 주절보다 한 시제 ( )이었음을 나타냄

● 분사구문 만들기 순서

1	부사절과 주절의 주어를 파악하고, 주어가 같으면 부사절의 ( )를 생략함
2	부사절의 ( )를 생략 뜻을 명확히 전달하고자 할 때는 ( )를 살려둠
3	부사절의 시제가 주절의 시제보다 한 시제 이전이 아니면 ( ) 분사구문으로, 부사절의 시제가 주절의 시제보다 한 시제 이전이면 ( )분사구문으로 나타냄

사냥꾼 요약 15

☞ 사냥꾼 강의를 참고하여 빈칸을 채워보세요

분사구문의 해석	(　　)의 내용과 잘 어울리도록 때, 이유, 조건, 양보 등의 접속사 뜻과 (　　)를 살려내어 해석 동시동작일 때 : ~하면서 연속동작일 때 : 죽죽 이어서 해석
독립 분사구문	부사절의 주어와 주절의 주어가 (　　) 때 부사절의 (　　)를 살려둔 형태의 분사구문
무인칭 독립 분사구문	독립 분사구문 중에서 부사절의 주어가 막연한 (　　)일 때, 주어를 빼고 숙어처럼 사용 generally speaking(뜻 : 일반적으로 말해서)
분사구문의 부정	분사 (　　)에 not을 붙임
being, having p.p의 생략	이것들을 생략하면, (　　)만 남아있다던가, (　　)만 남아있다던가 함.

영어 사냥 과제 15
☞ 완벽하게 암기해서 빈칸을 채우세요

부사절이란?	(　　　), (　　　), (　　　), (　　　) 등을 나타내는 접속사 + 주어 + 동사
분사구문이란?	긴 (　　　)을 (　　　)를 이용하여 짧은 구문으로 만든 것

● 분사구문의 시제

(　　　) 분사구문 (　　　　　　)	부사절이었을 때의 시제가 주절보다 한 시제 이전 관계가 아니었음을 나타냄
완료 분사구문 (having p.p)	부사절이었을 때의 시제가 주절보다 (　　　　　)이었음을 나타냄

● 분사구문 만들기 순서

1	부사절과 주절의 주어를 파악하고, (　　　)가 같으면 부사절의 (　　　)를 생략함
2	부사절의 (　　　)를 생략 뜻을 명확히 전달하고자 할 때는 (　　　)를 살려둠
3	부사절의 시제가 주절의 시제보다 한 시제 이전이 아니면 (　　　)분사구문으로, (　　　)절의 시제가 주절의 시제보다 한 시제 이전이면 (　　　)분사구문으로 나타냄

분사구문의 해석	주절의 내용과 잘 어울리도록 때, 이유, 조건, 양보 등의 접속사 뜻과 (　　　)를 살려내어 해석 동시동작일 때 : (　　　　　　　) 연속동작일 때 : (　　　　　　　)
독립 분사구문	부사절의 주어와 주절의 주어가 다를 때 부사절의(　　　)를 살려둔 형태의 분사구문
무인칭 독립 분사구문	독립 분사구문 중에서 부사절의 주어가 막연한 (　　　)일 때, 그 주어를 빼고 (　　　)처럼 사용 generally speaking = (뜻:　　　　　　　　　)
분사구문의 부정	분사 (　　　)에 (　　　)을 붙임
being, having p.p의 생략	보통 수동인 경우가 많아서 (　　　)만 남아있다던가, (　　　)만 남아있다던가 함.

Unit 15 : 분사구문

영어 사냥 시범 15 화살 ☞ 즐기면서 신나게 암기하기 ^^*

home 집으로 / 집
attack 공격하다
past ~을 지나서
straight 똑바로, 일직선으로 / 똑바른
ahead 앞으로, 앞에
have to V ~해야 한다
give up 포기하다
plan 계획
when~ ~할 때
stand - stood - stood 서다, 서 있다
what to do 무엇을 해야 할지
stand still 꼼짝 않고 가만히 서 있다
though~ ~일지라도, ~이긴 하지만
admit 인정하다
what (선행사를 포함한 관계대명사) ~하는 것
believe 믿다
tired 피곤한, 지친
immediately 즉시
go to bed 잠자리에 들다
invite 초대하다
hardly 거의 ~ 아니다
refuse 거절하다
come on 오다, 시작되다
start for ~ ~로 향해 출발하다
strictly speaking 엄밀히 말해서

영어 사냥 시범 15　　　☞ **우리말 순서로 해석하여 연필로 쓰기 ^^**

While he was walking /home, /he was attacked /by two men.
그는 걸어가고 있는 동안에/ 집으로/ 그는 공격 받았다/ 두 사람에 의해

해석 ☞

이 문장은 접속사 while이 이끄는 부사절과 주절로 이루어진 복문이에요. while절의 동사 부분은 'was walking'으로 '과거진행시제'이고, 주어는 he예요. 주절의 동사 부분은 'was attacked'이고 시제는 수동태과거시제예요.

이 긴 부사절을 분사구문으로 바꿔볼까요? 부사절과 주절의 주어가 같으니 부사절의 주어 he를 삭제하고, 접속사 while도 삭제해요.

그다음 부사절과 주절의 시제를 확인하니 한 시제 이전 관계가 아니므로 '단순 분사구문'으로 만들면 되겠어요.

"Being walking home, he was attacked by two men."이 되어야 하겠으나, 분사구문에 being walking처럼 'ing' 형태가 두 개가 나오면 앞에 being은 생략하고 써요.

그래서 정답은, "Walking home, he was attacked by two men."이에요.

She walked /past the shop, looking /straight ahead.
그녀는 걸었다/ 그 가게를 지나쳐서/ 바라보면서/ 똑바로 앞으로

해석 ☞

이 문장의 동사는 walked, 시제는 과거예요. looking은 분사구문이죠. 동시동작을 나타낸다고 볼 수 있겠어요.

> **Having lost /all his money, /he had to give up /his plan.**
> 잃어버렸기 때문에/ 모든 그의 돈을/ 그는 포기해야 했다/ 그의 계획을
>
> 해석 ☞

'Having lost'는 'having p.p'이므로 완료분사구문이에요. 주절의 동사 부분은 'had to give up'이고, 과거시제예요.

주절의 시제가 과거이고, 완료분사구문을 썼다는 얘기는 원래 부사절의 시제가 주절보다 한 시제 이전인 과거완료였다는 것을 말해줘요.

분사구문의 기본적인 의미는 'lose all his money(그의 모든 돈을 잃다)'이므로 주절과 잘 어울리려면 '이유' 정도를 나타내는 접속사가 있었겠지요?

분사구문을 다시 부사절로 고쳐볼까요? 부사절에 주어를 다시 살려서 넣고, 부사절의 시제를 과거완료로 해야겠죠? '이유'를 나타내는 적당한 접속사(as, because, since)도 살려내면, 다음과 같이 되겠네요.
"As he had lost all his money, he had to give up his plan."

> **When we arrived, /we saw /Chan /standing alone.**
> 우리가 도착했을 때/ 우리는 보았다/ Chan이/ 혼자 서있는 것을
>
> 해석 ☞

접속사 when이 이끄는 부사절의 동사는 arrived, 과거시제네요. 주절의 동사는 saw, 과거시제고요.

부사절을 분사구문으로 바꾸어볼까요? 부사절의 주어(we)와 주절의 주어(we)가 같으므로, 부사절의 주어 we를 빼고, 접속사 when도 빼고, 부사절과 주절의 시제가 한 시제 이전 관계가 아니므로 단순분사구문을 만들면 되겠어요.

정답은 "Arriving, we saw Chan standing alone."이 되겠어요.

> **Not knowing /what to do, /I stood still.**
> 몰라서/ 무엇을 해야 할지를/ 나는 가만히 서 있었다.
>
> 해석 ☞

'knowing' 단순분사구문이에요. 분사구문 앞에 not을 붙임으로써 분사구문을 부정해놨어요. 'what to do'는 '의문사 + to부정사' 표현이에요.

분사구문의 기본적인 뜻은 "무엇을 해야 할지를 모르다"예요. 주절의 동사는 stood, 과거시제예요.

'stand still'은 "꼼짝 않고 가만히 서 있다"라는 뜻이니까, 주절과 잘 어울리게 분사구문을 해석해보면, 분사구문이 나타내는 것은 '이유' 정도가 좋겠네요.

이 단순분사구문을 다시 부사절로 바꿔보면, "As I didn't know what to do, I stood still." 정도가 되겠어요.

> **Though I admit /what you say, /I cannot yet believe /the story.**
> 비록 내가 인정할지라도/ 네가 말하는 것을/ 나는 아직 믿을 수 없다/ 그 이야기를
>
> 해석 ☞

though가 이끄는 부사절의 동사는 admit, 시제는 현재, 주절의 동사 부분은 'cannot yet believe'예요. 부사절을 분사구문으로 만들어 볼게요. 부사절의 주어 'I'와 주절의 주어 'I'가 같으니까, 부사절의 주어를 생략하고, 접속사는 이번엔 뜻을 확실히 전달하기 위해 살려놔 봅시다. 부사절과 주절의 시제가 한 시제 이전 관계가 아니므로, 단순 분사구문으로 만들면 되겠어요. 정답은, "Though admitting what you say, I cannot yet believe the story."가 되겠어요.

> **Tired, /I went to bed /immediately.**
> 피곤해서/ 나는 잠자리에 들었다/ 즉시
>
> 해석 ☞

"Tired" 앞에 "being"이 생략된 거로 보면 되겠어요. 주절의 문맥과 잘 어울리게 적절한 접속사(이유)를 살려내서 해석해요.

> **Invited /to the party, //Chan could hardly refuse /to go.**
> 초대받았을 때/ 파티에// Chan은 거의 거절할 수 없었다/ 가는 것을
>
> 해석 ☞

'Invited' 앞에 'having been'이 생략된 것을 볼 수 있어요. 'having been invited'의 기본적인 뜻은 수동태니까 "초대받다"가 돼요. 물론 생략된 접속사를 '때'가 아니라 '이유'를 나타내는 접속사로 볼 수도 있겠네요. 그래서 뜻을 명확히 전달하고 싶을 때는 앞에 접속사를 살려두는 것이 좋아요.

> **Night /coming on, //we started /for home.**
> 밤이/ 와서// 우리는 출발했다/ 집을 향해서
>
> 해석 ☞

'Night coming on'은 '독립분사구문'이에요. 부사절이었을 때 주어가 'Night'였어요. 주절의 주어는 'we'고요. 이렇게 주어가 다를 때, 분사구문으로 만들 때는 부사절의 주어를 살려줘야 해요.
접속사는 '이유'로 했을 때 가장 자연스러운 것 같아요. '때'가 더 잘 어울릴 수도 있고요. 문맥이 없으니 아무거나 다 괜찮아요.

> **Strictly speaking, /he is not a scientist.**
> 엄밀히 말해서/ 그는 과학자가 아니다.
>
> 해석 ☞

'Strictly speaking'은 무인칭 독립 분사구문이에요. 독립분사구문 중에서 주어가 막연한 일반인일 경우에는 주어를 생략하고 숙어처럼 사용해요. 이것을 무인칭 독립분사구문이라고 불러요. 이름이 중요한 것은 아니지만요.

영어 사냥 실전 15 화살　　☞ 즐기면서 신나게 암기하기 ^^*

suit　슈트, 옷, 양복
be unable to V　~할 수 없다
afford　~할 여유가 있다, ~을 살 돈이 있다
motorbike　오토바이
as　~이기 때문에, ~할 때, ~하면서, ~하듯이, ~함에 따라
wake　깨우다, 깨다
silently　조용하게
take place　일어나다
replay　재경기
whole　전체의

영어 사냥 화살 복습　　☞ ( ) 안에 영어 단어를 쓰세요. (정답은 앞장에)

(　　　　　) ☞ 그러므로, 그런 까닭에
(　　　　　) ☞ 서두르다
(　　　　　) ☞ ~해라 그렇지 않으면
(　　　　　) ☞ 비행기
(　　　　　) ☞ 매일의
(　　　　　) ☞ 필요한
(　　　　　) ☞ 비록 ~일지라도
(　　　　　) ☞ 앞을 못 보는, 시각장애인의
(　　　　　) ☞ 따르다
(　　　　　) ☞ 충고
(　　　　　) ☞ 풀다, 해결하다
(　　　　　) ☞ 최선을 다하다
(　　　　　) ☞ 비록 이긴 하지만, ~일지라도
(　　　　　) ☞ 역할
(　　　　　) ☞ 실현되다

영어 사냥 실전 15   ☞ 지시대로 풀고 뒷장에서 정답확인하세요

♥ 문장을 해석하고, 부사절 ↔ 분사구문으로 변환하세요.

1. **Having no money, she could not buy the book.**
해석☞
전환☞

2. **Standing at the bus stop, Chan saw a man in a nice suit.**
해석☞
전환☞

3. **Because I was unable to afford a car, I bought a motorbike.**
해석☞
전환☞

4. **As I have finished my task, I have nothing more to do.**
해석☞
전환☞

♥ 우리말에 맞게 주어진 단어들을 배열하여 문장을 완성하세요. (조건: 주어진 단어를 한 번씩 모두 사용하고, 필요하면 어형을 변형하거나 추가하세요.)

5. 그녀의 딸을 깨우고 싶지 않아서, Mira는 그 방을 조용히 떠났다.(분사를 사용하세요)
   (leave, not, to, wake, her daughter, Mira, the room, silently, want)

   ☞ _____ , _____ .

6. 점수가 1.5시간 후에 동점이면, 재경기가 있을 것이다.(분사를 사용하세요)
   (one and a half hours, a, the score, be, equal, take place, after, replay, will)

   ☞ _____ .

7. Mike는 하루 종일 운전을 해서 피곤했다.(분사를 사용하세요)
   (one whole day, feel, have, drive, Mike, tired)

   ☞ _____ .

Unit 15 : 분사구문

영어 사냥 실전 15 (정답)   ☞ 우리말 ↔ 영어로 번역하세요

1. 해석☞ 돈이 없어서, 그녀는 그 책을 살 수 없었다.

전환☞ **As[because] she had no money, she could not buy the book.**

☞

2. 해석☞ 버스 정류장에 서서 **Chan**은 멋진 양복을 입고 있는 어떤 남자를 보았다.

전환☞ **While Chan was standing at the bus stop, he saw a man in a nice suit.**

☞

3. 해석☞ 나는 차를 살 여유가 없어서, 오토바이를 샀다.

전환☞ **Being unable to afford a car, I bought a motorbike.**

☞

4. 해석☞ 나는 내 임무를 다 끝냈기 때문에, 더 이상 할 일이 없다.

전환☞ **Having finished my task, I have nothing more to do.**

☞

5. **Not wanting to wake her daughter, Mira left the room silently.**

☞

6. **The score being equal after one and a half hours. a replay will take place.**

☞

7. **Having driven one whole day, Mike felt tired.**

☞

영어 사냥 통역 15   ☞ 입으로 직접 소리 내어 말하기 훈련^^*

♥ 우리말을 영어로 입으로 소리 내어 가며 연필로 옮기세요.

그는 집으로 걸어가고 있는 동안에, 그는 두 사람에 의해 공격받았다.
☞ _____

그녀는 똑바로 앞으로 바라보면서 그 가게를 지나쳐서 걸었다.
☞ _____

그의 모든 돈을 잃어버렸기 때문에, 그는 그의 계획을 포기해야했다.
☞ _____

우리가 도착했을 때, 우리는 Chan이 혼자 서 있는 것을 보았다.
☞ _____

무엇을 해야 할지를 몰라서 나는 가만히 서 있었다.
☞ _____

비록 네가 말하는 것을 인정할지라도 나는 아직 그 이야기를 믿을 수 없다.
☞ _____

피곤해서 나는 즉시 잠자리에 들었다.
☞ _____

파티에 초대받았을 때, Chan은 가는 것을 거의 거절할 수 없었다.
☞ _____

밤이 와서, 우리는 집을 향해서 출발했다.
☞ _____

엄밀히 말해서 그는 과학자가 아니다.
☞ _____

Unit 16 조동사

사냥터 에피소드 16　　☞ 가볍게 읽고 살짝만 생각하기 ^^*

사냥꾼 서연아, 네가 알고 있는 기본적인 조동사를 몇 가지 예로 들고, 그 뜻을 말해보렴~

서 연 네~ will은 "~할 것이다", can은 "~할 수 있다", may는 "~해도 좋다, ~일지도 모른다", must는 "~해야 한다, ~임에 틀림없다." 이렇게 알고 있어요.

사냥꾼 호~ 우리 서연이~ 완전 스펀지네~ ^^

서 연 아~ 스펀지요? 왜요? (...)

사냥꾼 배운 걸 스펀지처럼 잘 빨아들이니까. 지식 습득이 빠르다는 뜻이지. 오늘 배울 내용도 잘 정리 암기해서 다음 시간에 술술 말해 보거라~ㅎ

사냥꾼 강의 16　　　☞ 꼼꼼하게 읽고 깊이 생각하기

조동사　조동사는 동사를 도와주는 동사라고 했어요. 그래서 조동사 뒤에는 항상 동사원형이 와요. 기본적인 조동사들에는 will, shall, can, may, must가 있어요. 각자 다양한 쓰임새가 있는데, 그중에 미래를 나타내는 조동사 will과 shall이 있어요. 미래를 나타낼 때, 주어가 1인칭이든, 2인칭이든, 3인칭이든 모두 will을 쓴다고 정리할게요. 그리고 1인칭에는 shall도 쓴다. 이렇게 정리합니다.

will　will은 미래를 나타내는 조동사로서 "~할 것이다"라는 뜻이에요. 같은 뜻으로 be동사가 들어가는 표현 'be going to V'이 있어요. will이 미래 말고, 별도의 용법으로 주어의 고집이나 거절, 현재의 습관, 경향, 습성, 부드러운 명령 등을 나타낼 때도 쓰여요.

shall　shall은 'Shall I ~?, Shall we ~?' 이런 식으로 많이 쓰여요. 각각, "제가 ~할까요?, 우리 ~할까요?"의 뜻이에요.

can　can은 가장 기본적인 뜻이 "~할 수 있다"예요. 같은 뜻으로 be동사가 들어간 표현 'be able to V'가 있어요.

may　may는 가장 기본적인 뜻으로는 추측과 허가를 나타내요. 추측일 때는 "~일지도 모르다"라고 해석하고, 허가를 나타낼 때는 "~해도 좋다"라고 해석해요.

must　must는 가장 기본적인 뜻으로는 의무와 강한 추측을 나타내요. 의무를 나타낼 때는 "~해야 한다"라고 해석해요. 이와 같은 뜻으로 have to V, ought to V, should가 있어요. 강한 추측을 나타낼 때는 "~임에 틀림없다"라고 해석해요.

이것도 하나 정리해 놓을까요? have only to V(~하기만 하면 된다), don't have to V = don't need to V = need not V(~할 필요가 없다)

조동사는 깊이 들어가면 굉장히 복잡한데요, 세세한 차이를 알려고 하면 오히려 학습에 지장이 올 수 있어요. 여기서는 그런 것은 다루지 않을게요. 나중에 영어 실력이 많이 쌓인 다음에 궁금한 것은 사전에서 찾아서 따로 파악하는 것이 효율적인 공부방법이에요.

조동사가 들어간 숙어적인 표현들 조동사가 들어간 숙어적인 표현들은 암기해서 숙지하고 있지 않으면 엉터리로 해석하거나, 아예 해석할 수가 없어요. 암기하고 있으면 눈에 쏙 들어오지만 그렇지 않으면 잘 보이지가 않으니 암기하세요. 그런 것 몇 가지를 소개하면, cannot ~ too ~ (아무리 ~해도 지나치지 않다). may well 동사원형(~하는 것도 당연하다, 아마 ~일 것이다), may as well 동사원형(~하는 것이 낫다 = had better V) 등이 있어요.

조동사 + have p.p 조동사 뒤에 have p.p가 들러붙어 있는 표현들이 있어요. 이것도 달달달 암기해야 해요. 중요해요. 기본적인 조동사 뜻을 알고 있으면 암기하기가 그리 어렵진 않을 거예요.

조동사 뒤에 have p.p가 붙은 표현은 전부 과거에 대한 추측이나 후회, 유감 등을 나타내는 표현이에요. 그런 것들을 몇 가지 소개할게요. may have p.p(~했음에 틀림없다), must have p.p(~했음에 틀림없다), should have p.p(~했어야했다), ought to have p.p(~했어야했다), cannot have p.p(~했을 리가 없다), neednot have p.p(~할 필요가 없었다).

need & dare need, dare 애들은 일반동사인데요, 부정문과 의문문에서는 조동사로 쓰여요. need는 "~을 필요로 하다"라는 뜻이고, dare는 "~

할 용기가 있다, 감히 ~하다"라는 뜻이에요.

used to & would 'used to V'는 과거의 습관이나 상태를 나타내요. 과거의 습관일 때는 "~하곤 했다"라고 해석하면 돼요. 참고로, 'be used to V(~하는 데 사용되다)'와 'be used to 명사 상당어구(~에 익숙하다)'라는 표현이 있어요. 명사상당어구란 명사, 대명사, 동명사를 가리켜요.

should 마지막으로 정리하고 넘어갈 중요한 조동사가 있어요. 바로 should예요. 이 should는 shall의 과거형이기도 하지만, 과거가 아닌 그냥 하나의 독립된 단어로도 쓰여요.
독립적으로 쓰일 때의 should를 세 가지 경우로 나누어서 설명할게요. 첫째, 이성적 판단을 나타내는 경우, 둘째, 감정적 판단을 나타내는 경우, 셋째, 주장, 명령, 제안, 요구, 조언, 결정 등을 나타내는 동사가 쓰인 문장에서 습관적으로 쓰이는 경우.

이성적 판단을 나타내는 경우 이성적 판단을 나타내는 단어들(good, important, impossible, proper, natural, necessary, right, wrong 등)이 나오고 그 뒤에 that절 안에 '주어 should 동사원형'을 써주는데, 이때 should는 해석하지 않아요.

감정적 판단을 나타내는 경우 감정적 판단을 나타내는 단어들(strange, odd, funny, afraid, angry, amazed, curious, depressed, glad, happy 등) 다음에 that절 안에 '주어 should 동사원형'을 써줘요. 이때 should는 감정이 들어가게 "~하다니" 정도로 해석해요.

주장, 명령, 제안, 요구 등의 동사가 쓰인 문장의 경우 insist(주장하다), order(명령하다), suggest(제안하다), request(요구하다) 등의 뜻을 가진 동사가 쓰인 문장의 that절 안에 '주어 should 동사원형'을 습관적으로 써요. 이때의 should는 "~해야 한다"라는 당위의 뜻을 가져요. 그래서 해석도 쓰인 동사에 따라 "~해야 한다고 주장하다, ~해야 한다고 제안하다" 등으로 해석해요.

여기서 should가 생략되고 그 뒤에 동사원형만 남겨서 쓰는 경우도 많아요. 이때, that절의 주어가 3인칭 단수인데 동사에 -s가 안 붙어 있다고 틀렸다고 생각하면 안 되는 거죠. should가 생략되고 동사원형만 남은 경우니까요.

사냥꾼 요약 16

☞ 사냥꾼 강의를 참고하여 빈칸을 채워보세요

● 기본적인 조동사

will	미래: ~할 것이다(= be going to V) will(1, 2, 3인칭에 모두 쓰임) 특별용법 : 주어의 고집, 거절, 현재의 습관, 경향, 습성, 부드러운 명령 등
shall	shall(1인칭에 씀) Shall I ~? : 뜻(?) Shall we ~? : 뜻(?)
can	가능(~할 수 있다) = be able to V
may	허가(~해도 좋다), 추측(~일지도 모른다)
must	의무(~해야 한다 = have to, ought to V, should), 강한 추측(~임에 틀림없다)
~하기만 하면 된다	have only to V
~할 필요가 없다	don't have to V = don't need to V = need not V

● 조동사가 들어간 숙어적인 표현들

cannot ~ too ~	아무리 ~해도 지나치지 않다
may well 동사원형	~하는 것도 당연하다, 아마 ~일 것이다
may as well 동사원형	~하는 것이 낫다 = had better V

● 부정문과 의문문에서 조동사로 쓰이는 일반동사

need	~을 필요로 하다
dare	~할 용기가 있다, 감히 ~하다

Unit 16 : 조동사

사냥꾼 요약 16 ☞ 사냥꾼 강의를 참고하여 숙지하세요

● used to & would

used to V	과거의 습관(~하곤 했다), 과거의 상태
would	과거의 습관(~하곤 했다)

● 조동사 + have p.p (과거의 추측, 후회, 유감 등)

may have p.p	~했음에 틀림없다
must have p.p	~했음에 틀림없다
should have p.p	~했어야했다
ought to have p.p	~했어야했다
cannot have p.p	~했을 리가 없다
neednot have p.p	~할 필요가 없었다

● should의 독립적인 용법

이성적 판단	이성적 어휘(good, important, impossible, proper, natural, necessary, right, wrong 등) 뒤의 that절에 주어 should 동사원형. should는 해석 안 함
감정적 판단	감정적 어휘(strange, odd, funny, afraid, angry, amazed, curious, depressed, glad, happy 등) 뒤의 that절에 주어 should 동사원형. should는 "~하다니"로 해석.
주장, 명령, 제안, 요구 등	동사 insist(주장하다), order(명령하다), suggest(제안하다), request(요구하다) 등 뒤의 that절에 주어 should 동사원형. should는 당위(~해야 한다)의 뜻. should 생략하면 동사원형만 남음.

영어 사냥 과제 16 ☞ 완벽하게 암기해서 빈칸을 채우세요

● 기본적인 조동사

will	미래: ~할 것이다(=) will(1, 2, 3인칭에 모두 쓰임) 특별용법 : 주어의 고집, 거절, 현재의 습관, 경향, 습성, 부드러운 명령 등
shall	shall(1인칭에 씀) Shall I ~? : 뜻(?) Shall we ~? : 뜻(?)
can	가능(~할 수 있다) = be able to V
may	허가(~해도 좋다), 추측(뜻)
must	의무(~해야 한다 = have to, ought to V, should), 강한 추측(뜻)
~하기만 하면 된다	( )
~할 필요가 없다	don't have to V = don't need to V = need not

● 조동사가 들어간 숙어적인 표현들

cannot ~ too ~	아무리 ~해도 지나치지 않다
may well 동사원형	( ), 아마 ~일 것이다
may as well 동사원형	( ) = had better V

● 부정문과 의문문에서 조동사로 쓰이는 일반동사

need	~을 필요로 하다
dare	~할 용기가 있다, ( )

● used to & would

used to V	과거의 습관( ), 과거의 상태
would	과거의 습관(~하곤 했다)

● 조동사 + have p.p (과거의 추측, 후회, 유감 등)

may have p.p	( )
must have p.p	( )
should have p.p	( )
ought to have p.p	( )
cannot have p.p	( )
neednot have p.p	( )

● should의 독립적인 용법

이성적 판단	이성적 어휘(good, important, impossible, proper, natural, necessary, right, wrong 등) 뒤의 that절에 주어 should 동사원형. should는 해석 안 함
감정적 판단	감정적 어휘(strange, odd, funny, afraid, angry, amazed, curious, depressed, glad, happy 등) 뒤의 that절에 주어 should 동사원형. should는 "~하다니"로 해석.
주장, 명령, 제안, 요구 등	동사 insist(주장하다), order(명령하다), suggest(제안하다), request(요구하다) 등 뒤의 that절에 주어 should 동사원형. should는 당위( )의 뜻. should 생략하면 동사원형만 남음.

영어 사냥 시범 16 화살 ☞ 즐기면서 신나게 암기하기 ^^*

come true　실현되다　　take a picture　사진을 찍다
may　~해도 좋다, ~일지도 모른다
bring - brought - brought　가져오다, 가져다주다, 데려오다
sunglasses　선글라스　　should　~해야 한다
in fact　사실
holiday　휴가, 휴일, 공휴일, 연말연시(holidays)
shall we ~?　우리 ~할까요?
suggest　제안하다, 시사하다, 암시하다
will　(특별용법) 주어의 고집, 거절, 현재의 습관, 경향, 습성, 부드러운 명령 등을 나타냄
recognize　알아보다, 인지하다
voice　목소리　　soon after ~　~직후에
as ~　~대로, ~하듯이, ~할 때, ~이기 때문에 / ~로서
may well 동사원형　~하는 것도 당연하다
think so　그렇게 생각하다
might as well 동사원형　~하는 게 낫다 = had better 동사원형
may have p.p　~했을지도 모른다
should have p.p　~했어야 했는데
take - took - taken　가져가다
every other day　격일로, 하루 걸러서
used to V　(과거의 습관) ~하곤 했다, (과거의 상태)
whenever~　~할 때마다
out of　~에서 밖으로
cannot have p.p　~했을 리가 없다
surprise　놀라게 하다 / 놀라움, 깜짝 놀라게 하기, 뜻밖의 일
such a thing　그러한 것
need not V　~할 필요가 없다
don't need to V = don't have to V　~할 필요가 없다

Unit 16 : 조동사

영어 사냥 시범 16 ☞ 우리말 순서로 해석하여 연필로 쓰기 ^^

I hope /your dream /will come true.
나는 희망한다/ 너의 꿈이/ 실현되기를

해석 ☞

hope 다음에 접속사 that이 생략되어 있어요. hope같이 자주 사용되는 동사 (think, say, agree, mention, notice 등) 뒤의 접속사 that은 흔히 생략하고 써요.

May I take pictures? //Yes, you may. // No, you may not.

해석 ☞

조동사 may는 '허가'를 나타내어, "~해도 좋다"라는 뜻으로 쓰였어요. 문맥을 잘 살펴야 해요.

You must clean /the table /very carefully.
너는 닦아야 한다/ 테이블을/ 매우 조심스럽게

해석 ☞

조동사 must는 여기서는 '의무'를 나타내어, "~해야 한다"라는 뜻으로 쓰였어요.

I think /you should bring /sunglasses.
나는 생각 한다/ 네가 가져와야한다고/ 선글라스를

해석 ☞

think 다음에 접속사 that이 생략되었어요. should는 "~해야 한다"예요.

In fact, /we didn't have to use /any of them.
사실/ 우리는 사용할 필요가 없었다/ 그것들 중 어느 것도

해석 ☞

'didn't have to V'는 "~할 필요가 없었다."라는 뜻이에요. 했을 수도 있고 안 했을 수도 있어요.

We shall be /on holiday /next week.
우리는 있을 것이다/ 휴가 중에/ 다음 주에

해석 ☞

1인칭에는 미래 조동사 will 대신 shall을 쓰기도 해요.

Where /shall we meet?
어디에서/ 우리 만날까요?

해석 ☞

Shall I ~?(제가 ~할까요?)와 Shall we ~?(우리 ~할까요?)는 상대방의 의지를 물어보는 표현이에요.

I suggest /you (should) take the subway.
나는 제안한다/ 네가 지하철을 타야 한다고

해석 ☞

suggest 뒤에 that이 생략되어 있어요. "주장하다, 명령하다, 제안하다, 요청하다" 등을 나타내는 동사가 쓰인 문장의 that절에 '주어 should 동사원형'을 습관적으로 써요. 이때의 should는 "당위(~해야 한다)"의 뜻이에요.

A baby will recognize /its mother's voice /soon after it is born.
아기는 알아보는 경향이 있다/ 그것의 엄마의 목소리를/ 그것이 태어난 직후에
해석 ☞

여기 쓰인 will의 특별 용법으로 주어의 '경향이나 습성'을 나타내고 있어요. will이 미래를 나타내는지, 특별용법으로 쓰인 것인지는 문맥으로 알아내야 해요.

You may well think /so.
네가 생각하는 것도 당연하다/ 그렇게
해석 ☞

'may well 동사원형'이 "~하는 것도 당연하다"라는 뜻이에요.

You will do /as I tell /you.
해주세요/ 제가 말한 대로/ 당신에게
해석 ☞

'will의 특별 용법' 중에 '부드러운 명령'을 나타내는 경우에요. 원래 명령문의 경우, 주어 You가 생략된 형태로 나타나는데, 그 주어가 살아나왔다고 보면 돼요.

If no one else wants /it, /we might as well give /it /to her.
그 밖에 아무도 원하지 않으면/ 그것을/ 우리는 주는 것이 낫다/ 그것을/ 그녀에게
해석 ☞

no one else 주어가 if절을 완전 부정하고 있어요. 주절에 'may as well 동사원형'은 "~하는 게 낫다"라는 뜻이에요. may 대신 might를 쓰면 더 조심스러운 표현이라고 생각하면 돼요.

> **She may have been asleep.**
>
> 해석 ☞

'may have p.p'는 '과거의 일에 대한 추측'을 나타내요. "~했을지도 모른다"라는 뜻이에요.

> **He should have asked /me /before he took /my bike.**
> 그는 물었어야 했다/ 나에게/ 그가 가져가기 전에/ 나의 자전거를
>
> 해석 ☞

'should have p.p'는 '과거에 하지 못한 일에 대한 후회, 유감'을 나타내는 표현이에요. "~했어야 했는데 (못했다)"라는 뜻이에요.

> **Chan used to visit /his parents /every other day.**
> Chan은 방문하곤 했다/ 그의 부모님을/ 격일로
>
> 해석 ☞

'used to V'는 과거의 습관이나 상태를 나타내요. 문맥을 잘 보고 어떤 용법으로 쓰였는지를 확인해요. 여기서는 과거의 습관이에요.

> **Whenever Chan was angry, /he would walk out of the room.**
> Chan은 화가 날 때마다/ 그는 방에서 나가버리곤 했다.
>
> 해석 ☞

would가 과거의 습관(~하곤 했다)을 나타내는 용법으로 쓰였어요.

> **It is not necessary /that I should go /there.**
> 필요하지 않다/ 내가 가는 것은/ 거기에
>
> 해석 ☞

necessary가 이성적인 판단을 나타내는 단어예요. 이런 단어가 쓰인 문장의 that절에 '주어 should 동사원형'이 습관적으로 많이 쓰여요. 이때 should는 해석을 안 해요.

> **He cannot have told /a lie.**
> 그는 말했을 리가 없다/ 거짓말을
>
> 해석 ☞

'cannot have p.p'는 "(과거에) ~했을 리가 없다"라는 뜻이에요.

> **I was surprised /that he should say /such a thing.**
> 나는 놀랐다/ 그가 말하다니/ 그러한 것을
>
> 해석 ☞

감정적인 색채를 지닌 어구가 쓰인 문장에서 that절에 주어 should 동사원형이 쓰였는데, 이 should는 감정적인 색채를 넣어서 "~하다니" 정도로 해석하면 좋아요.

> **We needn't hurry.**
>
> 해석 ☞

need는 부정문과 의문문에서 조동사로 쓰여요. need 다음에 not을 붙여서 부정문을 만들었어요. 'need not V(~할 필요가 없다)'와 같은 표현으로 'don't have to V, don't need to V'이 있어요.

영어 사냥 실전 16 화살   ☞ 즐기면서 신나게 암기하기 ^^*

over here   여기에
shall I ~?   내가 ~할까요?(상대방의 의지를 물음)
must have p.p   ~했음에 틀림없다
clever   영리한
will   (현재의 습관) ~하곤 한다
leave   (~한 상태로) 두다
come off   열리다
top   뚜껑
lonely   외로운, 쓸쓸한
used to V   (과거의 습관) ~하곤 했다
all day long   하루 종일
on weekends   주말마다
appreciate   감사하다, 감상하다, 진가를 인정하다, 이해하다
cannot ~ too ~   아무리 ~해도 지나치지 않다
movie theater   영화관
decision   결정

영어 사냥 화살 복습   ☞ ( ) 안에 영어 단어를 쓰세요. (정답은 앞장에)

(   ) ☞ 실현되다
(   ) ☞ ~하는 것도 당연하다
(   ) ☞ ~하는 게 낫다 = had better 동사원형
(   ) ☞ ~했을지도 모른다
(   ) ☞ ~했어야 했는데
(   ) ☞ 격일로, 하루 걸러서
(   ) ☞ (과거의 습관) ~하곤 했다, (과거의 상태)
(   ) ☞ ~했을 리가 없다
(   ) ☞ ~할 필요가 없다

Unit 16 : 조동사   231

영어 사냥 실전 16   ☞ 지시대로 풀고 뒷장에 정답을 확인하세요

♥ 다음 문장을 해석하세요.

1. **Shall I put these books over here?**
해석☞

2. **He must have been a clever boy.**
해석☞

3. **She will leave all the lights on in the house when she goes out.**
해석☞

4. **The top won't come off.**
해석☞

5. **You may feel lonely, angry, or afraid.**
해석☞

6. **My dad used to watch TV all day long on weekends.**
해석☞

♥ 우리말에 맞게 주어진 단어들을 배열하여 문장을 완성하세요. (조건: 주어진 단어를 한 번씩 모두 사용하고, 필요하면 어형을 변형하거나 추가하세요.)

7. 당신의 친절함에 아무리 많이 감사해도 지나치지 않아요.
   (appreciate, much, can, not, kindness, your, too, I)

   ☞ _____ .

8. 이 지역에는 과거에 세 개의 영화관이 있었다.
   (be, three movie theaters, area, use to, this, in, there)

   ☞ _____ .

9. 그녀의 결정이 무엇을 의미하는지를 그녀가 이해하는 것이 중요하다.
   (should, she, it, important, is, that, what, understand, her, decision means)

   ☞ _____ .

영어 사냥 실전 16 (정답)   ☞ 우리말 ↔ 영어로 번역하세요

1. 해석☞ 제가 이 책들을 여기에 둘까요?

☞

2. 해석☞ 그는 영리한 소년이었음에 틀림없다.

☞

3. 해석☞ 그녀는 외출할 때, 집 안에 있는 모든 전등을 켜두곤 한다.

☞

4. 해석☞ 뚜껑이 열리지 않는다.

☞

5. 해석☞ 너는 외롭거나, 화나거나, 두렵게 느낄지도 모른다.

☞

6. 해석☞ 나의 아빠는 주말마다 하루 종일 **TV**를 보곤 했다.

☞

7. I cannot appreciate your kindness too much.

☞

8. There used to be three movie theaters in this area.

☞

9. It is important that she should understand what her decision means.

☞

영어 사냥 통역 16 ☞ 입으로 직접 소리 내어 말하기 훈련^^*

♥ 우리말을 영어로 입으로 소리 내어 가며 연필로 옮기세요.

나는 너의 꿈이 실현되기를 희망한다.
☞ _____

제가 사진을 찍어도 되나요?// 예, 그래도 돼요// 아니요, 안 돼요.
☞ _____

너는 테이블을 매우 조심스럽게 닦아야 한다.
☞ _____

나는 네가 선글라스를 가져와야 한다고 생각한다.
☞ _____

사실, 우리는 그것 중 어느 것도 사용할 필요가 없었다.
☞ _____

우리는 다음 주에 휴가 중에 있을 것이다.
☞ _____

우리 어디에서 만날까요?
☞ _____

나는 우리가 지하철을 타야한다고 제안한다.
☞ _____

아기는 태어난 직후에 엄마의 목소리를 알아보는 경향이 있다.
☞ _____

제가 당신에게 말한 대로 해 주세요.
☞ _____

영어 사냥 통역 16 　　　☞ 우리말 ↔ 영어로 번역하세요

♥ 우리말을 영어로 소리 내어 옮기세요.

네가 그렇게 생각하는 것도 당연하다.
☞ _____

그밖에 아무도 그것을 원하지 않으면, 그녀에게 그것을 주는 게 낫다.
☞ _____

그녀는 잠들었을지도 모른다.
☞ _____

그는 나의 자전거를 가져가기 전에 나에게 물었어야 했다.
☞ _____

Chan은 그의 부모님을 격일로 방문하곤 했다.
☞ _____

Chan은 화가 날 때마다, 그는 방에서 나가버리곤 했다.
☞ _____

내가 거기에 가는 것은 필요하지 않다.
☞ _____

그는 거짓말을 말했을 리가 없다.
☞ _____

그가 그러한 것을 말하다니 나는 놀랐다.
☞ _____

우리는 서두를 필요가 없다.
☞ _____

Unit 16 : 조동사　235

Unit 17

수동태

사냥터 에피소드 17 ☞ 가볍게 읽고 살짝만 생각하기 ^^*

사냥꾼 공부도 안 하면서 좋은 점수 받기를 원해? 완전 도둑 심보지!
사냥꾼 이 휴지 받고 후련하게 펑펑 울어! 지금 우는 게 낫지. 수능 날 울게 되면 그때는 내가 주는 화장지가 무슨 위로가 되겠니?

(사냥꾼 독백) 심하게 타박하지 않고, 울리지도 않고... 영어 고민을 함께할 방법이 분명 있었을 텐데... 하~

사냥꾼 강의 17　　☞ 꼼꼼하게 읽고 깊이 생각하기

　　수동태란 "능동태의 목적어를 주어로 하여 의미 변화 없이 다시 쓴 문장"이라고 했어요. 이 말을 풀어서 쓰면, 목적어가 있는 3형식, 4형식, 5형식 문장을 수동태로 바꿀 수 있다는 의미예요. 1형식, 2형식 문장은 목적어가 없어서 수동태로 못 바꿔요.

　　그리고 4형식 문장은 간접목적어, 직접목적어, 이렇게 목적어가 두 개니까 직접목적어를 주어로 하거나, 간접목적어를 주어로 하여 수동태 문장을 만들 수 있어요. 그리고 5형식 문장을 수동태로 만들 때는 목적격보어를 주어로 해서 수동태를 만드는 실수를 하면 안 돼요. 간혹 그런 학습자들이 있어요.

　　수동태의 시제　수동태는 9가지 형태로 나타나요. 수동태현재는 'am(are, is) + p.p', 수동태과거는 'was(were) + p.p', 수동태미래는 'will be p.p', 수동태현재진행은 'am(are, is) + being p.p', 수동태과거진행은 'was(were) + being p.p', 수동태미래진행은 'will be being p.p', 수동태현재완료는 'have(has) been p.p', 수동태과거완료는 'had been p.p', 수동태미래완료는 'will have been p.p'의 형태로 나타나요.

　　수동태를 자주 쓰는 경우　특별한 경우를 제외하고는 수동태를 쓰지 않는 것이 좋아요. 행위자를 모르거나 행위자가 당연하거나 중요하지 않을 때, 사고나 재앙, 실험의 경우에서 결과가 원인보다 중요할 때, 그리고 능동태 문장의 주어가 너무 길 때 수동태 문장이 많이 사용돼요.

　　have[get] 목적어 p.p　'have(get) + 목적어 + p.p'의 형태로 자주 쓰여요. 해석은 "목적어가 ~되게 하다"로 해요. 이때 주어에 손해가 있을 경우는 "목적어를 ~당하다"라고 해석해요.

수동태가 나타내는 것 수동태는 동작을 나타낼 때도 있고, 상태를 나타낼 때도 있어요. 문맥을 보고 잘 판단하여 해석하면 돼요.

주의해야 할 수동태 수동태와 관련하여 몇 가지 주의할 점이 있어요.
첫째, 능동태를 수동태로 바꿀 때, 'by 행위자'가 막연한 일반인일 경우에 'by 행위자'는 생략해요. 둘째, 숙어가 있는 능동태 문장은 수동태로 바꿀 때, 숙어는 그대로 따라가요. 셋째, 조동사가 쓰인 능동태 문장을 수동태로 바꿀 때 조동사는 그대로 둬요.

넷째, 수동태로 바꿀 때 능동태의 주어에 by를 붙여서 문장의 끝부분으로 가져가는데, 이때 항상 by만 사용하는 것은 아니에요. 다른 전치사가 쓰일 때도 있어요. 이때는 그냥 숙어처럼 암기해요. 다섯째, 수동태에서 be동사 대신 get, become, grow를 쓰면 수동의 동작이 강조돼요. 여섯째, 원형부정사가 쓰인 문장을 수동태로 만들 때는 원형부정사를 to부정사로 바꿔줘요.

일곱 번째, 능동태의 목적어가 that절일 때는 'it'을 도입하여 'It is p.p that절' 형태로 수동태를 만들거나, that절의 주어를 수동태의 주어로 끌고 나와서 'that절의 주어 be p.p to V' 형태로 만들어요. 여덟 번째, 4형식 문장은 목적어가 두 개이기 때문에 원칙적으로 수동태도 두 가지로 만들 수 있어요. 하지만, 동사가 make, write, sing, send, pass, buy 등의 경우에는 직접목적어만을 주어로 하여 수동태를 만들어요. 간접목적어를 주어로 하여 수동태로 만들면 어색하거든요.

마지막으로, 형태는 능동태 문장이지만 의미는 수동인 경우가 있어요. 수동태는 이 정도로 정리가 돼요.^^

사냥꾼 요약 17   ☞ 사냥꾼 강의를 참고하여 빈칸을 채워보세요

수동태가 나타내는 것 : ( ) or ( )

● 수동태를 많이 사용하는 경우

①	( )를 모르거나 행위자가 당연하거나 중요하지 않을 때
②	사고나 재앙, 실험의 경우에서 ( )가 원인보다 중요할 때
③	능동태의 ( )가 너무 길 때

수동태의 시제	수동태의 형태
수동태현재	( ) + p.p
수동태과거	( ) + p.p
수동태미래	( ) + p.p
수동태현재진행	( ) + ( ) + p.p
수동태과거진행	( ) + ( ) + p.p
수동태미래진행	will be being + p.p(실제로는 거의 안 쓰임)
수동태현재완료	( ) + p.p
수동태과거완료	( ) + p.p
수동태미래완료	( ) + p.p

Unit 17 : 수동태

사냥꾼 요약 17

☞ 사냥꾼 강의를 참고하여 숙지하세요

● 주의해야 할 수동태

①	by 행위자가 막연한 일반인일 때는 by 행위자를 생략한다.
②	숙어는 따라다닌다.
③	조동사는 그대로 둔다.
④	by 이외의 전치사를 쓸 때도 있다.(숙어처럼 암기)
⑤	be동사 대신 get, become, grow를 쓰면 수동의 동작을 강조한다.
⑥	원형부정사가 쓰인 문장을 수동태로 할 때는 원형부정사를 to부정사로 바꿔준다.
⑦	목적어가 that절일 때는 두 가지 형태로 만들 수 있다. "It is p.p that 주어 동사" or "that절 주어 be p.p to V"
⑧	4형식 문장은 원칙적으로 두 가지 수동태 문장을 만들 수 있지만, 동사가 make, write, sing, send, pass, buy 등일 때는 직접목적어만을 주어로 하여 수동태를 만든다.
⑨	형태는 능동이지만 의미는 수동인 경우가 있다.

● have[get] 목적어 p.p

목적어가 ~되게 하다, 목적어를 ~당하다(주어에 손해가 있을 때)

영어 사냥 과제 17   ☞ 완벽하게 암기해서 빈칸을 채우세요

수동태가 나타내는 것 : ( ) or ( )

● 수동태를 많이 사용하는 경우

①	( )를 모르거나 행위자가 당연하거나 중요하지 않을 때
②	사고나 재앙, 실험의 경우에서 ( )가 원인보다 중요할 때
③	능동태의 ( )가 너무 길 때

수동태의 시제	수동태의 형태
수동태현재	( ) + p.p
수동태과거	( ) + p.p
수동태미래	( ) + p.p
수동태현재진행	( ) + ( ) + p.p
수동태과거진행	( ) + ( ) + p.p
수동태미래진행	will be being + p.p (실제로는 거의 안 쓰임)
수동태현재완료	( ) + p.p
수동태과거완료	( ) + p.p
수동태미래완료	( ) + p.p

영어 사냥 과제 17 ☞ 완벽하게 암기해서 빈칸을 채우세요

● 주의해야 할 수동태

①	by 행위자가 막연한 일반인일 때는 (　　　　　)를 생략한다.
②	(　　　　　　)는 따라다닌다.
③	(　　　　　) 그대로 둔다.
④	by 이외의 전치사를 쓸 때도 있다.(숙어처럼 암기)
⑤	be동사 대신 get, become, grow를 쓰면 수동의 동작을 강조한다.
⑥	원형부정사가 쓰인 문장을 수동태로 할 때는 원형부정사를 (　　　　　)로 바꿔준다.
⑦	목적어가 that절 일 때는 두 가지 형태로 만들 수 있다. "(　　　　　)" or "that절 주어 (　　　　　)"
⑧	4형식 문장은 원칙적으로 두 가지 수동태 문장을 만들 수 있지만, 동사가 make, write, sing, send, pass, buy 등일 때는 (　　　　　)만을 주어로 하여 수동태를 만든다.
⑨	형태는 능동이지만 의미는 수동인 경우가 있다.

● have[get] 목적어 p.p

목적어가 ~되게 하다, 목적어를 ~당하다(주어에 손해가 있을 때)

영어 사냥 시범 17 화살 ☞ 즐기면서 신나게 암기하기 ^^*

island 섬
invade 침입하다, 침범하다
millions of ~ 수백만의 ~
uniform 유니폼, 제복
piggy bank 돼지 저금통
call off 취소하다
without ~없이, ~이 없다면, ~이 없었다면
be interested in ~에 흥미가 있다
take care of ~을 돌보다
handle 다루다
with care 조심스럽게, 주의 깊게
country 나라, 국가, 시골
whole 전체의
destroy 파괴하다
be surprised at ~에 놀라다
drive 운전 / 운전하다
grow tired 피곤해지다
expect 기대하다
end 끝나다
strike 파업
cut - cut - cut 자르다
have - had - had (사역동사) ~하게 하다, 시키다
passport 여권
steal - stole - stolen 훔치다

영어 사냥 시범 17 ☞ 우리말 순서로 해석하여 연필로 쓰기 ^^

This island /is invaded /by millions of insects.
이 섬은/ 침범된다/ 수백만 마리의 곤충들에 의해

해석 ☞

동사는 is invaded, 시제는 수동태현재예요. 수동태의 주어를 다시 목적어 자리로 되돌리고, 수동태의 'by 행위자' 부분을 다시 능동태의 주어 자리로 되돌려서 능동태로 바꿔보면, "Millions of insects invade this island."가 돼요.

The new uniform /will be loved /by everyone.
그 새로운 유니폼은/ 사랑받을 것이다/ 모든 사람들에 의해

해석 ☞

동사는 will be loved, 시제는 수동태미래예요. 수동태 문장의 의미가 쉽게 머리에 안 들어올 때는 능동태로 바꿔놓고 생각하면 의미가 이해되는 수가 많아요. 능동태로 바꿔보면, "Everyone will love the new uniform."이 돼요.

Your children /will be given /piggy banks.
당신의 아이들은/ 주어질 것이다/ 돼지 저금통이

해석 ☞

동사 부분은 will be given, 수동태미래예요. 능동태 문장으로 바꾸려면 생략한 'by 행위자'를 찾아내야 해요. They로 살려내 볼까요? "They will give your children piggy banks."가 돼요. 4형식 문장이에요. 이걸 3형식으로 바꿔보면, "They will give piggy banks to your children."이 돼요. 이걸 다시 수동태로 하면, "Piggy banks will be given to your children."이 돼요.

> **Please tell /Sua /that the meeting /was called off.**
> 말해주세요/ 수아에게/ 그 모임이/ 취소되었다는 것을
>
> 해석 ☞

동사는 tell, 동사원형이 문장의 맨 앞에 오면 명령문이에요. that절의 동사는 was called off, 수동태과거예요. 'call off'는 "취소하다"라는 숙어예요. 숙어는 수동태로 만들 때 따라다녀요.

> **He was born /without a left leg.**
> 그는 태어났다/ 왼쪽 다리 없이
>
> 해석 ☞

동사는 was born, 시제는 수동태과거예요. 'by 행위자'가 생략되었어요. 너무나 당연한 경우에 생략될 수 있어요.

> **I'm interested /in taking care of animals.**
> 나는 흥미가 있다/ 동물들을 돌보는 것에
>
> 해석 ☞

수동태에서 'by 행위자' 부분에 by 대신 다른 전치사를 쓸 때가 있어요. 이럴 때는 숙어처럼 암기해서 사용해요. 'be interested in~'은 "~에 흥미가 있다"라는 뜻이에요.

> **These boxes /should be handled /with care.**
> 이 상자들은/ 다뤄져야 한다/ 조심스럽게
>
> 해석 ☞

조동사가 있는 문장을 수동태로 만들 때는 조동사는 그대로 둬요. 'should be handled'는 "다루어져야 한다"는 뜻이에요.

His house /is painted /every three years.
그의 집은/ 페인트 칠해진다/ 3년마다

해석 ☞

동사는 is painted, 시제는 '수동태현재'예요. 수동태는 동작이나 상태를 나타내요. 여기서는 '동작'을 나타내요.

English is spoken /in many countries.
영어는 말해진다/ 많은 국가에서

해석 ☞

동사는 is spoken, 시제는 수동태현재예요. 'by 행위자'가 생략되어 있어요. 막연한 일반일 경우에 'by 행위자'는 생략해요. 능동태로 바꿔서 "사람들이 많은 국가에서 영어를 말한다."로 생각해 볼 수 있어요. 수동태는 능동태로 바꿔서 이해하면 의미가 쏙쏙 들어와요.

He must be taken good care of.

해석 ☞

조동사 must가 들어가 있는 수동태 문장이에요. 'take care of~'는 "~을 돌보다"라는 숙어예요. 숙어 부분이 수동태로 바뀔 때는 한 몸이 돼서 다 따라가야 해요.

The whole building /was destroyed /in the fire.
전 건물이/ 파괴되었다/ 그 화재에서

해석 ☞

동사는 was destroyed, 시제는 수동태과거예요. by 행위자는 그다지 중요하지 않아서 생략되었어요.

> **I was surprised /at the news.**
> 나는 놀랐다/ 그 소식에
>
> 해석 ☞

'be surprised at ~'은 숙어처럼 암기해서 사용하세요. "~에 놀라다"라는 뜻이에요.

> **I grew tired /after a long drive.**
> 나는 피곤해졌다/ 긴 운전 후에
>
> 해석 ☞

동사는 grew tired, 시제는 과거예요. 수동태에서 be동사 대신에 get, become, grow를 쓰면 수동의 동작이 강조된다고 보면 돼요. 이런 동사들은 수동의 의미, "~해지다"라는 뜻을 내포하고 있기 때문이에요. 전치사 after는 '원인'을 나타내는 것으로 보면 돼요. 풀어서 우리말답게 할 때는 "오래 운전을 해서" 정도의 뉘앙스를 느끼면 되겠어요.

> **It is expected /that the strike will end /soon.**
> 예상된다/ 그 파업은 끝날 것이라는 것이/ 곧
>
> 해석 ☞

동사는 is expected, 시제는 수동태현재예요. it는 가주어, that절이 진주어예요. 판에 박힌 수동 표현이에요. 이런 형식의 수동 표현은 that절 안의 주어를 문장의 주어로 내세워, to부정사를 이용한 수동태로 만들어 볼 수 있어요. to부정사를 이용할 때는 to부정사의 시제에 조심해야 해요.
즉, 다음과 같이 수동태 문장을 다시 만들어 볼 수도 있어요. "The strike is expected to end soon."(파업이 곧 끝날 것으로 예상된다.)

This book /sells /well.
이 책은/ 팔린다/ 잘

해석 ☞

동사는 sells, 시제는 현재예요. 형태는 능동태이지만 의미는 수동이에요. sell이 자동사로 "팔리다"라는 뜻이거든요.

I had /my hair /cut.
나는 시켰다/ 내 머리가/ 잘리게

해석 ☞

동사는 had, 시제는 과거예요. 'have'가 사역동사, "~하게 하다"의 뜻으로 쓰일 때 목적어 다음에 목적격 보어 자리에 to부정사를 쓰면 안 되고, 원형부정사(동사원형)를 써야 하는데, 이때는 목적어와 목적격보어가 능동 관계예요. 수동 관계에 있을 때는 과거분사(p.p)를 써줘요. 그래서 'have 목적어 p.p' 형식이 돼요. "목적어가 ~되게 하다"라는 뜻이에요. 'have my hair cut'에서 cut은 과거분사 cut이에요. '자르다'의 수동은 '잘라지다'예요. 그래서 "내 머리가 잘리게 하다"라는 기본적인 해석이 나와요.

I had /my passport /stolen.
나는 당했다/ 나의 여권이/ 훔쳐지는 상태를

해석 ☞

동사는 had, 시제는 과거예요. 'have 목적어 p.p' 구조에서 주어에게 손해가 있으면, "목적어를 ~당하다"로 해석하면 돼요.

영어 사냥 실전 17 화살 ☞ 즐기면서 신나게 암기하기 ^^*

soccer 축구
cut down 베다
reward 보상하다
ability 능력
break into 침입하다
resign 사임하다
overhear 엿듣다
treat 치료하다
repair 수리하다
roof 지붕

영어 사냥 화살 복습 ☞ ( ) 안에 영어 단어를 쓰세요. (정답은 앞장에)

( ) ☞ ~해도 좋다, ~일지도 모른다
( ) ☞ ~해야 한다
( ) ☞ 사실
( ) ☞ 우리 ~할까요?
( ) ☞ 제안하다, 시사하다, 암시하다
( ) ☞ (특별용법) 주어의 고집, 거절, 현재의 습관, 경향, 습성, 부드러운 명령 등을 나타냄
( ) ☞ 알아보다, 인지하다
( ) ☞ ~직후에
( ) ☞ ~대로, ~하듯이, ~할 때,~이기 때문에
( ) ☞ 그렇게 생각하다
( ) ☞ ~할 때마다
( ) ☞ ~에서 밖으로
( ) ☞ 놀라게 하다 / 놀라움, 깜짝 놀라게 하기,
(=) ☞ ~할 필요가 없다

Unit 17 : 수동태

영어 사냥 실전 17 ☞ 지시대로 풀고 뒷장에서 정답 확인하세요

♥ 다음 문장의 태를 전환하고, 능동태 문장을 해석하세요.

1. This letter was written by an eight-year-old boy.
전환☞
해석☞

2. My little brother was given a soccer ball by my father.
전환☞
해석☞

3. People cut down a lot of trees last year.
전환☞
해석☞

4. You will be rewarded for your ability to write English.
전환☞ They
해석☞

5. They broke into her office when she was on holiday.
전환☞
해석☞

♥ 우리말에 맞게 주어진 단어들을 배열하여 문장을 완성하세요. (조건: 주어진 단어를 한 번씩 모두 사용하고, 필요하면 어형을 변형하거나 추가하세요.)

6. Chan이 사임하기를 바란다고 그가 말하는 것이 엿들어졌다.
   (Chan would resign, he, overhear, say, be, that, he, hoped)
☞ _____.

7. 그녀는 병원에서 치료받고 있다.(수동태현재진행)
   (treat, she, be, in hospital, be)
☞ _____.

8. 그는 3일 전에 그의 가게의 지붕을 수리했다(남에게 시켜서)
   (repair, he, the roof of his store, three days ago, have)
☞ _____.

영어 사냥 실전 17 (정답) ☞ 우리말 ↔ 영어로 번역하세요

1. 전환☞ An eight-year-old boy wrote this letter.
해석☞ 여덟 살짜리 소년이 이 편지를 썼다.

☞

2. 전환☞ My father gave my little brother a soccer ball.
해석☞ 나의 아버지는 나의 어린 남동생에게 축구공을 줬다.

☞

3. 전환☞ A lot of trees were cut down last year.
해석☞ 작년에 사람들이 나무를 많이 베었다.

☞

4. 전환☞ They will reward you for your ability to write English.
해석☞ 그들은 너의 영어를 쓰는 능력에 대해 너에게 보상해줄 것이다.

☞

5. 전환☞ Her office was broken into when she was on holiday.
해석☞ 그들은 그녀가 휴가 중일 때 그녀의 사무실에 침입했다.

☞

6. He was overheard to say that he hoped Chan would resign.

☞

7. She is being treated in hospital.

☞

8. He had the roof of his store repaired three days ago.

☞

영어 사냥 통역 17 ☞ 입으로 직접 소리 내어 말하기 훈련^^*

♥ 우리말을 영어로 입으로 소리 내어 가며 연필로 옮기세요.

이 섬은 수백만 마리의 곤충들에 의해 침범된다.
☞ _____

그 새로운 유니폼은 모든 사람에 의해 사랑받을 것이다.
☞ _____

당신의 아이들은 돼지 저금통이 주어질 것이다.
☞ _____

수아에게 그 모임이 취소되었다는 것을 말해주세요.
☞ _____

그는 왼쪽 다리 없이 태어났다.
☞ _____

나는 동물들을 돌보는 것에 흥미가 있다.
☞ _____

이 상자들은 조심스럽게 다뤄져야 한다.
☞ _____

그의 집은 3년마다 페인트칠해진다.
☞ _____

영어는 많은 국가에서 말해진다.
☞ _____

> **영어 사냥 통역 17**　　　☞ 입으로 직접 소리 내어 말하기 훈련^^*

♥ 우리말을 영어로 소리 내어 옮기세요.

그는 잘 돌봐져야 한다.
☞ _____

전 건물이 그 화재에서 파괴되었다.
☞ _____

나는 그 소식에 놀랐다.
☞ _____

나는 긴 운전 후에 피곤해졌다.
☞ _____

그 파업은 곧 끝날 것으로 예상된다.
☞ _____

이 책은 잘 팔린다.
☞ _____

나는 내 머리가 잘라지게 시켰다.(이발했다는 의미)
☞ _____

나는 나의 여권이 훔쳐지는 상태를 당했다.(여권을 도난당했다)
☞ _____

물 한 잔
☞ _____

Unit 17 : 수동태

Unit 18   명사

사냥터 에피소드 18   ☞ 가볍게 읽고 살짝만 생각하기 ^^*

사냥꾼 밀현아! 저번 시간도 불합격, 오늘도 불합격. 솔직히 말해봐. 단어 암기분량이 많니?

밀 현 아니에요. 죄송합니다. 다음 시간엔 꼭 합격할게요.

사냥꾼 늘 하는 얘기지만 수업에 닥쳐서 암기하려고 하지 말고, 매일 매일 조금씩 암기하는 습관을 들여! 단어 암기는 책상 앞에서만 하는 게 아니야... 암기가 잘 안 되면, 항상 종이 쪼가리에 암기할 단어들을 적어서 주머니에 넣고 다녀! 화장실에서, 교실에서, 버스 정류장에서 언제든지 꺼내볼 수 있도록 종이쪼가리에 한 번 옮겨 적는 수고를 하라고!

사냥꾼 강의 18 ☞ 꼼꼼하게 읽고 깊이 생각하기

명사 사람이나 사물의 이름, 개념, 정의 등을 나타내는 단어라고 했어요. 명사는 셀 수 있는 명사(가산명사)와 셀 수 없는 명사(불가산명사)로 분류해요. 더 세분하면 보통명사, 집합명사, 물질명사, 추상명사, 고유명사, 이렇게 나누기도 해요. 영어학습자들이 명사를 공부하다가 "뭐가 그리 복잡해?" 그러면서 여기서 포기를 많이 해요. 그러려니 하는 마음가짐이 중요해요. 보통명사는 그냥 보통명사예요(학생, 우산, 연필 등). 집합명사는 집합으로 이루어진 것, 안에 구성원이 있는 것이에요(가족, 교수단, 학급, 위원회 등). 물질명사는 말 그대로 물질을 나타내는 것이에요(물, 유리, 돌, 우유 등). 추상명사는 개념이나, 정의 같은 추상적인 것들이에요(우정, 사랑, 용기, 성공, 젊음 등).

가산명사 가산명사는 하나이면 단수, 여럿이면 복수라고 말해요. 가산명사가 단수로 쓰일 때는 앞에 'a'나 'an'을 붙이고, 복수로 쓰일 때는 뒤에 '-s'나 '-es'를 붙여서 써요. 예를 들어, 책 한 권이면 'a book', 두 권이면 'two books', 이런 식이죠. 셀 수 있느냐 없느냐를 우리가 결정하는 것은 아니고요, 이미 정해져 있어요. 혹시 우리 생각이랑 잘 안 맞아도 영어가 모국어인 사람들의 생각을 따라가야 해요.

불가산명사 불가산명사는 원칙적으로 앞에 'a'나 'an'을 붙이거나 뒤에 '-s'나 '-es'를 붙일 수 있어요. 하지만 불가산명사라도 보통명사화하여 앞에 'a'나 'an'을 붙이거나 뒤에 '-s'나 '-es'를 붙여서 쓸 수 있어요. 영어학습자 입장에서는 짜증나는 부분이에요. 그러려니 하고 넘어가는 자세가 필요해요.

불가산명사 세는 법 셀 수 없는 명사를 하나, 둘, 셋 세고 싶을 때가 있어요. 그럴 땐, 'a piece of ~', 'a cup of ~', 'a slice of ~', 'two pieces of ~', 'three cups of ~', 'four slices of ~' 등과 같이 셀 수 있는 어떤 단위들을 이용해서 세요.

명사의 변신 명사는 한 편으로 붙임성이 좋아서 다른 단어와 결합하면 살짝 모습을 바꾸는 경우가 있어요. 크게 바뀌는 것은 아니라서 문맥으로 알아볼 수 있어요. 'of 추상명사 = 형용사', 'with 추상명사 = 부사', 'all 추상명사 = 추상명사 itself = very 형용사', 'the 보통명사 = 추상명사'가 있어요. 그냥 한 번 짚고만 넘어가요.

명사의 소유격 만들기 인간과 동물의 경우에는 "명사 뒤에 ''s'를 붙여서, 사물의 경우는 'of(~의)'를 도입하여, 그리고 합성어는 맨 끝 단어에 ''s'를 붙여서 소유격을 만드는 것이 원칙이에요.

명사의 성 영어의 언어 습관상 남녀를 구분할 수 없을 때는 보통 남성대명사로 받아왔어요. 그런데 요즘은 모두 포함하는 개념으로 바뀌고 있어요. 애완동물을 사람 취급해서 관계대명사 who로 받기도 해요. child나 baby는 성별이 구별이 안 될 때는 it으로 받고 관계대명사는 which로 받을 수도 있어요. 선박은 여성으로 받아줘요. 그리고 국가는 여성으로 받거나 it으로 받아요. 무생물을 의인화해서 쓸 때 강렬하고 웅장한 것은 남성으로, 우아하고 온화한 것은 여성으로 받아줘요.

단수 취급하는 복수형 명사 형태는 복수형이지만 단수 취급하는 명사들이 있어요. 학문 이름, 질병 이름, 게임 이름 등이 그래요. 예를 들면, mathematics(수학), physics(물리학), measles(홍역), billiards(당구), darts(다트, 화살 던지기), news(뉴스, 소식) 등이 있어요.

유형을 나타내는 명사(kind, sort, type) kind, sort, type이 단수로 쓰이면 그 뒤의 명사도 단수, kind, sort, type이 복수로 쓰이면 그 뒤의 명사도 복수가 원칙이에요.

숫자 기수는 "하나, 둘, 셋, 넷, 십, 백, 천, 만" 이런 식으로 나가는 것을 가리켜요. 순서 개념이 없을 때 써요. 서수는 "첫째, 둘째, 셋째, 백 번째" 이런 식으로 나가는 거예요. 순서 개념이 있을 때 써요. 기수(one, two, three, four, hundred, thousand, million, billion 등) 끝에 '-th'를 붙이면 서수(first, second, third, hundredth, thousandth 등)가 돼요. 불규칙한 것은 따로 암기해요.

스펠링에 주의해야 할 서수 first(첫 번째), second(두 번째), third(세 번째), fifth(다섯 번째) ninth(아홉 번째), twelfth(열두 번째), twentieth(스무 번째), fortieth(40번째), ninetieth(90번째) 등은 스펠에 주의하세요.

수 바로 뒤에 명사가 따라올 때는 two **dozen** eggs, three **hundred** books 처럼 단수로 쓰고, 막연한 다수를 의미할 때는 dozens of ~, hundreds of ~, thousands of ~ 등으로 써요. dozen(12), score(20), hundred(백), thousand(천), million(백만), billion(십억) 등이 있어요.

연월일 표기와 읽기 연도는 보통 두 자리씩 끊어서 읽어요.

October 27th(,) 2017 October 27(,) 2017 27th October(,) 2017	(미식) October twenty seventh twenty seventeen. (영식) October the twenty seventh, twenty seventeen 또는 the twenty seventh (day) of October, twenty seventeen이라고 읽어요.

사냥꾼 요약 18   ☞ 사냥꾼 강의를 참고하여 빈칸을 채워보세요

가산명사(셀 수 있는 명사)	( ), ( )
불가산명사(셀 수 없는 명사)	( ), ( ), ( )

가산명사	바나나, 학생, 우산, 사건 / 가족, 학급, 위원회
	단수일 때 앞에 a(an)를 붙여서 씀. 끝에 -s(-es)를 붙여서 복수형으로 만듦.
불가산명사	쌀, 음악, 돈, 물 / 중요성, 지식 / 한국, 현아
	원칙적으로 앞에 a, an을 붙이지 못하고 항상 ( ) 취급
	보통명사화하여 a, an을 붙이거나 복수로 만들어 쓸 수도 있다.

불가산명사 세는 법	'a piece of ~, a cup of ~, a slice of ~, two pieces of ~, three cups of ~, four slices of ~' 등을 이용
명사의 변신	'of 추상명사 = 형용사', 'with 추상명사 = 부사', 'all 추상명사 = 추상명사 itself = very 형용사', 'the ( ) = 추상명사'
소유격 만들기	인간과 동물에는 "'s"를 붙이고, 사물의 경우는 ( )를 도입, 합성어는 맨 ( ) 단어에 "'s"를 붙임
kind, sort, type	이것들이 단수이면 그 뒤의 명사도 ( ), ( )이면 그 뒤의 명사도 복수가 원칙

사냥꾼 요약 18 ☞ 사냥꾼 강의를 참고하여 빈칸을 채워보세요

명사의 성	애완동물은 관계대명사를 who로 받기도 함
	남녀를 구분할 수 없을 때 - 남성대명사로 (남녀를 모두 포함하는 개념으로 바뀌는 중)
	child, baby는 it으로 받고, 관계대명사는 which로 받을 수도 있음
	선박은 ( )으로,
	국가는 it이나 여성으로
	의인화 - 강열, 웅장은 ( )으로, 우아, 온화는 ( )으로 받음.
복수형이지만 단수취급	학문 이름, 병명, 게임 이름 등 mathematics(수학), physics(물리학), measles(홍역), billiards(당구), darts(다트), news(뉴스, 소식) 등
숫자	기수(순서 개념 없음) - one, two, three, four... hundred, thousand, million, billion 등
	서수(순서 개념 있음) - first, second, third, hundredth, thousandth 등
	스펠링 주의(first, second, third, fifth, ninth, twelfth, twentieth fortieth, ninetieth 등)
	dozen, score, hundred, thousand, million 이런 수 바로 뒤에 명사가 따라올 때 - 단수로(two dozen eggs) 막연한 다수를 의미할 때 - 복수로(hundreds of ~, thousands of ~)
연월일 표기와 읽기	October 27th(,) 2017; October 27(,) 2017; 27th October(,) 2017
	(미)October twenty seventh twenty seventeen
	(영)October the twenty seventh, twenty seventeen 또는 the twenty seventh (day) of October, twenty seventeen

Unit 18 : 명사

영어 사냥 과제 18 ☞ 완벽하게 암기해서 빈칸을 채우세요

가산명사(셀 수 있는 명사)	( ), ( )
불가산명사(셀 수 없는 명사)	( ), ( ), ( )

가산명사	바나나, 학생, 우산, 사건 / 가족, 학급, 위원회
	단수일 때 앞에 a(an)를 붙여서 씀. 끝에 -s(-es)를 붙여서 복수형으로 만듦.
불가산명사	쌀, 음악, 돈, 물 / 중요성, 지식 / 한국, 현아
	원칙적으로 앞에 a, an을 붙이지 못하고 항상 ( ) 취급
	보통명사화하여 a, an을 붙이거나 복수로 만들어 쓸 수도 있다.

불가산명사 세는 법	'a piece of ~, a cup of ~, a slice of ~, two pieces of ~, three cups of ~, four slices of ~' 등을 이용
명사의 변신	'of 추상명사 = 형용사', 'with 추상명사 = 부사', 'all 추상명사 = 추상명사 itself = very 형용사', 'the 보통명사 = 추상명사'
소유격 만들기	인간과 동물에는 "'s"를 붙이고, 사물의 경우는 ( ) 를 도입, 합성어는 맨 ( ) 단어에 "'s"를 붙임
kind, sort, type	이것들이 단수이면 그 뒤의 명사도 ( ), ( ) 이면 그 뒤의 명사도 복수가 원칙

명사의 성	애완동물은 관계대명사를 who로 받기도 함
	남녀를 구분할 수 없을 때 - 남성대명사로 (남녀를 모두 포함하는 개념으로 바뀌는 중)
	child, baby는 it으로 받고, 관계대명사는 which로 받을 수도 있음
	선박은 여성으로,
	국가는 it이나 여성으로
	의인화 - 강열, 웅장은 (　　　)으로, 우아, 온화는 (　　　)으로 받음.
복수형이지만 단수취급	(　　　　)이름, (　　　　)명, 게임 이름 등 mathematics(수학), physics(물리학), measles(홍역), billiards(당구), darts(다트), news(뉴스, 소식) 등
숫자	기수(순서 개념 없음) - one, two, three, four... hundred, thousand, million, billion 등
	서수(순서 개념 있음) - first, second, third, hundredth, thousandth 등
	스펠링 주의(first, second, third, fifth, ninth, twelfth, twentieth fortieth, ninetieth 등)
	dozen, score, hundred, thousand, million 이런 수 바로 뒤에 명사가 따라올 때 - (　　　　)로(two dozen eggs) 막연한 다수를 의미할 때 - (　　　　)로(hundreds of ~, thousands of ~)
연월일 표기와 읽기	October 27th(,) 2017; October 27(,) 2017; 27th October(,) 2017
	(미)October twenty seventh twenty seventeen
	(영)October the twenty seventh, twenty seventeen 또는 the twenty seventh (day) of October, twenty seventeen

영어 사냥 시범 18 화살 　　☞ 즐기면서 신나게 암기하기 ^^*

freeze - froze - frozen 　얼다, 얼리다
fall - fell - fallen 　떨어지다
slice 　(음식을 얇게 썬) 조각 / (얇게) 썰다
fit 　발작, 경련, 격발, 욱하는 것
rage 　격렬한 분노, 격노
owner 　소유자
be proud of 　~을 자랑스러워하다
poet 　시인　　peace 　평화
liberty 　자유　　moon 　달
be tired of ~ 　~에 넌더리가 나(있)다
temper 　기질, 성질
thousands of ~ 　수천의 ~
attend 　참석하다　　concert 　음악회
courage 　용기　　kindness 　친절
the Middle East 　중동
seem 　~인 것 같다, ~처럼 보이다
encouraging 　용기를 북돋워주는, 고무적인
scissors 　가위
be used to V 　~하는 데 사용되다
various 　다양한　　thin 　얇은
material 　재료, 물질　　murderer 　살인자
teenager 　십 대　　two-thirds 　3분의 2
most of ~ 　대부분의 ~
spend - spent - spent 　소비하다, 쓰다
work 　작동하다　　behind 　~뒤에
inoculation 　예방접종

영어 사냥 시범 18   ☞ 우리말 순서로 해석하여 연필로 쓰기 ^^

Do you need /a book?
너는 필요로 하니/ 책을

해석 ☞

a book은 막연한 책을 가리켜요. 보통명사 book 앞에 부정관사 a를 붙여서 사용했어요.

Snow /is frozen water /that falls /from the sky.
눈은/ 언 물이다/ 떨어지는/ 하늘로부터

해석 ☞

물질명사 snow는 셀 수 없는 명사라서 단수 취급해줘요.

a slice of ham

해석 ☞

셀 수 없는 명사를 어떤 단위를 이용하여 셀 수 있어요. 불가산명사 ham을 slice라는 단위를 이용하여 셀 수 있어요.

a glass of water

해석 ☞

불가산 명사 water를 glass라는 단위를 이용하여 셀 수 있어요.

a fit of rage
해석 ☞

불가산 명사 rage를 fit라는 단위를 이용하여 셀 수 있어요.

the owner of this hotel
해석 ☞

사물의 소유격은 of를 이용하여 만드는 것이 원칙이에요.

England is proud of her poets.
해석 ☞

국가를 여성 취급하여 her를 사용했어요. 국가는 'it'으로 받아주기도 해요.

peace, moon, liberty 등
해석 ☞

무생물을 의인화할 때, 우아하고 온화한 느낌의 것들은 여성으로 취급해요. 강렬하고 웅장한 것들은 남성으로 취급해요.

We sell /all kinds of shoes.
우리는 판다/ 모든 종류의 신발들을
해석 ☞

"kind, sort, type(유형, 종류)"는 뒤의 명사(여기서는 shoes)가 복수이면 "kinds, sorts, types"가 원칙이에요.

He /is very tired of /that bad temper of hers.
그는/ 아주 넌더리가 나 있다/ 그녀의 그 나쁜 성질에

해석 ☞

"that her bad temper"라고 하려고 했으나, that은 소유격 her를 싫어해요. 그래서 이중 소유격 표현을 이용하여 "that bad temper of hers"로 바꿔서 썼어요. a, an, this, that, some, any, no, another 등이 소유격을 싫어하는 어구들이에요.

World War II = The Second World War = World War two

해석 ☞

2차 세계대전은 순서가 있다고도 볼 수 있고 없다고도 볼 수 있어서, 서수로 읽기도 하고 기수로 읽기도 해요.

Thousands of people /attended /the concert.
수천 명의 사람이/ 참석했다/ 그 콘서트에

해석 ☞

'thousands of ~'는 "수천의~"로 해석해요. attend는 타동사예요. 그래서 뒤에 바로 목적어가 나와요.

He is a man of courage.

해석 ☞

'of + 추상명사 = 형용사'라는 사항을 몰라도 언어적 감각으로 "용기의 사람"은 "용기 있는 사람"이라는 뜻으로 받아들일 수 있어요.

> **He is all kindness. = He is kindness itself. = He is very kind.**
> 해석 ☞

'all + 추상명사 = 추상명사 itself = very 형용사'라는 사항을 말하지 않고도, 언어적 감각으로 의미를 얻을 수 있어요.

> **The news from the Middle East /seems very encouraging.**
> 중동에서 온 그 소식은/ 매우 힘을 북돋워주는 것 같다.
> 해석 ☞

주어인 news는 형태는 복수지만 단수 취급해요. 그래서 동사 seem에 '-s'를 붙여서 주어와 동사를 일치시켰어요.

> **Scissors /are used /to cut /various thin materials.**
> 가위는/ 사용 된다/ 자르기 위해/ 다양한 얇은 재료들을
> 해석 ☞

주어 Scissors는 날이 두 개로 짝을 이루고 있죠, 이렇게 짝을 이루는 것들은 복수 취급해요. 그래서 동사를 is로 안 받고, are로 받아줬어요.

> **Ten years /is a short time /to the murderer.**
> 십 년(이라는 세월)은/ 짧은 시간이다/ 그 살인자에게
> 해석 ☞

주어 Ten years는 형태상으로는 복수이지만, "(십 년이라는) 세월"의 단일개념으로 봐서 단수로 취급하여 is로 받아줬어요.

Two-thirds of the boys /are teenagers.
그 소년들의 3분의 2는/ 십 대들이다.

해석 ☞

부분을 나타내는 표현들은 'of 다음에 오는 명사'에 동사를 일치시켜요. 부분을 나타내는 표현 중에서 대표적인 것이 분수 표현이에요. 여기서는 of 다음의 명사가 'the boys'로 복수니까 are로 받아줬어요.

Most of my time /is spent /in studying English.
대부분의 나의 시간은/ 쓰인다/ 영어를 공부하는 것에

해석 ☞

most of도 부분을 나타내는 표현 중의 하나예요. of 뒤의 어구 'my time'은 셀 수 없는 단수명사이므로 단수동사로 받아줘야 해요. 그래서 'are spent'가 아니라 'is spent'를 썼어요.

Tom's computer /isn't working.
탐의 컴퓨터는/ 작동하고 있지 않다.

해석 ☞

사람을 소유격으로 만들 땐, 'Tom's'처럼 ''s'를 그 뒤에 붙여주면 돼요.

How old /are Chris's children?
몇 살이니/ 크리스의 아이들은

해석 ☞

children은 child의 복수예요. 그래서 be동사는 are를 썼어요.

Someone has left /his pencil /behind him.
누군가가 남겨두었다/ 그의 연필을/ 그의 뒤에

해석 ☞

영어에서 남녀를 구분할 수 없을 때는 남성대명사로 받는 언어적 습관이 있어요. 그러나 요즘에는 언어적 습관을 남녀 모두 포괄하는 방식으로 개선해 가고 있어요.

This is the baby /which needs /inoculation.
이 애가 그 아기다/ 필요로 하는/ 예방접종을

해석 ☞

성별이 구분되지 않는 baby는 관계대명사 who 대신 which로 받는 수가 있어요.

영어 사냥 실전 18 화살   ☞ 즐기면서 신나게 암기하기 ^^*

confidence 자신감
effort 노력
in vain 헛되이
rare 드문
physics 물리학
subject 주제, 화제, 대상, 제목, 과목
sale 판매
mighty 강력한, 힘센
sword 칼, 검
perform 수행하다
foreign 외국의
suit 딱 맞다, 어울리다
personality 성격, 인격, 개성

영어 사냥 화살 복습   ☞ ( ) 안에 영어 단어를 쓰세요. (정답은 앞장에)

(   ) ☞ 침입하다, 침범하다
(   ) ☞ 취소하다
(   ) ☞ ~없이, ~이 없다면, ~이 없었다면
(   ) ☞ ~에 흥미가 있다
(   ) ☞ ~을 돌보다
(   ) ☞ 다루다
(   ) ☞ 전체의
(   ) ☞ 파괴하다
(   ) ☞ ~에 놀라다
(   ) ☞ 기대하다
(   ) ☞ 파업

Unit 18 : 명사

영어 사냥 실전 18 ☞ 지시대로 풀고 뒷장에 정답을 확인하세요

♥ 시제를 파악하고 해석하세요.

1. He did it with confidence.(시제:)
해석☞

2. Most of his efforts have been spent in vain.(시제:)
해석☞

3. This kind of flower is rare in Korea.(시제:)
해석☞

4. Physics is his favorite subject.(시제:)
해석☞

5. Ten dollars is enough to buy it.(시제:)
해석☞

6. These glasses are not for sale.(시제:)
해석☞

♥ 우리말에 맞게 주어진 단어들을 배열하여 문장을 완성하세요. (조건: 주어진 단어를 한 번씩 모두 사용하고, 필요하면 어형을 변형하거나 추가하세요.)

7. 문(文)은 무(武)보다 더 강하다.
   (the, mighty, pen, be, than, sword, the)
☞ _____.

8. 그 일의 3분의 2는 외국인 노동자들에 의해 수행된다.
   (perform, Two thirds, the, be, work, by foreign workers, of)
☞ _____.

9. 어떤 유형의 집이 너의 성격에 맞는지 알아내라.
   (suit, what, personality, of, out, house, your, find, kind)
☞ _____.

영어 사냥 실전 18 (정답) ☞ 우리말 ↔ 영어로 번역하세요

1. (시제: 과거)
해석☞ 그는 그것을 자신 있게 했다.
☞

2. (시제: 수동태현재완료)
해석☞ 대부분의 그의 노력은 지금껏 헛되이 쓰여 왔다.
☞

3. (시제: 현재)
해석☞ 이런 종류의 꽃은 한국에서는 드물다.
☞

4. (시제: 현재)
해석☞ 물리학은 그의 가장 좋아하는 과목이다.
☞

5. (시제: 현재)
해석☞ 10달러는 그것을 사기에 충분하다.
☞

6. (시제: 현재)
해석☞ 이 안경은 팔려고 내놓은 게 아니다.
☞

7. The pen is mightier than the sword.
☞

8. Two thirds of the work is performed by foreign workers.
☞

9. Find out what kind of house suits your personality.
☞

영어 사냥 통역 18   ☞ 입으로 직접 소리 내어 말하기 훈련^^*

♥ 우리말을 영어로 입으로 소리 내어 가며 연필로 옮기세요.

너는 책을 필요로 하니?
☞ _____

눈은 하늘로부터 떨어지는 언 물이다.
☞ _____

(얇게 썰어놓은) 햄 한 조각
☞ _____

욱하고 한 번 화내는 것
☞ _____

이 호텔의 소유자
☞ _____

영국은 그 나라의 시인들을 자랑스럽게 여긴다.
☞ _____

평화, 달, 자유(여성으로 의인화)
☞ _____

우리는 모든 종류의 신발들을 판다.
☞ _____

그는 그녀의 그 나쁜 성질에 아주 넌더리가 나 있다.
☞ _____

영어 사냥 통역 18   👉 입으로 직접 소리 내어 말하기 훈련^^*

💙 우리말을 영어로 소리 내어 옮기세요.

2차 세계대전
👉 _____

수천 명의 사람이 그 콘서트에 참석했다.
👉 _____

그는 용기 있는 사람이다.
👉 _____

그는 전부 친절함이다. = 그는 친절함 그 자체이다 = 그는 매우 친절하다.
👉 _____

중동에서 온 그 소식은 매우 힘을 북돋워주는 것 같다.
👉 _____

가위는 다양한 얇은 재료들을 자르는 데 사용된다.
👉 _____

십 년(이라는 세월)은 그 살인자에게는 짧은 시간이다.
👉 _____

그 소년들의 3분의 2는 십 대들이다.
👉 _____

대부분의 나의 시간은 영어를 공부하는 것에 쓰인다.
👉 _____

탐의 컴퓨터는 작동하고 있지 않다.
👉 _____

크리스의 아이들은 몇 살이니?
👉 _____

누군가가 그의 연필을 그의 뒤에 남겨 두었다.(두고 갔다)
👉 _____

이 애가 예방접종을 필요로 하는 그 아기다.
👉 _____

Unit 18 : 명사

Unit 19 대명사

사냥터 에피소드 19   ☞ 가볍게 읽고 살짝만 생각하기 ^^*

사냥꾼 앞으로 한 달 동안 숙제를 한 번도 빠짐없이 잘해오는 학생에겐 기록해놨다가 문화상품권 한 장을 주겠어요.
모 아 정말요? 우리 반 애들 숙제 다 해오면 선생님 거덜 나겠는데요?
사냥꾼 지금 선생님 걱정하는 거냐? ㅎㅎ
문상 많이 받아가서 성취감도 높이고 나도 스트레스 좀 덜 받자!

사냥꾼 강의 19　　　　　☞ 꼼꼼하게 읽고 깊이 생각하기

　대명사는 기본적으로 명사를 대신하는 품사라고 했어요. 사람을 지칭하는 것을 인칭대명사라고 하고, 이것, 저것, 가리키는 것을 지시대명사라고 해요. 그리고 이것, 저것, 정해져 있지 않은 사람이나 사물 등을 나타내는 것을 부정대명사라고 불러요. 인칭대명사는 표로 정리해서 구구단 외우듯이 외우는 게 좋아요. 그 외는 전부 하나의 단어처럼 접근하면 돼요.

주격	소유격	목적격	소유대명사	재귀대명사
은, 는, 이, 가	~의	~을, ~를	~의 것	~자신
I(나)	my(나의)	me	mine	myself
you(너)	your(너의)	you	yours	yourself
he(그)	his(그의)	him	his	himself
she(그녀)	her(그녀의)	her	hers	herself
it(그것)	its(그것의)	it	×	itself
we(우리)	our(우리의)	us	ours	ourselves
you(너희들)	your(너희들의)	you	yours	yourselves
they(그들)	their(그들의)	them	theirs	themselves
목적격은 문맥, 상황에 따라 "~을(를)" 외에도, "~에게, ~이, ~가" 등으로도 해석됨				

　인칭대명사를 쓸 때는 그 격에 맞게 써야 해요. 주어 자리에는 주격을, 목적어 자리에는 목적격을 써야 해요. 소유격은 "~의"라는 뜻이에요. 소유대명사는 "~의 것"이라는 뜻이고요. 재귀대명사는 소유격이나 목적격의 끝에 '-self'를 붙인 거예요. 뜻은 "~자신"이에요.

　목적어 자리에 주격을 쓴다거나 주어 자리에 소유격을 쓴다거나 소유격을 써야 할 자리에 목적격을 쓴다거나 하면 안 되는 거 아시겠죠? ^^

이중소유격 어떤 특정 어구들(a, an, this, that, some, any, no, another 등)은 소유격이 옆에 오는 걸 지독히도 싫어해요. 그래서 어쩔 수 없이 이런 특정 어구들 바로 옆에 명사를 앉히고 'of'를 들여와서 간격을 벌리고 그것으로도 모자라서 소유격에게 소유대명사 옷을 입혀서 앉혀놔요. 그래서 '특정 어구 + 명사 + of + 소유대명사'와 같이 자리 배정을 하는 것을 '이중 소유격'이라고 불러요.

예를 들면, '나의 한 친구'를 영어로 'a my friend'라고 하려고 했더니 a가 소유격인 my가 죽어도 싫데요. 그래서 할 수 없이 'a friend of mine'이라고 써줬더니 a가 이제야 평온함을 느껴요.^^

재귀대명사 재귀대명사? 이름이 왜 그러냐고 묻지 마세요. 한자(漢字)로는 "다시 돌아가다"라는 뜻인데, 어디로 돌아가겠어요? '자신(self)'에게 돌아가야죠. 결국 믿을 사람은 '자신'밖에 없지 않겠어요? 재귀대명사는 주어의 동작이 주어 자신에게 미칠 때 쓰는 거예요. 또 주어나 목적어나 보어를 강조할 때도 쓰이고, 숙어처럼 습관적으로 들어가서 쓰이는 경우가 있어요.

대명사 편에서는 알아야 할 것들이 어마무시해요. 문법이라기보다는 그냥 하나하나의 단어라고 생각하고 그때그때 모르는 것들은 사전 찾아서 확인하면서 공부하면 돼요. 몇 가지만 살펴볼게요.

this / that this는 "이것", that은 "저것, 그것"이라는 뜻이에요. this는 물리적으로 거리가 가까운 것을 지칭하고, that은 물리적 거리가 먼 것을 지칭해요. 그리고 형용사적으로 쓰여서 명사를 수식하기도 해요. this book(이 책), that book(저 책). 부사적으로 쓰일 때도 있어요. this much(이렇게 많이), that much(저렇게 많이).

그리고 "전자, 후자"라는 의미로도 쓰여요. 이때 후자는 this, 전자는 that 이에요. 그리고 that은 비교의 대상이 되는 단어를 받아서 'that of ~' 형태로도 사용돼요. 이때 복수의 명사를 받을 때는 'those of ~'로 써요.

one, it / ones   one은 기본적으로 "하나, 하나의"라는 뜻이에요. 특정하지 않은 어떤 하나의 것을 가리킬 때 써요(셀 수 없는 명사를 대신할 수 없음). 특정한 것을 지칭할 때는 it을 써요. one은 막연한 일반인을 가리킬 때도 써요. ones는 특정하지 않은 복수명사를 가리킬 때 써요.

so / such   so는 "그렇게, 그래서, 매우" 등의 뜻으로 쓰여요. 긍정문을 받아서 맞장구칠 때(~도 그래)도 쓰여요. 여러 용법이 있어요. such는 "그러한, ~하리만큼, 저토록, ~와 같은" 등의 기본적인 뜻이 있어요. "such that ~(~할 정도의 것)"의 뜻으로도 쓰여요. 형용사, 부사 편에서도 알아볼게요. 그 외 나머지 것들은 전부 사전 참고하면서 나올 때마다 즐기면서 익히세요.

some / any   some은 "약간, 얼마쯤, 대략, 어떤" 등의 뜻으로 쓰여요. 문맥에서 잘 잡아내야 해요. some은 평서문에 쓰이고, any는 부정문, 조건문, 의문문에 쓰여요. 긍정의 대답을 기대하거나 권유할 때는 의문문에도 some이 쓰여요.

one / the other   두 개가 있을 때, "하나는~, 다른 하나는(one ~, the other ~)"으로 서로 호응관계를 이루면서 사용돼요.

one / the others   세 명 또는 세 개 이상이 있을 때, "하나는 ~, 나머지는 ~"의 뜻으로 'one ~, the others ~'가 쓰여요.

the one / the other "전자는 ~, 후자는 ~" 표현으로 'the one ~, the other ~', 'the former ~, the latter ~'도 있어요.

some / others 범위가 정해져 있지 않을 때, "일부는 ~, 일부는 ~"을 나타내는 표현으로는 'some ~, others ~'가 호응을 이뤄요.

some / the others 범위가 정해져 있을 때, "일부는 ~, 나머지는 ~"을 나타내는 표현으로 'some ~, the others ~'가 있어요.

another "(이거 말고) 다른 하나", "(이거 말고) 다른 것"이란 뜻으로 'another'를 써요.

여러 개를 나열할 때 예를 들어 네 개가 있을 때, "하나는 ~, 또 하나는 ~, 또 하나는 ~, 마지막은 ~"이라고 할 때는 'one ~, another ~, a third ~, the other ~'로 나타낼 수 있어요. 마지막 'the other' 대신 'the fourth'로 할 수도 있어요.

one after another "차례로, 잇따라, 계속하여"라는 표현은 'one after another'예요.

each other / one another "서로"라는 뜻을 나타내는 표현으로 'each other'와 'one another'가 있어요. 보통 둘 사이에서는 'each other', 셋 이상 사이에서는 'one another'를 써요.

either / any "(둘 중에) 어느 하나"는 'either', "(셋 이상 중에) 어느 한 쪽"은 'any'를 써요.

every / each every와 each는 단수명사와 결합시켜요. 그리고 3인칭 단수 취급을 해요. everyone, everything도 마찬가지고요.

no / none no는 단수명사나 복수명사 앞에 쓰여요. 이게 주어 자리에 오면 문장의 완전부정을 나타내요. none은 단독으로도 쓰이고, none of 형식으로 많이 쓰여요.

most / almost 기본적으로 most는 형용사로서 "대부분의"라는 뜻이고요, almost는 부사로서 "거의"라는 뜻이에요. 그리고 most는 명사 앞에 'the, this, that, 소유격' 등이 있을 때는 'most of ~'를 써요. almost는 everything, nothing, all (of), half (of), none (of) 등을 꾸며요.

간접의문문 여기서 '간접의문문'을 잠시 소개하고 갈게요. 직접의문문이 어떤 문장의 한 성분이 될 때는 직접의문문의 형식을 깨고, '의문사 + 주어 + 동사'의 어순으로 해주는데, 이 '의문사 + 주어 + 동사' 부분을 간접의문문이라고 불러요.

간접의문문이 어떤 의문문의 한 성분이 될 때, 그리고 그 의문문의 동사가 **think** 류(believe, suppose, guess, imagine, say 등)일 때는 간접의문문의 의문사를 문장의 맨 앞으로 보내주는 규칙이 있어요. 이런 의문문은 yes나 no로 대답할 수 없는 의문문이에요.

사냥꾼 요약 19

☞ 사냥꾼 강의를 참고하여 빈칸을 채워보세요

주격	소유격	목적격	소유대명사	재귀대명사
은, 는, 이, 가	~의	~을, ~를	~의 것	~자신
I(나)	my(나의)	( )	mine	myself
you(너)	your(너의)	( )	yours	yourself
he(그)	his(그의)	( )	his	himself
she(그녀)	her(그녀의)	( )	hers	herself
it(그것)	its(그것의)	( )	×	itself
we(우리)	our(우리의)	( )	ours	ourselves
you(너희들)	your(너희들의)	( )	yours	yourselves
they(그들)	their(그들의)	( )	theirs	themselves

목적격은 문맥, 상황에 따라
"~을(를)" 외에도, "~에게, ~이, ~가" 등으로도 해석됨

이중소유격	a, an, this, that, some, any, no, another 등은 소유격이 옆에 오는 걸 싫어함 '특정 어구 + 명사 + ( ) + 소유대명사' 형태로 씀
재귀대명사	주어의 동작이 ( )에게 미칠 때 쓰임 주어나 목적어, 보어를 강조 전치사나 다른 어구와 결합하여 숙어를 이룸
간접의문문	직접의문이 어떤 문장의 한 성분이 될 때는 '의문사 + 주어 + 동사'의 어순으로 함.
	think, believe, suppose, guess, imagine, say 등의 동사가 쓰인 문장(yes, no로 대답할 수 없는 의문문)에서는 간접의문문 '의문사+주어+동사' 부분의 ( )를 앞으로 보냄.

사냥꾼 요약 19

☞ 사냥꾼 강의를 참고하여 빈칸을 채워보세요

this / that	this(이것, 이 사람), that(저것, 저 사람, 그것)	this book(이 책) that book(저 책)
	this much(이렇게 많이) that much(저렇게 많이)	this( ) that(전자)
	비교(that ~, those ~)	
one, it ones	one - 불특정의 단수명사, 하나, 막연한 일반인, (셀 수 없는 명사를 대신할 수는 없음)	
	it(특정한 것을 지칭), ones(불특정의 복수명사)	
so such	so(그렇게, 그래서, 매우), 맞장구(so am I 등)	
	such(그러한, ~하리만큼, 저토록, ~와 같은) such that ~(~할 정도의 것)	
some any	some(약간, 얼마쯤, 대략, 어떤) 긍정문, 평서문에 씀 의문문(긍정의 대답을 기대하거나 권유할 때)	
	any(부정문, 조건문, 의문문)	

one ~, (   ) ~ 두 개가 있을 때(하나는~, 다른 하나는~)
one ~, the others ~ 세 명 또는 세 개 이상이 있을 때(하나는 ~, 나머지는 ~)
the one ~, the other ~ = the former ~, the latter ~ 전자는 ~, 후자는 ~
some ~, (   ) ~ 범위가 정해져 있지 않을 때(일부는~, 일부는 ~)
some ~, the others ~ 범위가 정해져 있을 때(일부는 ~, 나머지는 ~)

Unit 19 : 대명사

사냥꾼 요약 19

☞ 사냥꾼 강의를 참고하여 빈칸을 채워보세요

여러 개를 나열	네 개를 나열할 때: one~, ( ) ~, a third~, the other~ 하나는~, 또 하나는~, 또 하나는~, 마지막은~ (the other 대신 the fourth 가능)
another	(이거 말고) 다른 하나, (이거 말고) 다른 것
each other	보통 둘 사이에서는 each other( ),
one another	셋 이상 사이에서는 one another(서로)
one after another	차례로, 잇따라, 계속하여
every / each	단수명사와 결합. 3인칭 ( ) 취급 everyone, everything도 마찬가지
most / almost	most - 형용사(대부분의), 명사 앞에 'the, this, that, 소유격' 등이 있을 때 - 'most of ~' 형태로 씀
	almost - 부사(거의), everything, nothing, all (of), half (of), none (of) 등을 꾸밈
either / any	either - (둘 중에) 어느 한쪽 any - (셋 이상 중에) 어느 한쪽
no / none	no - 단수명사나 복수명사 앞, 주어 자리에 오면 완전부정 none - 단독으로도 쓰이고, 'none of ~' 형식으로 많이 쓰임

영어 사냥 과제 19   ☞ 완벽하게 암기해서 빈칸을 채우세요

● 인칭대명사의 격변화

주격	소유격	목적격	소유대명사	재귀대명사
은, 는, 이, 가	~의	~을, ~를	~의 것	~자신
I(나)				
you(너)				
he(그)				
she(그녀)				
it(그것)			×	
we(우리)				
you(너희들)				
they(그들)				
목적격은 문맥, 상황에 따라 "~을(를), ~에게, ~이, ~가" 등으로 해석됨				

이중소유격	a, an, this, that, some, any, no, another 등은 소유격이 옆에 오는 걸 싫어함 '특정 어구 + (　　) + (　　) + (　　)' 형태로 씀
재귀대명사	주어의 동작이 (　　)에게 미칠 때 쓰임 주어나 목적어, 보어를 (　　) 전치사나 다른 어구와 결합하여 (　　)를 이룸
간접의문문	직접의문문이 어떤 문장의 한 성분이 될 때는 (　　) + (　　) + (　　)의 어순으로 함. think, believe, suppose, guess, imagine, say 등의 동사가 쓰인 문장(yes, no로 대답할 수 없는 의문문)에서는 간접의문문 '의문사+주어+동사' 부분의 (　　)를 앞으로 보냄.

영어 사냥 과제 19 ☞ 완벽하게 암기해서 빈칸을 채우세요

this / that	this(이것, 이 사람), that(저것, 저 사람, 그것)	this book(이 책) that book(저 책)
	this much(이렇게 많이) that much(저렇게 많이)	this(　　　) that(　　　)
	비교(that ~, those ~)	
one, it ones	one - 불특정의 단수명사, 하나, 막연한 일반인, (셀 수 없는 명사를 대신할 수는 없음)	
	it((　　)한 것을 지칭), ones((　　　)의 복수명사)	
so such	so(그렇게, 그래서, 매우), 맞장구(so am I 등)	
	such(그러한, ~하리만큼, 저토록, ~와 같은) such that ~(~할 정도의 것)	
some any	some(약간, 얼마쯤, 대략, 어떤) (　　　　), (　　　　)에 씀 의문문((　)의 대답을 기대하거나 (　　　)할 때)	
	any(　　　), (　　　), (　　　)	

one ~, (　　　　) ~ 두 개가 있을 때(하나는~, 다른 하나는~)
one ~, (　　　　) ~ 세 명 또는 세 개 이상이 있을 때(하나는 ~, 나머지는 ~)
the one ~, the other ~ = (　　　　) ~, the latter ~ 전자는 ~, 후자는 ~
some ~, (　　　　) ~ 범위가 정해져 있지 않을 때(일부는~, 일부는 ~)
some ~, (　　　　) ~ 범위가 정해져 있을 때(일부는 ~, 나머지는 ~)

영어 사냥 과제 19 ☞ 완벽하게 암기해서 빈칸을 채우세요

여러 개를 나열	네 개를 나열할 때: one~, (　　　)~, a third~, the other~ 하나는~, 또 하나는~, 또 하나는~, 마지막은~ (the other 대신 the fourth 가능)
another	(이거 말고) 다른 하나, (이거 말고) 다른 것
each other one another	보통 둘 사이에서는 each other(서로), 셋 이상 사이에서는 one another(서로)
one after another	(　　　), 잇따라, 계속하여
every / each	단수명사와 결합. (　　　) 취급 everyone, everything도 마찬가지
most / almost	most - 형용사(대부분의), 명사 앞에 'the, this, that, 소유격' 등이 있을 때 - 'most of ~' 형태로 씀 almost - 부사(　　　), everything, nothing, all (of), half (of), none (of) 등을 꾸밈
either / any	either - ((　　　) 중에) 어느 한쪽 any - ((　　　) 이상 중에) 어느 한쪽
no / none	no(단수명사나 복수명사 앞, 주어 자리에 오면 완전부정) none(단독으로도 쓰이고, 'none of ~' 형식으로 많이 쓰임)

영어 사냥 시범 19 화살 ☞ 즐기면서 신나게 암기하기 ^^*

result 결과
theirs 그들의 것
awake - awoke - awoken 깨다, 깨우다
by oneself 혼자서
exciting 흥미진진한
as ~ as ~ ~ 만큼 ~한[하게]
one's own ~ 자신의
this 이렇게
idiom 이디엄, 숙어
neglect 소홀히 하다
duty 의무, 임무
go ~ing ~하러 가다
some ~, other ~ 일부는 ~, 일부는 ~
one ~, another ~, a third~, the other ~
　　　　　　　하나는 ~, 또 하나는 ~, 또 하나는 ~, 마지막은 ~
lawyer 변호사　　awake 깨어 있는

영어 사냥 핵무기 복습 ☞ 빈칸에 과거분사형을 쓰세요

원형	과거형	과거분사형	뜻
arise	arose		발생하다, 생기다
hang	hung		걸다, 매달다
*hang	hanged		교수형에 처하다
awake	awoke		(잠에서) 깨다, 깨우다, 감정을 불러일으키다
spread	spread		펴다, 펼치다, 퍼지다
deal	dealt		다루다
creep	crept		기다

> **영어 사냥 시범 19**　　　☞ 우리말 순서로 해석하여 연필로 쓰기 ^^

> **Are your results the same /as theirs?**
> 너의 결과들이 같니/ 그들의 것과
>
> 해석 ☞

동사는 are, 시제는 현재예요. theirs(그들의 것)는 their results (그들의 결과)를 의미해요. 평서문으로 바꿔보면 Your results are the same as theirs.(당신의 결과들은 그들의 결과들과 똑같다.)가 돼요.

> **I awoke /one morning /and found /myself /famous.**
> 나는 잠에서 깼다/ 어느 날 아침에/ 그리고 알게 되었다/ 나 자신이/ 유명해진 것을
>
> 해석 ☞

동사는 awoke, 시제는 과거예요. 'one morning'은 원래는 'in one morning'이었는데, 어떠한 이유로 one morning으로 굳어진 표현이에요. 이런 것을 '부사적 대격'이라고 하는데, 그냥 표현으로 알고 쓰는 것이 좋아요. 'this morning 오늘 아침에', 'last month 지난달에' 등이 있어요. myself는 재귀대명사인데요, 주어의 동작이 자기 자신에게 미칠 때는 목적격(me)이 아니라 재귀대명사(myself)를 써야 해요.

> **I like /living /by myself.**
> 나는 좋아한다/ 사는 것을/ 혼자서
>
> 해석 ☞

'by oneself'는 "혼자서"라는 뜻이에요. 재귀대명사는 이렇게 다른 어구와 결합하여 숙어를 이루기도 해요.

Learning /about these stories /behind food /is as exciting as eating /the food itself.
배우는 것은/ 이 이야기들에 대해/ 음식 뒤에 있는/ 먹는 것만큼 흥미진진하다/ 그 음식 자체를

해석 ☞

동사는 is, 시제는 현재예요. 주부에 있는 learning은 동명사예요. 해석은 "배우는 것"으로 해요. 동명사가 문장의 주어일 때는 단수 취급해요. 그래서 'is'를 썼어요. 그리고 뒤쪽에도 eating이라는 동명사를 써서 평행구조로 균형을 맞췄어요. itself는 재귀대명사로서 명사 the food를 강조하고 있어요.

Each piece has /its own way of moving. (체스에서)
각각의 말은 가지고 있다/ 그것의 자신의 움직이는 방법을

해석 ☞

동사는 has, 시제는 현재예요. each는 단수 취급을 해요. 그래서 단수명사 (piece)와 함께 쓰이고요, 동사도 have가 아니라 has를 썼어요. 동명사는 "~하는 것, ~하기"로 해석해요. "its own way of moving"을 정석대로 해석하면 "움직이는 것의 그것의 자신의 방법"이지만, 해석 스킬을 써서 "그것 자신의 움직이는 방법"으로 해석할 수 있어요. <사냥꾼 요약>을 내면화할 수 있으면 해석 스킬을 써도 좋아요.^^

I know /this much.
나는 안다/ 이렇게 많이

해석 ☞

여기서 this(이렇게)는 much(많이)라는 부사를 수식하는 부사로 쓰였어요.

Many English idioms /were made /long time ago, /but /there are /some new ones.
많은 영어 숙어가/ 만들어졌다/ 오랜 시간 전에// 그러나/ 있다/ 몇몇 새로운 것들이

해석 ☞

동사는 were made, 시제는 수동태과거예요. 접속사 but 다음에 "there is[are] ~"가 왔어요. "some new ones"가 3인칭 복수니까 "there are"를 써야 해요. 또 English idioms를 가리키면서 불특정한 것을 가리키기 때문에 ones를 써줬어요.

What /do you think /he is?
무엇이라고/ 너는 생각하니/ 그가

해석 ☞

동사는 think, do를 써서 의문문을 만들었으니 시제는 현재예요. 이 문장은 원래, "Do you think what he is?"(너는 그가 무엇이라고 생각하니?)가 될 뻔했으나, 문장의 동사로 think가 쓰였기 때문에 의문사가 들어간 간접의문문(what he is)에서 의문사를 문장의 맨 앞으로 보내서, "What do you think he is?"라는 문장이 나온 거예요. 직접의문문 "What is he?"는 직업을 물어보는 표현이에요.

One /must not neglect /one's duty.
사람은/ 태만히 해서는 안 된다/ 사람의 의무를

해석 ☞

one은 막연한 일반인을 지칭할 때가 있어요. 다양한 용법을 가진 단어들을 문맥을 통해 잘 잡아내는 감각도 필요해요.

When /did she say /he'd be arriving?
언제/ 그녀가 말했냐/ 그가 도착하고 있을 것이라고

해석 ☞

동사는 say, did를 도입하여 의문문을 만든 것으로 보아 시제는 과거예요. 이 문장은 "Did she say when he'd be arriving?"이 될 뻔했으나, 간접의문문(when he'd be arriving) 부분의 의문사 when이 본 문장의 맨 앞으로 이동한 모습이에요. think류의 동사가 쓰인 문장에서는 간접의문문의 의문사를 문장의 맨 앞으로 보낸다는 규칙이 있어요. 이런 의문문은 yes나 no로 대답할 수 없는 의문문이에요. say도 think류의 동사에 속해요.

I don't like /this picture.
나는 좋아하지 않는다/ 이 사진을

해석 ☞

대명사 this가 이 문장에서는 명사 picture를 꾸며주는 형용사 역할을 하고 있어요. 이럴 때 이 대명사를 "대명형용사"라고 불러요. 뭐라고 부르든지 해석만 정확하게 할 수 있으면 돼요.^^;

Do you have /a pen? //Yes, I have /one.
너는 가지고 있니/ 펜을// 응, 나는 가지고 있어/ 하나

해석 ☞

one은 불특정한 것을 가리켜요. 종류가 같을 수는 있으나 바로 그 물건을 지칭하는 것은 아니에요. 이럴 때, 단수 명사를 받을 때는 one, 복수명사를 받을 때는 ones를 써요.

Don't walk /so fast.
걷지 마라/ 그렇게 빨리

해석 ☞

so(그렇게, 매우, 그래서)의 쓰임새를 문맥에서 잘 잡아내면 돼요.
fast는 "빠른"이라는 형용사로도, "빠르게"라는 부사로도 쓰여요.

Such is life.

해석 ☞

원래는 "Life is such."였는데 보어(such)가 문장의 앞으로 튀어나가면서 주어와 동사의 자리가 바뀐 것으로 봐도 돼요.

Give /me /some tea.
주세요/ 저에게/ 약간의 차를

해석 ☞

동사원형 give가 문장의 맨 앞에 왔으니 명령문이에요. some은 우리말로 옮길 때, 좀 껄끄러운 단어예요. 해석을 안 할 때가 더 자연스러운 경우도 많아요. some은 보통 긍정문, 평서문에서 많이 쓰여요.

Chan /went fishing /and the others /went swimming.
Chan은/ 낚시하러 갔다/ 그리고 나머지 다른 사람들은/ 수영하러 갔다

해석 ☞

동사는 went, 시제는 과거예요. the는 정해져 있을 때 쓴다는 기본 원칙을 기억해 두세요. 몇 명인지는 몰라도 Chan을 포함하여 여러 사람이 있는데, 그중 Chan만 낚시하러 갔고, 그 외 나머지 다른 사람들은 모두 수영하러 갔어요. 'go ~ing'는 "~하러 가다"라는 표현으로 알아두면 좋아요.

> **Some books /are interesting; /others /are boring.**
> 일부 책들은/ 재밌다/ 다른 것들은/ 지루하다
>
> 해석 ☞

범위가 정해지지 않은 경우에, some과 others는 호응을 이뤄요. 우리말답게 해석을 해보면, "재미있는 책들이 있는 반면, 지루한 책도 있다." "재미있는 책도 있고, 지루한 책도 있다." 등으로 해석할 수 있어요. 세미콜론(;)이 접속사 역할을 하고 있어요. 문맥에 잘 어울리는 접속사를 골라 쓰면 돼요.

> **There were three men. One was a doctor, another was a teacher, and the other was a lawyer.**
>
> 해석 ☞

여러 개를 나열할 때, one, another, a third, a fourth, a fifth... 이렇게 죽 서수로 가다가, 마지막 것에는 the를 붙여서 서수로 쓰거나 the other라고 하면 돼요. 마지막 것은 어쨌든 정해지니까 반드시 the를 붙여줘요.

> **None of the children /was awake.**
> 그 아이들 중 어느 누구도/ 깨어 있지 않았다.
>
> 해석 ☞

동사는 was, 시제는 과거예요. None이라는 부정대명사가 문장 전체를 부정해요. 일치 편에서도 다룰 텐데 "each of(either of, neither of, any of, none of)+복수명사"가 주어로 쓰이면 3인칭 단수 취급하기도 하고 복수 취급하기도 해요. 그래서 이 문장의 동사로 was 대신 were를 써도 무방해요.

영어 사냥 실전 19 화살   ☞ 즐기면서 신나게 암기하기 ^^*

climate 기후
shake hands with ~와 악수하다
one another 서로
~ one thing, ~ another ~과 ~은 별개이다
one after another 차례차례
suggest 제안하다
would like to V ~하고 싶다
exchange 교환하다
recognize 알아보다, 인지하다
such ~ that ~ 매우 ~해서 ~하다
even ~ ~조차도

영어 사냥 화살 복습   ☞ ( ) 안에 영어 단어를 쓰세요. (정답은 앞장에)

(   ) ☞ 얼다, 얼리다
(   ) ☞ 떨어지다
(   ) ☞ (음식을 얇게 썬) 조각 / (얇게) 썰다
(   ) ☞ 발작, 경련, 격발, 욱하는 것
(   ) ☞ 격렬한 분노, 격노
(   ) ☞ 소유자
(   ) ☞ ~을 자랑스러워하다
(   ) ☞ 시인
(   ) ☞ 자유
(   ) ☞ ~에 넌더리가 나(있)다
(   ) ☞ 기질, 성질
(   ) ☞ 수천의 ~
(   ) ☞ 참석하다

영어 사냥 실전 19 ☞ 지시대로 풀고 뒷장에 정답을 확인하세요

♥ 동사를 찾아 시제를 파악하고, 해석하세요.

1. The climate here is like that of Korea.
   동사 부분(   )   시제(   )

해석☞

2. They shook hands with one another.
   동사 부분(   )   시제(   )

해석☞

3. To know is one thing, and to teach is another.
   동사 부분(   )   시제(   )

해석☞

4. All his plans have failed one after another.
   동사 부분(   )   시제(   )

해석☞

♥ 우리말에 맞게 주어진 단어들을 배열하여 문장을 완성하세요. (조건: 주어진 단어를 한 번씩 모두 사용하고, 필요하면 어형을 변형하거나 추가하세요.)

5. 그녀는 왜 우리가 도서관에 새 컴퓨터를 사줘야 한다고 제안했니?
   (the library, we, new computers, why, she, suggest, buy, for, should)

☞ _____ ?

6. 저는 이 셔츠를 더 큰 것으로 교환하고 싶습니다.
   (this shirt, I, one, would like, exchange, a, to, for, smaller)

☞ _____ .

7. 그녀의 변화는 그녀의 아버지조차도 그녀를 알아보지 못할 정도였다.
   (that, be, can, such, even her father, her change, not, recognize, her)

☞ _____ .

영어 사냥 실전 19 (정답)   ☞ 우리말 ↔ 영어로 번역하세요

1. 동사 부분(is)   시제(현재)

해석☞ 여기의 기후는 한국의 기후와 비슷하다.

☞

2. 동사 부분(shook)   시제(과거)

해석☞ 그들은 서로 악수했다.

☞

3. 동사 부분(is / is)   시제(현재/현재)

해석☞ 아는 것과 가르치는 것은 별개다.

☞

4. 동사 부분(have failed)   시제(현재완료)

해석☞ 그의 모든 계획은 차례차례 실패했다.

☞

5. Why did she suggest we should buy new computers for the library?

☞

6. I'd like to exchange this shirt for a smaller one.

☞

7. Her change was such that even her father could not recognize her.

☞

영어 사냥 통역 19 ☞ 입으로 직접 소리 내어 말하기 훈련^^*

♥ 우리말을 영어로 입으로 소리 내어 가며 연필로 옮기세요.

너의 결과들이 그들의 것과 같니?
☞ ....

나는 어느 날 아침에 잠에서 깼고, 나 자신이 유명해진 것을 알게 되었다.
☞ ....

나는 혼자서 사는 것을 좋아한다.
☞ ....

음식 뒤에 있는 이 이야기들에 대해 배우는 것은 그 음식 자체를 먹는 것만큼 흥미진진하다.
☞ ....

각각의 말은 그것의 자신의 움직이는 방법을 가지고 있다.
☞ ....

나는 이렇게 많이 안다.(나는 이 정도로 알고 있어)
☞ ....

많은 영어 숙어들이 오랜 시간 전에 만들어졌다. 그러나 몇몇 새로운 것들이 있다.
☞ ....

너는 그가 무엇이라고 생각하니?(=그의 직업이 뭐라고 생각하니?)
☞ ....

영어 사냥 통역 19 　　☞ 입으로 직접 소리 내어 말하기 훈련^^*

♥ 우리말을 영어로 소리 내어 옮기세요.

사람은 자기의 의무를 태만히 해서는 안 된다.
☞ _____

그가 언제 도착할 것이라고 그녀가 말했냐?
☞ _____

나는 이 사진을 좋아하지 않는다.(이 사진이 마음에 안 든다)
☞ _____

너는 펜을 가지고 있니? 응, 하나 있어.
☞ _____

그렇게 빨리 걷지 마라.
☞ _____

인생은 그렇다.(인생이란 다 그런 것이다 - 체념)
☞ _____

저에게 차를 좀 주세요.
☞ _____

Chan은 낚시하러 갔고 나머지 다른 사람들은 수영하러 갔다.
☞ _____

재밌는 책도 있고, 지루한 책도 있다.
☞ _____

세 사람이 있었다. 한 사람은 의사였고, 또 한 사람은 교사였고, 또 한 사람은 변호사였다.
☞ _____

그 아이들 중 어느 누구도 깨어 있지 않았다.
☞ _____

Unit 19 : 대명사　297

Unit 20 — 관계대명사

사냥터 에피소드 20　　☞ 가볍게 읽고 살짝만 생각하기 ^^*

사냥꾼 예서야~ 이 문장의 동사를 찾아봐!
예 서 ... (20초가 흐른다~~ 샬랄랄랄라라라라라~)
사냥꾼 모르면 모른다, 알면 안다고 말을 해야 선생님이 그다음 조치를 할 거 아냐!!!!!
예 서 ...

(사냥꾼 독백) 이런, 예서가 풀이 죽었네. 예서도 나름대로 대답을 잘하고 싶어서 고민하고 있었을 텐데. 학생이 대답이 없을 때는 답을 들으려고 안달하지 말아야지.

사냥꾼 강의 20   ☞ 꼼꼼하게 읽고 깊이 생각하기

관계대명사 두 문장을 연결하기 위해서는 접속사가 필요해요. 접속사를 이용해서 두 문장을 연결할 때 중복되는 단어(대명사)가 나오는데, 이 중복되는 대명사와 접속사를 하나로 합쳐서 간단히 해주는 장치가 관계대명사예요. 결국 관계대명사를 이용하여 한 문장으로 만들어놓은 문장의 관계대명사 뒷부분은 문장 성분을 이루던 대명사가 빠져나가버린 관계로 불완전한 문장이 오게 돼요.

선행사 관계대명사를 이용하여 두 문장을 하나로 합쳐 놓은 문장에서 관계대명사 앞부분에 놓이게 되는 어구를 선행사라고 불러요.

관계대명사의 종류 관계대명사에는 who, which, that, what 네 가지가 있어요. 앞에 선행사로 빠져나간 대명사가 무슨 격이냐에 따라 주격, 소유격, 목적격으로 나뉜답니다. who에서 나온 소유격과 목적격은 각각 whose, whom이고요. which에서 나온 소유격은 whose와 of which 두 가지예요. which에서 나온 목적격은 which예요. which는 주격과 목적격이 같아요. that은 소유격이 없고 목적격은 that이에요. 주격과 똑같아요. what은 선행사를 자체 내에 포함하고 있어요. 그래서 what은 그 앞에 따로 선행사가 없답니다. what은 'the thing which'로 풀어서 생각해 볼 수 있어요. 관계대명사 what은 "~하는 것"이라고 해석해요.

관계대명사의 쓰임새 선행사가 사람일 때 관계대명사 who나 that을 써요. 그 외에는 which나 that을 써요.

관계대명사의 용법 관계대명사는 제한적(한정적)용법과 계속적 용법으로 구별하여 사용해요. 제한적용법으로 쓰인 관계대명사 앞에는 콤마(,)를 안 붙이고, 계속적 용법으로 쓰인 관계대명사 앞에는 콤마(,)를 사용하여 구별해요.

관계대명사의 해석 제한적 용법은 관계대명사 뒷부분을 해석하여 앞에 있는 선행사를 수식하는 방식으로 해석해요. 그리고 계속적 용법은 일단, 콤마(,)까지 해석한 다음 적절한 접속사와 대명사를 살려내서 죽 이어서 해석해요.

생략할 수 있는 관계대명사 첫째, 목적격으로 쓰인 관계대명사는 생략할 수 있어요. 둘째, '주격 관계대명사 + be동사'의 구조일 때 그 주격 관계대명사와 be동사를 통째로 생략할 수 있어요. 셋째, 선행사가 관계대명사절의 보어일 때 그 관계대명사도 생략할 수 있어요. 넷째, '전치사 + 관계대명사'의 구조일 때 그 관계대명사는 생략할 수 있어요. 이때 앞에 있던 전치사는 뒤로 보내줘요. 생략은 이 정도로만 다뤄도 충분해요. 나머지는 실력이 쌓였을 때 관심을 가지고 자료를 찾아보세요.

관계대명사 that의 특징 관계대명사 that은 계속적 용법에 사용하지 않아요. 계속적 용법에 쓰이지 않는다는 말은 관계대명사 that 앞에는 콤마(,)를 쓸 수 없다는 말이에요. 그리고 관계대명사 that은 전치사를 싫어해서 자기 앞에 전치사를 절대 두지 않아요.

관계대명사 which의 특징 관계대명사 which는 계속적 용법에서 앞 문장의 일부나, 앞 문장 전체를 선행사로 받을 수가 있어요.

관계대명사 that만 사용하는 경우 관계대명사 that만 쓰는 경우가 있어요. 첫째, 선행사가 '사람+사물', '사람+동물' 등으로 혼합되어 있을 때. 둘째, 선행사에 서수나 최상급 표현이 있을 때. 셋째, 선행사가 대명사 all, much, little, none 등일 때. 넷째, 선행사에 the only, the very, the same 등의 표현이 있을 때(선행사가 사람인 경우는 who를 쓰기도 해요). 다섯째, 이미 그 문장에 의문사가 쓰여 있을 때(헷갈림을 방지하기 위해). 나머지는 실력이 쌓였을 때 관심을 가지고 자료를 찾아보세요.

복합관계대명사 관계대명사 끝에 '-ever'를 붙인 형태인데요, 자체가 선행사를 포함하고 있는 표현이에요. 'thatever'는 없어요. 명사절을 이끌기도 하고, 부사절을 이끌어 '양보'의 뜻을 나타내기도 해요.

유사관계대명사 원래는 접속사인데, 관계대명사와 유사하게 해석이 되는 것들에 as, but, than이 있어요. 이것들을 유사관계대명사라고 불러요. as는 단독으로도 쓰이지만 보통 'the same ~ as', 'such ~ as', 'as ~ as', 'so ~ as'처럼 짝을 이뤄서 많이 쓰여요. but은 "~하지 않는"이란 뜻을 가져요. than은 선행사에 비교 표현이 있을 때 쓰여요.

what이 들어간 숙어적인 표현 숙어적인 표현은 암기하고 있으면 눈에 쏙쏙 들어오고, 그렇지 않으면 '어버버' 하게 돼요. 'A is to B what C is to D'는 "A의 B에 대한 관계는 C의 D에 대한 관계와 같다"라는 뜻이에요. 'what with A and what with B'는 "A 때문이기도 하고, B 때문이기도 하여"라는 뜻이에요. 여기서 with 대신 by를 넣어 'what by A and what by B'로 쓰기도 해요. 관계대명사는 이 정도로 정리가 돼요.

사냥꾼 요약 20
☞ 사냥꾼 강의를 참고하여 빈칸을 채워보세요

관계대명사란?	접속사와 ( )를 합쳐 놓은 것
선행사란?	관계대명사 앞에 놓여 관계대명사절의 수식을 받는 것

● 관계대명사의 종류와 격변화

주격	소유격	목적격
who	whose	( )
which	whose, of which	( )
that	x	( )
what	선행사를 포함하고 있는 관계대명사 ( )이라고 해석	

● 관계대명사의 용법과 해석 원칙

제한적 용법	관계대명사 앞에 콤마가 ( ). 관계대명사 아랫부분을 해석하여 ( )를 수식하는 방식으로 해석한다.
계속적 용법	관계대명사 앞에 콤마가 ( ). ( )까지 해석한 다음 적절한 ( )와 ( )를 넣고 죽 이어서 해석한다.

● 생략할 수 있는 관계대명사

①	( )으로 쓰인 관계대명사
②	'주격 관계대명사 + be동사'의 구조일 때 그 주격 관계대명사와 ( )를 통째로 생략
③	선행사가 관계대명사절의 보어일 때 그 관계대명사
④	'전치사 + 관계대명사'의 구조일 때 그 관계대명사. 이때 전치사는 ( )로 보낸다.

사냥꾼 요약 20

☞ 사냥꾼 강의를 참고하여 빈칸을 채워보세요

● 관계대명사의 쓰임새

선행사가 사람일 때	who, ( )
선행사가 사람 이외일 때	( ), that

● 관계대명사 which와 that의 특징

which	앞 문장의 일부, 또는 ( )를 선행사로 받을 수 있다
that	계속적 용법에 쓰지 않는다. 앞에 전치사를 두지 않는다

● 관계대명사 that만 사용하는 경우

①	선행사가 '사람+사물', '사람+동물' 등으로 혼합
②	선행사에 서수나 ( ) 표현이 있을 때
③	선행사가 all, much, little, none 등일 때
④	선행사에 the only, the very, the same 등이 포함 (선행사가 사람인 경우는 who를 쓰기도 함)
⑤	이미 그 문장에 ( )가 쓰여 있을 때(헷갈림을 방지하기 위해)

● what이 들어간 숙어적인 표현

A is to B (   ) C is to D (A의 B에 대한 관계는 C의 D에 대한 관계와 같다)
(   ) with A and what with B = what by A and what by B (A 때문이기도 하고, B 때문이기도 하여)

사냥꾼 요약 20 ☞ 사냥꾼 강의를 참고하여 빈칸을 채워보세요

● 복합관계대명사

관계대명사 끝에 '-ever'를 붙인 형태. 선행사를 포함(thatever는 없음) (　　　)의 뜻도 있음.

● 유사관계대명사

as	the same ~ as, such ~ as, as ~ as, so ~ as 형태로 많이 쓰임(단독으로도 쓰임)
but	"~하지 않는"이란 뜻(but = that ~ not)
	선행사에 비교 표현이 있을 때 쓰임

영어 사냥 과제 20   ☞ 완벽하게 암기해서 빈칸을 채우세요

관계대명사란?	(　　　)와 (　　　)를 합쳐 놓은 것
선행사란?	관계대명사 (　　　)에 놓여 관계대명사절의 수식을 받는 것

● 관계대명사의 종류와 격변화

주격	소유격	목적격
(　　　)	(　　　)	(　　　)
(　　　)	(　　　), of which	(　　　)
(　　　)	x	(　　　)
(　　　)	선행사를 포함하고 있는 관계대명사 (　　　)이라고 해석	

● 관계대명사의 용법과 해석 원칙

제한적 용법	관계대명사 앞에 콤마가 (　　　). 관계대명사 아랫부분을 해석하여 (　　　)를 수식하는 방식으로 해석한다.
계속적 용법	관계대명사 앞에 콤마가 (　　　). (　　　)까지 해석한 다음 적절한 (　　　)와 (　　　)를 넣고 죽 이어서 해석한다.

● 생략할 수 있는 관계대명사

①	(　　　)으로 쓰인 관계대명사
②	'주격 관계대명사+be동사'의 구조일 때 그 (　　) 관계대명사와 (　　)를 통째로 생략
③	선행사가 관계대명사절의 (　　)일 때 그 (　　)
④	'(　　) + 관계대명사'의 구조일 때 그 관계대명사. 이때 전치사는 (　　)로 보낸다.

영어 사냥 과제 20 ☞ 완벽하게 암기해서 빈칸을 채우세요

● 관계대명사의 쓰임새

선행사가 사람일 때	( ), ( )
선행사가 사람 이외일 때	( ), ( )

● 관계대명사 which와 that의 특징

which	앞 문장의 일부, 또는 ( )를 선행사로 받을 수 있다
that	( ) 용법에 쓰지 않는다. 앞에 ( )를 두지 않는다.

● 관계대명사 that만 사용하는 경우

①	선행사가 '사람+사물', '사람+동물' 등으로 혼합
②	선행사에 ( )나 ( ) 표현이 있을 때
③	선행사가 all, much, little, none 등일 때
④	선행사에 the only, the very, the same 등이 포함 (선행사가 사람인 경우는 who를 쓰기도 함)
⑤	이미 그 문장에 ( )가 쓰여 있을 때 (헷갈림을 방지하기 위해)

영어 사냥 과제 20 　☞ 완벽하게 암기해서 빈칸을 채우세요

● what이 들어간 숙어적인 표현

A is to B what C is to D
( )
what ( ) A and what ( ) B = what by A and what by B
( )

● 복합관계대명사

관계대명사 끝에 ( )를 붙인 형태.
선행사를 포함(thatever는 없음) ( )의 뜻도 있음.

● 유사관계대명사

( )	the same ~ as, such ~ as, as ~ as, so ~ as 형태로 많이 쓰임(단독으로도 쓰임)
( )	( )이란 뜻(( ) = that ~ not)
( )	선행사에 비교 표현이 있을 때 쓰임

Unit 20 : 관계대명사

영어 사냥 시범 20 화살 ☞ 즐기면서 신나게 암기하기 ^^*

let's 동사원형   ~하자

different   다른

what   ~하는 것(선행사를 포함한 관계대명사)

treasure   보물

memory   기억, 추억, 회상

name   이름

mail   (우편으로) 보내다, 부치다

at once   즉시, 당장, 동시에, 한꺼번에

war   전쟁

the longest story   가장 긴 이야기

older   더 나이가 많은, 더 오래된

than ~   (비교급 표현에서) ~보다

company   회사

furniture   가구

pity   동정, 애석한 일

idle   게으른

used to V   (과거의 상태), (과거의 습관) ~하곤 했다

no longer   더 이상 ~ 아니다

what with A and what with B   A 때문이기도 하고 B 때문이기도 하여

little   (부정적인 의미) 거의 없는

work out   운동하다

invite   초대하다

whoever   ~하는 사람은 누구든지, (양보) 누가 ~하든

marry   결혼하다

expect   기대하다, 예상하다

영어 사냥 시범 20   ☞ 우리말 순서로 해석하여 연필로 쓰기 ^^

I know /a girl /whom I like /so much.
나는 안다/ 한 소녀를 / 내가 좋아하는/ 매우 많이
해석 ☞

이 문장의 동사는 know, 시제는 현재예요. 이 문장은 "I know a girl."이라는 문장과 "I like the girl so much."이라는 두 문장을 관계대명사를 이용하여 합쳐 놓은 문장이에요. 이 두 개의 문장을 접속사를 사용하여 연결하면 "I know a girl and I like the girl so much."가 돼요. 여기서 'a girl'과 'the girl'은 서로 겹치는 단어예요. 그래서 'the girl'을 대명사 'her'로 바꿔서 다음과 같이 다시 쓸 수 있어요. "I know a girl and I like her so mush." 여기서 접속사 and와 대명사 her를 관계대명사를 이용하여 하나로 합칠 수 있어요. her가 목적어이므로, 목적격 관계대명사를 쓰면 이런 문장이 돼요. "I know a girl whom I like so much."

Let's meet /some students /who live /in different countries.
만나보자/ 일부 학생들을 / 사는 / 다른 나라들에서
해석 ☞

관계대명사 뒤에는 주어나 목적어나 보어가 빠진 불완전한 문장이 와요. 여기서는 주어가 없어요. 그래서 주격 관계대명사를 쓰는데, 선행사가 사람이라서 who를 썼어요.

This is what I want.
해석 ☞

what은 선행사를 포함하고 있는 관계대명사예요. 그래서 따로 앞에 선행사가 없어요. 해석은 "~하는 것"으로 해요. 이 문장은 이와 같이 풀어서 써 볼 수 있어요. "This is the thing which I want."

My No.1 treasure /is the beautiful memories /which I have.
나의 제1 보물은/ 아름다운 추억들이다/ 내가 가지고 있는

해석 ☞

동사는 is, 시제는 현재예요. 관계대명사 뒤에는 have의 목적어가 선행사로 빠져 나가고 없는 모양이에요. 목적어가 선행사로 빠져나갔으므로 목적격 관계대명사 which를 썼어요. 목적격으로 쓰인 관계대명사는 생략할 수 있어요.

Write /the name of a classmate /you like.
써라/ 급우의 이름을/ 네가 좋아하는

해석 ☞

동사는 write, 동사원형이 문장의 맨 앞에 나오면 명령문이에요. 명령문은 "~해라"로 해석해요. 그리고 a classmate와 you like 사이에 관계대명사가 생략된 거 보이나요? 그래요, 목적격 관계대명사 'whom'이나 'that'이 생략되어 있어요.

John wrote a letter, /which /he mailed /at once.
John은 편지를 썼다/ 그리고 그것을/ 그는 우편으로 보냈다/ 즉시

해석 ☞

관계대명사 which 앞에 콤마(,)가 있어요. 관계대명사의 계속적 용법이에요. 계속적 용법은 콤마까지 해석한 다음, 적절한 접속사와 대명사를 넣고 죽 이어서 해석하는 것이 원칙이에요. 그리고 목적격으로 쓰인 관계대명사라 해도, 계속적 용법으로 쓰인 목적격 관계대명사는 생략할 수 없어요.

the book /which you bought

해석 ☞

which 뒤에는 bought의 목적어가 빠진 불완전한 문장이에요. 그래서 which는 관계대명사예요. 관계대명사 which 대신 that을 써도 돼요. 관계대명사 which는 목적격 관계대명사로 쓰인 것이기 때문에 생략할 수 있어요.

> 《War and Peace》/is the longest story /that I have ever read.
> 전쟁과 평화는/ 가장 긴 이야기이다/ 내가 이제까지 읽은
>
> 해석 ☞

the longest story가 선행사예요. 선행사에 이렇게 최상급 표현이 있을 때는 관계대명사 that을 써요. 관계대명사 that 뒤에는 read의 목적어가 빠져 있어요. 그러므로 여기의 관계대명사 that은 목적격이에요. 목적격 관계대명사이므로 that은 생략할 수 있어요.

> My friend has two brothers, /who /are older /than I.
> 나의 친구는 두 명의 형제가 있다/ 그런데 그들은/ 나이가 더 많다/ 나보다
>
> 해석 ☞

관계대명사 who 앞에 콤마가 있어요. 계속적 용법의 관계대명사예요. 콤마까지 해석한 후 적절한 접속사와 대명사를 넣고 죽 해석하면 돼요. 관계대명사 who의 선행사는 two brothers예요.

> She works /for a company /which makes /furniture.
> 그녀는 일한다/ 회사를 위해/ 만드는/ 가구를
>
> 해석 ☞

여기서 관계대명사 which는 주격이에요. 생략할 수 없어요. 물론 which 대신 that을 써도 무방한 거 아시죠? 그리고 'work for 직장' 표현은 "직장에서 일한다."로 이해하는 것이 좋아요.

> Mira couldn't meet Chan, /which was a pity.
> 미라는 만날 수 없었다/ 찬을/ 그런데 그것은/ 애석한 일이었다.
>
> 해석 ☞

which 앞에 콤마가 있으면 관계대명사의 계속적 용법이에요. 관계대명사 which는 앞 문장의 일부나 앞 문장 전체를 선행사로 할 수 있어요. 여기서는 앞 문장 전체, 즉 "Mira couldn't meet Chan"이 선행사예요.

> **I am no longer the idle man /I used to be.**
> 나는 더 이상 그 게으른 남자가 아니다/ 내가 그랬던
>
> 해석 ☞

'man'과 'I' 사이에 관계대명사 'that'이 생략된 상태예요. 선행사가 관계대명사가 이끄는 절의 보어일 때도 그 관계대명사는 생략할 수 있어요. 다음의 두 문장을 하나로 합쳐 놓았다고 생각할 수 있어요. I used to be an idle man. I am no longer the idle man.

> **What with study /and work, /I had little time /to work out.**
> 공부 때문이기도 하고/ 일 때문이기도 하여/ 나는 거의 시간이 없었다/ 운동할
>
> 해석 ☞

'what with A and (what with) B'는 "A 때문이기도 하고 B 때문이기도 하여"라는 숙어로 쓰여요. and 다음의 what with는 생략되기도 해요.

> **You may invite /whoever wants /to come.**
> 너는 초대해도 좋다/ 원하는 사람은 누구든지/ 오기를
>
> 해석 ☞

whoever는 복합관계대명사예요. "~하는 사람은 누구든지"라는 뜻으로 선행사를 포함하고 있어요.

> **Mira has married /again, /as was expected.**
> 미라가 결혼했다/ 다시/ 그런데 그것은 예상되었다.
>
> 해석 ☞

as는 유사관계대명사라고 불려요. 여기서는 계속적 용법의 which와 유사하게 쓰였어요. as는 이렇게 단독적으로 쓰이기도 하지만, 보통, the same ~ as, such ~ as, as ~ as 등의 형식으로도 많이 쓰여요.

영어 사냥 실전 20 화살   ☞ 즐기면서 신나게 암기하기 ^^*

trust 믿다, 신뢰하다
actually 실제로
wicked 사악한
terrorist 테러리스트
aim 목표 / 목표하다
innocent 죄 없는, 순진한
Canadians 캐나다인들
accept 받아들이다, 수용하다
whatever ~하는 것은 무엇이든지
heavily 심하게
valley 계곡
pollute 오염시키다
share 공유하다, 나누다

영어 사냥 화살 복습   ☞ ( ) 안에 영어 단어를 쓰세요. (정답은 앞장에)

(   ) ☞ 결과
(   ) ☞ 깨다, 깨우다 / 깨어 있는
(   ) ☞ 혼자서
(   ) ☞ 흥미진진한
(   ) ☞ ~ 만큼 ~한[하게]
(   ) ☞ 소홀히 하다
(   ) ☞ 의무, 임무
(   ) ☞ ~하러 가다
(   ) ☞ 일부는 ~, 일부는 ~
(,   ,   ,   ) ☞
          하나는 ~, 또 하나는 ~, 또 하나는 ~, 마지막은 ~

Unit 20 : 관계대명사

영어 사냥 실전 20

☞ 지시대로 풀고 뒷장에 정답을 확인하세요

♥ 다음 문장을 시제에 주의하여 해석하세요.

1. I entered the school the year that you were born.

해석☞

2. My friend trusts that old woman, who is actually very wicked.

해석☞

3. To make a good movie, there are other things you should consider.

해석☞

4. They were terrorists whose aim was to kill innocent Canadians.

해석☞

5. You must accept whatever you are given.

해석☞

♥ 우리말에 맞게 주어진 단어들을 배열하여 문장을 완성하세요. (조건: 주어진 단어를 한 번씩 모두 사용하고, 필요하면 어형을 변형하거나 추가하세요.)

6. 그 마을이 있는 그 계곡은 심하게 오염되어 있다.
   (lie, heavily, valley, the, which, the, in, town, pollute, is)

☞ _____.

7. 찬은 세 명의 누나들이 있는데, 그들은 모두 기혼이다.
   (all, Chan, three, has, of, are, married, whom, sisters)

☞ _____.

8. 나는 나의 경험을 공유할 수 있는 진정한 친구가 하나도 없었다.
   (any, I, friends, true, share, I, my, could, experiences, with, didn't, have)

☞ _____.

영어 사냥 실전 20 (정답) ☞ 우리말 ↔ 영어로 번역하세요

1. 해석☞ 나는 네가 태어난 해에 그 학교에 들어갔다.
☞

2. 해석☞ 나의 친구는 그 늙은 여자를 신뢰하지만, 그녀는 사실 매우 사악하다.
☞

3. 해석☞ 좋은 영화를 만들기 위해서 네가 고려해야 하는 다른 것들이 있다.
☞

4. 해석☞ 그들은 목표가 무고한 캐나다인들을 죽이는 것이었던 테러리스트들이었다.
☞

5. 해석☞ 너는 네가 받는 것이 무엇이든 그것을 받아들여야 한다.
☞

6. **The valley in which the town lies is heavily polluted.**
☞

7. **Chan has three sisters, all of whom are married.**
☞

8. **I didn't have any true friends I could share my experiences with.**
☞

영어 사냥 통역 20
☞ 입으로 직접 소리 내어 말하기 훈련^^*

♥ 우리말을 영어로 입으로 소리 내어 가며 연필로 옮기세요.

나는 내가 매우 많이 좋아하는 한 소녀를 안다.
☞

다른 나라들에서 사는 일부 학생들을 만나보자.
☞

이것은 내가 원하는 것이다.
☞

나의 제1 보물은 내가 가지고 있는 아름다운 추억들이다.
☞

네가 좋아하는 급우의 이름을 써라.
☞

John은 편지를 써서 그것을 즉시 우편으로 보냈다.
☞

네가 산 그 책
☞

《전쟁과 평화》는 내가 이제까지 읽은 가장 긴 이야기이다.
☞

나의 친구는 두 명의 형제가 있는데, 그들은 나보다 나이가 더 많다.
☞

그녀는 가구를 만드는 회사를 위해 일한다.(회사에서 일한다)
☞

미라는 찬을 만날 수 없었는데, 그것은 애석한 일이었다.
☞

나는 더 이상 과거의 그 게으른 남자가 아니다.
☞

공부 때문이기도 하고 일 때문이기도 하여 나는 운동할 시간이 거의 없었다.
☞

너는 오기를 원하는 사람은 누구든지 초대해도 좋다.
☞

미라가 다시 결혼했는데, 그것은 예상되었다.
☞

Unit 21 관계부사

사냥터 에피소드 21 ☞ 가볍게 읽고 살짝만 생각하기 ^^*

사냥꾼 정연아~ 넌 꿈이 뭐니?
정 연 동화작가가 되고 싶어요~ 그림도 좋아해서 직접 그림도 넣고 싶고, 영어로 동화도 쓰고 싶어요~
사냥꾼 정연이 영어만 잘하는 줄 알았더니 글과 그림에도 소질이 있나 보네. 꿈 응원할게!
정 연 네~ 감사합니당~

꿈을 이야기할때 눈부시게 반짝이던 너를위해 꿈을 이룰수있도록 꼭 도와줄께!

(사냥꾼 독백) 꿈 이야기할 때의 자신들의 모습이 얼마나 반짝거리고 눈부신지 학생들은 알까? 언제나 응원할게. 너희들의 그 꿈!

사냥꾼 강의 21　　　☞ 꼼꼼하게 읽고 깊이 생각하기

관계부사란?　우리는 이미 관계대명사를 배웠기 때문에 관계부사는 거저먹기로 할 수 있어요. 관계대명사가 접속사와 대명사를 하나로 합쳐 놓은 거니까 관계부사는 당연히? 그렇죠. 접속사와 부사를 하나로 합쳐 놓은 거예요. 부사는 문장 성분을 이루는 품사가 아니기 때문에 부사가 빠져나가도 그 문장은 그대로 완전한 문장이에요. 그래서 관계부사 뒤에는 완전한 문장이 온다는 점이 관계대명사와 다른 점 중의 하나랍니다. 관계부사는 경우에 따라 '전치사 + 관계 대명사'로 분해해볼 수 있어요.

관계부사의 종류와 선행사　관계부사에는 when, where, why, how 이렇게 네 가지가 있어요. 선행사가 시간(때)을 나타낼 때는 when, 선행사가 장소(곳)를 나타낼 때는 where, 선행사가 이유를 나타낼 때는 why, 선행사가 방법을 나타낼 때는 how를 써요. 관계부사 when의 선행사는 the time 정도로 생각해 볼 수 있어요. 관계부사 where의 선행사는 the place 정도를 생각해볼 수 있고요, 관계부사 why의 선행사는 the reason을 생각해볼 수 있고, 관계부사 how의 선행사는 the way를 생각해 볼 수 있어요.

관계부사의 용법과 해석　관계부사도 관계대명사와 마찬가지로 제한적용법과 계속적 용법이 있어요. 제한적용법은 관계부사 앞에 콤마(,)가 없고, 계속적 용법은 관계부사 앞에 콤마(,)가 있어요.

　제한적용법은 관계부사의 뒷부분을 해석하여 앞에 있는 선행사를 수식하는 방식으로 해석해요. 계속적 용법은 일단 콤마(,)까지 해석한 다음, 적절한 접속사와 부사를 집어넣고 죽 이어서 해석하면 돼요. when, where, why, how가 의문사인지 관계부사인지는 문맥을 통해 확인돼요.

관계부사 주의할 점 관계부사는 생략되는 수가 많아요. 앞에 있는 선행사를 살려두고 관계부사가 생략되기도 하고, 앞에 있는 선행사가 생략되고 관계부사를 살려두기도 하고요. 유의해야 할 점은, 관계부사 how는 그 선행사와 함께 둘 다 같이 쓸 수 없어요. 반드시 둘 중의 하나를 생략하고 써야 해요. 선행사 the way만 쓰든가 관계부사 how만 쓰든가, 그래야 돼요. 그리고 관계부사 where는 생략하지 않는 것이 통례예요.

복합관계부사 관계부사 끝에 '-ever'를 붙인 형태예요. whenever, wherever, however를 복합관계부사라고 불러요. whyever는 없어요. 이것들은 '강조'나 '양보'의 뜻을 지녀요.

강조의 뜻으로는 "~할 때는 언제든지(whenever), ~하는 곳은 어디든지(wherever)"가 돼요. 양보의 뜻으로는 "언제 ~하든(whenever), 어디에(서) ~하든(wherever), 아무리 ~하더라도(however)"가 돼요.

whenever, wherever, however가 양보의 뜻으로 쓰였을 때, 'no matter + 관계부사'로 풀어서 쓰면 양보의 뜻이 더 강해져요. 예를 들면, 'whenever ~ = no matter when ~', 'wherever ~ = no matter where ~', 'however hard ~ = no matter how hard ~' 이런 식이죠.

관계부사로서의 that 이 that이란 녀석은 요물이죠. 관계부사 when, where, why, how 대신에 that을 쓸 수가 있어요. 주로, when이나 why 대신에 많이 쓰여요. 관계부사는 이 정도로 정리돼요.

사냥꾼 요약 21 ☞ 사냥꾼 강의를 참고하여 빈칸을 채워보세요

관계부사란?	'접속사'와 '부사'를 하나로 합쳐 놓은 것
	'전치사 + 관계대명사'로 분해해 볼 수 있다.
	관계부사 뒤에는 완전한 문장이 온다.

● 관계부사의 종류와 생략

(때)when	when은 생략 가능
(장소)where	where는 생략하지 않는 것이 통례
(이유)why	why는 생략 가능 (선행사나 why, 둘 중 하나만 쓰는 것이 통례)
(방법)how	how는 생략 가능 (선행사나 how, 둘 중 하나를 반드시 생략하고 써야 한다.)

● 관계부사의 선행사

the time when	the reason why
the place where	the way (how)

● 관계부사의 용법과 해석 원칙(의문사와 구별할 것)

제한적 용법	관계부사 앞에 콤마가 (　　　). 관계부사 뒷부분 해석하여 앞에 있는 (　　　)를 수식하는 방식으로 해석한다.
계속적 용법	관계부사 앞에 콤마가 (　　　). (　　　)까지 해석한 다음, 적절한 (　　　)와 (　　　)를 넣고 죽 이어서 해석한다.

복합관계부사	whenever, wherever, however 'no matter ~'로 풀어쓰면 양보의 뜻이 강조됨
관계부사로서의 that	when, where, why, how 대신에 that을 쓸 수 있음. 주로 when과 why 대신 많이 씀.

영어 사냥 과제 21
☞ 완벽하게 암기해서 빈칸을 채우세요

관계부사란?	(　　　)와 (　　　)를 하나로 합쳐 놓은 것
	'전치사 + 관계대명사'로 분해해 볼 수 있다.
	관계부사 뒤에는 (　　　) 문장이 온다.

● 관계부사의 종류와 생략

(때)when	when은 생략 가능
(장소)where	where는 생략하지 않는 것이 통례
(이유)why	why는 생략 가능 (선행사나 why, 둘 중 하나만 쓰는 것이 통례)
(방법)how	how는 생략 가능 (선행사나 how, 둘 중 하나를 (　　　) 하고 써야 한다.)

● 관계부사의 선행사

the (　　　) when	the (　　　) why
the (　　　) where	the (　　　) how

● 관계부사의 용법과 해석 원칙(의문사와 구별할 것)

제한적 용법	관계부사 앞에 콤마가 (　　　). 관계부사 뒷부분 해석하여 앞에 있는 (　　　)를 수식하는 방식으로 해석한다.
계속적 용법	관계부사 앞에 콤마가 (　　　). (　　　)까지 해석한 다음, 적절한 (　　　)와 (　　　)를 넣고 죽 이어서 해석한다.

복합관계부사	whenever, wherever, however '(　　　) (　　　) ~'로 풀어쓰면 양보의 뜻이 강조
관계부사로서의 that	when, where, why, how 대신에 (　　　)을 쓸 수 있음. 주로 when과 why 대신 많이 씀.

영어 사냥 시범 21 화살 ☞ 즐기면서 신나게 암기하기 ^^*

still   아직도, 여전히
how to dance salsa   살사 댄스를 어떻게 추는지, 살사 댄스를 추는 방법
change   바꾸다, 변경하다
reason   이유
partner   파트너, 동반자, 동맹국
Boxing Day   복싱 데이(영국 등에서 크리스마스 뒤에 오는 첫 평일을 공휴일로 지정한 것)
the English   영국인들(복수 취급)
donate   기부하다
the poor   가난한 사람들(복수 취급)
how   방법 / 어떻게
camp   야영하다
get   얻다, ~ 하게 하다(get 목적어 to V)
always   항상
wherever   어디든지, 어디에나
no matter how[when, where] ~   (양보) (아무리) ~하더라도
unlock   자물쇠를 열다, 드러내다

영어 사냥 핵무기 복습 ☞ 빈칸을 정확하게 채우세요

원형	과거	과거분사	뜻
lend			
break			
choose			
lie			
lead			
steal			

영어 사냥 시범 21   ☞ 우리말 순서로 해석하여 연필로 쓰기 ^^

I know /the name of the town /where you went /on Sunday.
나는 안다/ 그 타운의 이름을// 너가 갔던/ 일요일에

해석 ☞

위 문장은 "I know the name of the town."과 "You went to the town on Sunday."를 관계부사를 사용하여 하나로 합쳐놓은 문장이에요. 이 두 문장을 접속사로 연결하면 "I know the name of the town and you went there on Sunday."가 돼요. "to the town"이라는 부사어구를 "there"라는 부사어로 대체했어요. 그래도 되죠? 이 문장에서 접속사 "and"와 부사 "there"를 "where"라는 관계부사를 이용하여 하나로 합칠 수 있어요. 그러면 이런 문장이 나와요. "I know the name of the town where you went on Sunday."

이 문장의 관계부사 where를 다시 적절한 "전치사 + 관계대명사"로 바꿔 볼 수 있어요. 그러면 이런 문장이 돼요. "I know the name of the town to which you went on Sunday."

He still remember /the first day /when he started /learning /how to dance salsa.
그는 아직도 기억한다/ 첫날을/ 그가 시작했던/ 배우기를/ 살사댄스를 어떻게 추는지를

해석 ☞

이 문장의 동사는 remember, 현재시제예요. when은 관계부사예요. 생략해도 돼요. 관계부사의 해석법은 관계대명사의 해석법과 똑같아요. 제한적 용법은 관계부사 뒷부분을 해석하여 앞에 있는 선행사를 수식하는 방식으로 해요.

> **Can you tell /me /the reason /why you want /to change /your partner.**
> 너는 말해줄 수 있니? 나에게/ 이유를/ 네가 원하는/ 바꾸기를/ 너의 파트너를
>
> 해석 ☞

'why'는 관계부사예요. 관계부사 뒤에는 완벽한 문장이 나와요.

> **Boxing day /is the day after Christmas Day, /when /the English donate /gifts /for the poor.**
> 복싱 데이는/ 크리스마스 다음 날이다/ 그런데 그 날/ 영국인들은 기부한다/ 선물을/ 가난한 사람들을 위해
>
> 해석 ☞

관계부사 when이 계속적 용법으로 쓰였어요. 관계부사 앞에 콤마(,)를 사용하여 계속적 용법임을 나타내요. 콤마까지 해석한 다음, 적절한 접속사와 부사를 집어넣고 죽 이어서 해석하면 돼요.

> **This is /how /he did /it.**
> 이것이/ 방법이다/ 그가 한/ 그것을
>
> 해석 ☞

관계부사 'how'가 쓰인 문장이에요. 'how' 앞에는 'the way' 정도가 생략되었어요. 'the way'나 'how' 둘 중 반드시 하나는 생략하고 써야 해요. "This is the way he did it."으로 써도 상관없어요.

> **We camped /where /we could get /enough water.**
> 우리는 야영했다/ 곳에서/ 우리가 얻을 수 있는/ 충분한 물을
>
> 해석 ☞

동사는 camped, 시제는 과거예요. 관계부사 where가 쓰였어요, where 앞에는 'at a place' 정도가 생략되어 있다고 보면 돼요. 다른 관계부사들은 선행사를 남기고 그 관계부사는 생략하고 쓰기도 하지만, 관계부사 where는 통상 생략하지 않아요.

> **I always have /her pictures /with me /wherever I go.**
> 나는 항상 가지고 있다/ 그녀의 사진들을/ 나와 함께/ 내가 어디를 가든지
>
> 해석 ☞

wherever는 복합관계부사예요. 이런 복합 관계부사는 문맥에 따라 '양보'의 의미를 갖기도 해요. 양보란, "아무리 ~하더라도, 비록 ~일지라도, ~이기는 하지만" 등으로 해석되는 것을 말해요. "그게 왜 양보야?" 하면서 의문을 갖기보다는 그냥, "이름이 맘에 안 드는군, 흠흠…" 하고 생각하는 것이 좋을 것 같아요.^^

> **No matter how hard /she tried, /she couldn't unlock /the door.**
> 아무리 열심히/ 그녀가 노력해도/ 그녀는 열 수 없었다/ 그 문을
>
> 해석 ☞

'No matter how'를 'however'로 바꾸어 쓸 수 있어요. 이렇게 'no matter ~'의 형식으로 풀어서 쓰면, "양보"의 뜻이 더욱 강조돼요.

영어 사냥 실전 21 화살 ☞ 즐기면서 신나게 암기하기 ^^*

that's why ~   그것이 ~한 이유이다
appearance   외모, 모습
get dark   어두워지다
present   제시하다, 주다, 나타내다
situation   상황, 환경
critical   중대한, 비판적인, 비난하는
swan   백조
a number of ~ = several ~   몇몇의
lake   호수
cost   비용이 ~가 들다

영어 사냥 화살 복습 ☞ ( ) 안에 영어 단어를 쓰세요. (정답은 앞장에)

(   ) ☞ ~하자
(   ) ☞ ~하는 것(선행사를 포함한 관계대명사)
(   ) ☞ (우편으로) 보내다, 부치다
(   ) ☞ 즉시, 당장, 동시에, 한꺼번에
(   ) ☞ (비교급 표현에서) ~보다
(   ) ☞ (과거의 상태), (과거의 습관) ~하곤 했다
(   ) ☞ 더 이상 ~ 아니다
(   ) ☞ A 때문이기도 하고 B 때문이기도 하여
(   ) ☞ (부정적인 의미) 거의 없는
(   ) ☞ 운동하다
(   ) ☞ 초대하다
(   ) ☞ ~하는 사람은 누구든지, (양보) 누가 ~하든
(   ) ☞ 기대하다, 예상하다

영어 사냥 실전 21

☞ 지시대로 풀고 뒷장에 정답을 확인하세요

♥ 다음 문장들을 정확히 해석하세요.

1. So that's why you went to the emergency room.

해석☞

2. I don't understand why people worry so much about their appearance.

해석☞

3. This is the park where I first met Lucy.

해석☞

4. That is the reason I was late.

해석☞

5. We got home when it was getting dark.

해석☞

6. Life presents many situations where critical and difficult decisions have to be made.

해석☞

♥ 우리말에 맞게 주어진 단어들을 배열하여 문장을 완성하세요. (조건: 주어진 단어를 한 번씩 모두 사용하고, 필요하면 어형을 변형하거나 추가하세요.)

7. Seo-yeon이를 처음으로 만났던 그 일요일을 나는 결코 잊지 못할 것이다.(Sunday, Seo-yeon, never, forget, the, I, that, meet)

☞ I'll _____ first.

8. 그들은 그 호수로 갔는데, 그곳에서 몇 마리 백조를 보았다.
   (they, go, they, see, a number of, lake, where, swan, to, the)

☞ _____ , _____ .

9. 아무리 비용이 많이 들더라도 나는 그 스마트폰을 사고 싶다.
   (much, it, I, cost, to, buy, that, want, smartphone, however)

☞ _____ , _____ .

Unit 21 : 관계부사

영어 사냥 실전 21 (정답)   ☞ 우리말 ↔ 영어로 번역하세요

1. 그래서 그것이 네가 응급실에 간 이유구나.
   ☞ So that's why you went to the emergency room.

2. 나는 사람들이 그들의 외모에 대해 그렇게 많이 걱정하는 이유를 이해하지 못한다.
   ☞ I don't understand why people worry so much about their appearance.

3. 이곳이 내가 Lucy를 처음으로 만났던 그 공원이다.
   ☞ This is the park where I met Lucy first.

4. 그것이 내가 늦은 이유이다.
   ☞ That's why I'm late.

5. 우리는 날이 어두워지던 때에 집에 도착했다.
   ☞ We arrived home when it was getting dark.

6. 삶은 중대하고 어려운 결정을 해야 하는 많은 상황을 야기한다.
   ☞ Life causes many situations where important and difficult decisions have to be made.

7. I'll never forget the Sunday that I met Seo-yeon first.
   ☞ 나는 내가 처음으로 서연이를 만났던 그 일요일을 절대 잊지 못할 것이다.

8. They went to the lake, where they saw a number of swans.
   ☞ 그들은 호수에 갔고, 그곳에서 많은 백조들을 보았다.

9. I want to buy that smartphone, however much it costs.
   ☞ 나는 그것이 아무리 비싸더라도 그 스마트폰을 사고 싶다.

영어 사냥 통역 21 ☞ 입으로 직접 소리 내어 말하기 훈련^^*

♥ 우리말을 영어로 입으로 소리 내어 가며 연필로 옮기세요.

나는 네가 일요일에 갔던 그 타운의 이름을 안다.
☞ _____

그는 그가 살사댄스를 어떻게 추는지를 배우기를 시작했던 첫날을 아직도 기억한다.
☞ _____

너는 네가 너의 파트너를 바꾸기를 원하는 이유를 나에게 말해줄 수 있니?
☞ _____

복싱 데이는 크리스마스 다음 날인데, 그날 영국인들은 가난한 사람들을 위해 선물을 기부한다.
☞ _____

이것이 그가 그것을 한 방법이다.
☞ _____

우리는 우리가 충분한 물을 얻을 수 있는 곳에서 야영했다.
☞ _____

나는 내가 어디를 가든지 나와 함께 그녀의 사진들을 가지고 다닌다.
☞ _____

아무리 열심히 노력해도, 그녀는 그 문을 열 수 없었다.
☞ _____

Unit 21 : 관계부사

Unit 22 시제

사냥터 에피소드 22 ☞ 가볍게 읽고 살짝만 생각하기 ^^*

사냥꾼 서연아~ 내가 시제를 말하면 너는 3초 내로 동사 형태와 해석하는 방법을 말할 수 있어야 한다? 우선 현재완료!

서 연 해브나 해스 쁠러스 피피요. 해석은 "~한 적이 있다, ~해왔다, ~했다" 중의 하나로 해요.

사냥꾼 좋았어. 미래진행!

서 연 윌 비 아엔지요~ "~하고 있을 것이다"로 해석해요.

사냥꾼 딩동뎅! 수동태미래!

서 연 윌 비 피피요!

사냥꾼 짝짝짝! 이제 어디 가서 영어 사냥꾼한테 영어 배운다고 말해도 되겠다! ㅋㅋㅋ

사냥꾼 강의 22   ☞ 꼼꼼하게 읽고 깊이 생각하기

12시제에 대해서는 우리가 귀가 아프도록 들어왔고, 앞으로도 귀가 너덜너덜해질 때까지 듣게 될 거예요. 오늘은 살을 좀 붙이는 작업을 할게요.

현재 문장에서 동사 부분이 '동사의 현재형'이면 시제가 현재예요. 해석은 "~한다"로 해요. 일반적 사실이나 진리, 현재의 동작이나 상태, 습관을 나타내요. 이건 너무나 당연한 것이에요. 여기에 두 가지를 더 보탤게요. 하나, 시간이나 조건(양보)을 나타내는 부사절에서는 미래시제 대신 현재시제를 써요. 둘, 예측 가능한 미래의 일을 나타내기도 해요.

과거 문장에서 동사 부분이 '동사의 과거형'이면 시제가 과거예요. 해석은 "~했다"로 해요. 과거의 동작, 상태, 습관, 경험을 나타내요. 보통 과거를 나타내는 부사어구(어제, 3년 전에 등)와 함께 주로 쓰여요.

미래 문장에서 동사 부분이 'will + 동사원형'이면 시제가 미래예요. 해석은 "~할 것이다"로 해요. 그리고 이미 언급했지만, 현재시제가 미래시제를 나타내는 수가 있어요. 또, 현재진행시제도 미래를 나타낼 때가 있어요. 세세한 차이는 나중에 실력이 쌓여서 궁금하면 그때 자료 찾아보기로 해요.

그리고 일전에 배웠던 'be going to V(~할 예정이다)'도 미래로 봐줄 수 있고요, 'be about to V(막 ~하려고 하다)'도 미래 냄새가 나요.

그리고 to부정사 편에서 다뤘던 'be동사 + to부정사', 일명 'be to용법' 예정, 가능, 의무, 운명, 의도 중에서 '예정'이 미래를 나타낸다고 볼 수 있어요. 복잡한가요? 그래도 뭐 이 정도는 꿰고 있어야죠.^^

현재진행 문장에서 동사 부분이 'am(are, is) + 동사ing'이면 시제가 현재진행이에요. 해석은 '~하고 있다'로 해요. 현재진행은 '현재 일시적으로 진행되고 있는 동작'을 나타내요. 그리고 현재진행이 정해진 계획이나 약속 등 미래를 나타낼 때가 있어요. 현재진행에서 짚고 넘어가야 할 것, 두 가지만 더 추가할게요.

첫째, 상태를 나타내는 동사(지각, 인식, 감정, 소유 등을 나타내는 단어 – see, hear, feel; know, understand, believe, think; like, love, hate, have, belong 등)는 진행시제로 안 쓰는 게 원칙이에요. 왜냐면 얘들은 이미 진행의 의미를 단어 안에 포함하고 있거든요.

둘째, always(항상), continually(계속적으로), constantly(끊임없이) 등이 진행시제와 함께 쓰이면 말하는 사람의 가벼운 짜증이나 불만을 나타낼 때가 많아요.

과거진행 문장에서 동사 부분이 'was(were) + 동사ing'이면 시제가 과거진행이에요. "~하고 있었다"로 해석해요. 과거에 일시적으로 진행되고 있던 동작을 나타내요.

미래진행 문장에서 동사 부분이 'will be 동사ing'이면 시제가 미래진행이에요. 해석은 "~하고 있을 것이다"로 해요. 미래의 특정 시점에서 진행되고 있을 동작이나 사건을 나타내요. 보통 미래의 시간을 나타내는 어구와 함께 사용해요. 또, 예기치 않은 부탁이나 어려운 부탁을 할 때도 이 미래진행시제 형태가 쓰여요.

현재완료 문장에서 동사 부분이 'have(has) + p.p'면 시제가 현재완료예요. 해석은 "~한 적이 있다, ~해왔다, ~했다"로 해요. 현재완료시제부터는 우리말에는 없는 개념이에요. 어떤 상황에서 쓰이는지를 알면 돼요.

현재완료는 과거의 한 시점부터 현재에 이르기까지의 경험이나 계속, 완료, 결과 등을 나타내요. 과거에 일어났지만 어떤 식으로든 현재와 연관이 있다는 것을 나타내요. 또, 과거에 일어나긴 했는데, 정확히 언제 일어났는지를 모르거나, 언제 일어났는지를 말하는 것이 중요하지 않을 때 써요. 그래서 과거를 명확하게 나타내는 어구와는 함께 안 써요. 과거를 명확하게 나타내는 어구는 과거시제에 쓰죠. 과거를 명확하게 나타내는 어구에 when도 포함돼요.

과거완료 문장에서 동사 부분이 'had + p.p'면 시제가 과거완료예요. 해석은 "~한 적이 있었다, ~해왔었다, ~했었다"로 해요. 과거완료는 과거의 한 시점을 기준으로 그 이전부터 기준이 되는 과거까지의 경험, 계속, 완료, 결과 등을 나타내요. 현재완료와 구별하기 위해서 해석을 현재완료 해석하는 방식에 '었'만 추가했어요.

과거완료에 대해서는 두 가지만 더 짚고 넘어갈게요. 첫째, '대과거'라는 것이 있어요. 시제를 이루는 부분은 아닌데, 문장 중에 과기의 사실이 두 개가 있을 때 먼저 일어난 것을 대과거라고 해서 had p.p 형태로 나타내요.

둘째, 때(시간)를 나타내는 부사절에서는 주절보다 먼저 일어난 일이라 해도 과거완료를 안 쓰고 그냥 과거시제로 할 수 있어요. 왜냐하면, 문맥상 선후관계를 알 수 있기 때문에 굳이 복잡한 과거완료로 안 쓰고 간단히 과거시제로 써버리는 거예요.

미래완료 문장에서 동사 부분이 'will have p.p'면 시제가 미래완료예요. 해석은 문맥에 맞게 해요. 미래의 특정 시점까지 완료될 어떤 것에 대해 말할 때 이 미래완료시제를 써서 나타내요.

현재완료진행 문장에서 동사 부분이 'have(has) been 동사ing'이면 시제가 현재완료진행이에요. 해석은 문맥에 맞게 하되 진행의 의미도 들어가게 해요. 현재완료와 크게 다를 게 없어요. 다만, 행위나 사건 그 자체에 초점이 맞춰져 있고, 앞으로도 그 상황이 죽 이어질 가능성이 있다는 것을 나타내요.

과거완료진행 문장에서 동사 부분이 'had been 동사ing'이면 시제가 과거완료진행이에요. 해석은 문맥에 맞게 하되 진행의 의미도 들어가게 해요. 과거완료와 크게 다를 바 없어요. 다만, "얼마나 오래"에 중점을 둬요.

미래완료진행 문장에서 동사 부분이 'will have been 동사ing'이면 시제가 미래완료진행이에요. 해석은 문맥에 맞게 하되 진행의 의미도 들어가게 해요. 미래의 특정 시점까지 어떤 상황이 얼마나 오래 진행되었는가를 나타낼 때 사용해요. 보통 기간을 명시해줘요.

사냥꾼 요약 22   ☞ 사냥꾼 강의를 참고하여 빈칸을 채워보세요

현재	동사 부분(동사의 현재형) / (　　　　)로 해석 일반적 사실이나 진리, 현재의 동작이나 상태, 습관 시간, 조건(양보)을 나타내는 부사절(미래 대신 현재로) 예측 가능한 미래의 일
과거	동사 부분(동사의 과거형) / (　　　　)로 해석 과거의 동작, 상태, 습관, 경험 과거를 나타내는 부사어구와 함께
미래	동사 부분(will + 동사원형) / (　　　　)로 해석 현재시제가 예측 가능한 미래를 나타내기도 함 be going to V(~할 예정이다), be to V(예정) be about to V(막 ~하려고 하다)

현재진행	am(are, is) + 동사ing / (　　　　)로 해석 현재 일시적으로 진행되고 있는 동작 정해진 계획이나 약속 등 미래를 나타내기도 함 상태를 나타내는 동사(진행시제 안 함 - 원칙) always, continually, constantly 등 삽입 (말하는 사람의 가벼운 짜증, 불만)
과거진행	was(were) + 동사ing / (　　　　)로 해석 과거에 일시적으로 진행되고 있던 동작
미래진행	will be 동사ing / (　　　　)로 해석 미래의 특정 시점에서 진행되고 있을 동작이나 사건 보통 미래의 시간을 나타내는 어구와 함께 예기치 않은 부탁이나 어려운 부탁할 때

사냥꾼 요약 22
☞ 사냥꾼 강의를 참고하여 빈칸을 채워보세요

현재완료	have(has) + p.p; (　　　　　)로 해석
	과거의 한 시점부터 현재에 이르기까지의 경험이나 계속, 완료, 결과
	과거에 일어났지만 어떤 식으로든 (　　　　)와 연관
	과거에 일어남, 정확히 언제 일어났는지 모름, 언제 일어났는지를 말하는 것이 중요하지 않을 때
	(　　　　)를 명확하게 나타내는 어구와는 안 씀
과거완료	had + p.p; (　　　　　)로 해석
	과거의 한 시점을 기준으로 그 이전부터 기준이 되는 과거까지의 경험, 계속, 완료, 결과
	대과거(had+p.p): 두 개의 과거 중 먼저 일어난 것
	때를 나타내는 부사절(과거완료 대신 과거로 가능)
미래완료	will have p.p(　　　　)에 맞게 해석
	미래의 특정 시점까지 완료될 어떤 것을 나타냄

현재완료진행	(　　　　　　　　　　　　　) 문맥에 맞게 하되 진행의 의미도 들어가게 해석 상황이 죽 이어질 가능성
과거완료진행	(　　　　　　　　　　　　　) 문맥에 맞게 하되 진행의 의미도 들어가게 해석 "얼마나 오래"에 중점
미래완료진행	(　　　　　　　　　　　　　) 문맥에 맞게 하되 진행의 의미도 들어가게 해석 미래의 특정 시점까지 얼마나 오래 진행되었는지를 나타냄 보통 기간을 명시

영어 사냥 과제 22
☞ 완벽하게 암기해서 빈칸을 채우세요

현재	동사 부분( ) / ( )로 해석 일반적 사실이나 진리, 현재의 동작이나 상태, 습관 ( ), ((양보))를 나타내는 부사절(미래 대신 현재로) 예측 가능한 미래의 일
과거	동사 부분( ) / ( )로 해석 과거의 동작, 상태, 습관, 경험 과거를 나타내는 부사어구와 함께
미래	동사 부분(will + 동사원형) / ( )로 해석 현재시제가 예측 가능한 미래를 나타내기도 함 be going to V( ), be to V( ) be about to V( )

현재진행	( ) / ( )로 해석 현재 일시적으로 진행되고 있는 동작 정해진 계획이나 약속 등 미래를 나타내기도 상태를 나타내는 동사(진행시제 안 함 - 원칙) always, continually, constantly 등 삽입 (말하는 사람의 가벼운 짜증, 불만)
과거진행	( ) / ( )로 해석 과거에 일시적으로 진행되고 있던 동작
미래진행	( ) / ( )로 해석 미래의 특정 시점에서 진행되고 있을 동작이나 사건 보통 미래의 시간을 나타내는 어구와 함께 예기치 않은 부탁이나 어려운 부탁

영어 사냥 과제 22   ☞ 완벽하게 암기해서 빈칸을 채우세요

현재완료	( ); ( )로 해석	
	과거의 한 시점부터 현재에 이르기까지의 경험이나 계속, 완료, 결과	
	과거에 일어났지만 어떤 식으로든 현재와 연관	
	과거에 일어남, 정확히 언제 일어났는지 모름, 언제 일어났는지를 말하는 것이 중요하지 않음	
	과거를 명확하게 나타내는 어구와는 안 씀	
과거완료	( ); ( )로 해석	
	과거의 한 시점을 기준으로 그 이전부터 기준이 되는 과거까지의 경험, 계속, 완료, 결과	
	대과거(had+p.p): 두 개의 과거 중 먼저 일어난 것	
	때를 나타내는 부사절(과거완료 대신 과거로 가능)	
미래완료	( ) (문맥에 맞게 해석)	
	미래의 특정 시점까지 완료될 어떤 것을 나타냄	

현재완료진행	( ) ( )의 의미도 들어가게 해석 상황이 죽 이어질 가능성
과거완료진행	( ) ( )의 의미도 들어가게 해석 "얼마나 오래"에 중점
미래완료진행	( ) ( )의 의미도 들어가게 해석 미래의 특정 시점까지 얼마나 오래 진행되었는지를 나타냄 보통 기간을 명시

영어 사냥 시범 22 화살   ☞ 즐기면서 신나게 암기하기 ^^*

nurse 간호사
look after 돌보다
patient 환자 / 참을성 있는
only 겨우, 단지, 오직
shut - shut - shut 닫다
be about to V 막 ~하려고 하다
make a speech 연설하다
conference 회의
boil 끓다, 끓이다, 삶다, 데치다
turn off 끄다
each other 서로
for a long time 오랫동안
this time next week 다음 주 이맘때
lie 눕다, 누워있다, 있다
beach 해변
sea 바다
swim - swam - swum 헤엄치다
ill 아픈
since ~이래로, ~이후로
experiment 실험하다
museum 박물관
by the time ~ ~ 때쯤에
get home 집에 도착하다
from top to bottom 구석구석, 꼭대기에서 바닥까지
all day 하루 종일
travel 여행하다, 이동하다, 가다
about 약, 대략

영어 사냥 시범 22　　　☞ 우리말 순서로 해석하여 연필로 쓰기 ^^

> **Nurses /look after /patients /in hospitals.**
> 간호사들은/ 돌본다/ 환자들을/ 병원에서
>
> 해석 ☞

동사는 look, 시제는 현재예요. 문장을 보고 동사를 찾을 때, 'look after(돌보다)'가 한눈에 쏙 들어오면 좋겠어요. 많은 표현들을 숙지하고 있으면, 그만큼 글을 빨리 읽을 수 있어요.

> **He was only 35 years old /when he died.**
> 그는 겨우 35세였다/ 그가 죽었을 때
>
> 해석 ☞

동사는 was, 시제는 과거예요. when절의 동사는 died, 시제는 과거예요.

> **I'll go /and shut /the door.**
> 내가 가서 닫을 것이다/ 그 문을
>
> 해석 ☞

동사는 will go, 시제는 미래예요. go와 shut이 조동사 will에 같이 걸려요.

> **We /are about to leave /now.**
> 우리는/ 막 떠나려고 한다/ 지금
>
> 해석 ☞

'be about to V' 표현이 눈에 쏙 들어와야 해요. 의미는 "막 ~하려고 하다"예요. 일종의 가까운 미래로 쳐줄 수 있어요.

> **She /is making a speech /at the conference /next week.**
> 그녀는/ 연설할 것이다/ 그 회의에서/ 다음 주에
>
> 해석 ☞

동사는 is making, 시제는 겉보기에는 '현재진행'이지만, 문맥상 "가까운 미래"를 나타내요. 'next week'에 주목해 주세요.

> **The water /is boiling. Can you turn it off?**
> 물이/ 끓고 있다. 너는 그것을 꺼 줄 수 있니?
>
> 해석 ☞

앞 문장의 동사는 is boiling, 시제는 현재진행이에요. 뒤 문장에는 조동사 can이 쓰였어요. turn it off처럼 동사구에서 대명사(it) 목적어는 꼭 사이에 끼워주세요.

> **You are always watching /television. You should do /your homework /first.**
> 너는 항상 보고 있다/ 텔레비전을// 너는 해야 한다/ 너의 숙제를/ 먼저
>
> 해석 ☞

동사는 are watching, 시제는 '현재진행'이에요. always를 진행시제에 함께 씀으로써, '말하는 사람의 가벼운 짜증'을 담고 있어요.

> **Chan was watching /television /when we arrived.**
> Chan은 보고 있었다/ 텔레비전을/ 우리가 도착했을 때
>
> 해석 ☞

동사는 was watching, 시제는 과거진행이에요. "~하고 있었다"라고 해석해요.

> **We haven't seen /each other /for a long time.**
> 우리는 보지 못했다/ 서로를/ 긴 시간 동안
>
> 해석 ☞

동사는 haven't seen, 시제는 현재완료예요. 현재완료는 우리말 개념에 없어서 해석을 세 가지로 하기로 했어요. "~한 적이 있다, ~해왔다, ~했다" 중에서 문맥상 가장 어울리는 것으로 골라서 해석하면 돼요.

> **This time next week /I'll be on holiday. I'll be lying /on the beach /or swimming /in the sea.**
> 다음 주 이맘때/ 나는 휴가 중일 것이다// 나는 누워있을 것이다/ 해변에/ 또는 수영하고 있을 것이다/ 바다에서
>
> 해석 ☞

첫 문장의 동사는 will be, 시제는 미래시제예요. 두 번째 문장의 동사는 will be lying, 시제는 '미래진행'이에요. "~하고 있을 것이다"라고 해석해요.

> **Tom has been ill /since Christmas.**
> Tom은 죽 아팠다/ 크리스마스 이래로
>
> 해석 ☞

동사는 has been, 시제는 현재완료예요. since(~이래로)나 for(~동안)가 쓰여 있을 때는 "죽 ~해왔다"라는 의미를 나타내요.

> **He /had experimented /with rubber /for three years.**
> 그는/ 실험을 해왔었다/ 고무를 가지고/ 3년 동안
>
> 해석 ☞

동사는 had experimented, 시제는 과거완료예요. 과거완료는 과거의 한 시점을 기준으로 그 이전부터 기준이 되는 과거까지의 일을 나타낼 때 써요. 해석은 "~한 적이 있었다, ~해왔었다, ~했었다" 중에서 가장 어울리는 것으로 골라서 하면 되 겠어요.

> **I had wanted /to visit /the museum /before I left /Korea.**
> 나는 원했었다/ 방문하기를/ 그 박물관을/ 내가 떠나기 전에/ 한국을
>
> 해석 ☞

동사는 had wanted, 시제는 과거완료예요. 과거에 바랐으나 이루지 못한 것을 나타낼 때도 과거완료를 써요.

> **Next year /they will have been married /for 24 years.**
> 내년이면/ 그들은 결혼해 왔을 것이다/ 24년 동안
>
> 해석 ☞

동사는 will have been married, 시제는 수동태미래완료예요. 내년이 아직 안됐지만 내년이 왔을 때에도 결혼 상태를 유지한다면, 내년에 결혼한 지 24년이 되는 셈이 될 거라는 의미예요. 미래완료는 우리말 개념에 없어서 문맥에 맞게 우리말답게 풀어서 해석하면 돼요. 해당 시제가 정확히 어느 경우에 쓰이는지를 알고 있어야겠죠?

> **By the time you get home /I will have cleaned /the house /from top to bottom.**
> 네가 집에 도착할 때쯤에/ 나는 청소해 놨을 것이다/ 집을 꼭대기로부터 밑바닥에 이르기까지
>
> 해석 ☞

동사는 will have cleaned, 시제는 미래완료예요. 'by the time ~'는 "~때쯤에"로 해석할 수 있어요. 아직 집에 도착하지 않았는데, 미래의 어느 한 시점에서 도착할 때쯤에 완료될 어떤 상황을 나타낼 때 미래완료시제를 써요. 문맥에 맞게 해석하면 돼요.

Seo-yeon has been reading /the letters /all day.
서연이는 죽 읽고 있다/ 편지를/ 하루 종일

해석 ☞

문장의 동사 부분은 'has been reading', 시제는 '현재완료진행'이에요. 현재완료진행은 현재완료나 똑같은데, 진행의 의미만 더 내포하고 있다고 보면 돼요. 과거의 한 시점에서 시작된 그 상황이 앞으로도 계속될 여지가 있다는 것을 나타내요.

They had been travelling /for about 36 hours.
그들은 여행해오고 있었다/ 약 36시간 동안

해석 ☞

동사는 had been travelling, 시제는 과거완료진행이에요. 과거완료진행은 과거의 한 시점을 기준으로 그 이전부터 그 기준이 되는 과거까지의 어떤 일의 진행을 나타내요. 기준이 되는 과거의 한 시점 이후로도 계속될 가능성이 있음을 나타내요. 문맥에 맞게 해석해요.

Next year /I will have been working /in that company for 20 years.
내년이면/ 나는 일하고 있는 셈이 된다/ 그 회사에서/ 20년 동안

해석 ☞

동사는 'will have been working', 시제는 '미래완료진행'이에요. 아직 내년이 온 건 아닌데, 내년에도 그 회사에서 일한다면 20년 동안 그 회사에서 일하고 있는 셈이 될 것이라는 의미예요. 미래의 특정 시점, 그 이후로도 계속될 가능성이 있음을 암시한다고 보면 돼요.

영어 사냥 실전 22 화살 ☞ 즐기면서 신나게 암기하기 ^^*

this time last year 작년 이맘때
be to V 예정, 가능, 의무, 운명, 의도
suffer from ~ ~에 걸리다, ~으로 고생하다
flu 독감

영어 사냥 화살 복습 ☞ ( ) 안에 영어 단어를 쓰세요. (정답은 앞장에)

( ) ☞ 아직도, 여전히
( ) ☞ 살사 댄스를 어떻게 추는지, 살사 댄스를 추는 방법
( ) ☞ 바꾸다, 변경하다
( ) ☞ 이유
( ) ☞ 파트너, 동반자, 동맹국
( ) ☞ 영국인들(복수 취급)
( ) ☞ 기부하다
( ) ☞ 가난한 사람들(복수 취급)
( ) ☞ 방법 / 어떻게
( ) ☞ 야영하다
( ) ☞ 얻다, ~ 하게 하다(get 목적어 to V)
( ) ☞ 항상
( ) ☞ 어디든지, 어디에나
( ) ☞ ~ (양보) (아무리) ~하더라도
( ) ☞ 자물쇠를 열다, 드러내다

영어 사냥 실전 22

☞ 지시대로 풀고 뒷장에 정답을 확인하세요

♥ 동사 부분을 찾아서 시제를 파악한 후, 정확히 해석하세요.

1. This time last year she was living in Suncheon.
   동사 부분(   )   시제(   )

   해석☞

2. We are having a party on Sunday, October 27th. Can you come?
   동사 부분(   )   시제(   )

   해석☞

3. They have been playing tennis since 2 o'clock.
   동사 부분(   )   시제(   )

   해석☞

4. We are to meet at six.
   동사 부분(   )   시제(   )

   해석☞

♥ 우리말에 맞게 주어진 단어들을 배열하여 문장을 완성하세요. (조건: 주어진 단어를 한 번씩 모두 사용하고, 필요하면 어형을 변형하거나 추가하세요.)

5. 그녀는 내가 그녀에게 준 나의 전화번호를 잃어버렸다.
   (phone number, she, her, my, lose, that, I, give, have)

   ☞ _____.

6. 지금부터 세 시간이면, 모든 사람들이 집에 가버리고 없을 것이다.
   (go, everybody, from, will, have, home, now)

   ☞ **Three hours** _____.

7. 그녀가 면접을 봤을 때, 그녀는 독감에 걸려있었다.
   (interview, have, she, be, from, suffer, flu, be, she)

   ☞ _____ when _____.

영어 사냥 실전 22 (정답)　　　☞ 우리말 ↔ 영어로 번역하세요

1. 동사 부분(was living) 시제(과거진행)

해석☞ 작년 이맘때 그녀는 순천에서 살고 있었다.

☞

2. 동사 부분(are having) 시제(형태는 현재진행이지만, 미래를 나타냄)

해석☞ 우리는 10월 27일, 일요일에 파티를 할 거야. 너 올 수 있니?

☞

3. 동사 부분(have been playing) 시제(현재완료진행)

해석☞ 그들은 2시 이래로 죽 테니스를 치고 있다.

☞

4. 동사 부분(are to meet(be to용법)) 시제(형태상으로는 현재이지만, 의미상 미래)

해석☞ 우리는 여섯 시에 민날 에징이다.

☞

5. She lost my phone number that I had given her.

☞

6. Three hours from now everybody will have gone home.

☞

7. She had been suffering from flu when she was interviewed.

☞

영어 사냥 통역 22 ☞ 입으로 직접 소리 내어 말하기 훈련^^*

♥ 우리말을 영어로 입으로 소리 내어 가며 연필로 옮기세요.

간호사들은 병원에서 환자들을 돌본다.
☞ _____

그가 죽었을 때, 그는 겨우 35세였다.
☞ _____

내가 가서 그 문을 닫을 것이다.
☞ _____

우리는 지금 막 떠나려고 한다.
☞ _____

그녀는 다음 주에 그 회의에서 연설할 것이다.
☞ _____

물이 끓고 있다. 너는 그것을 꺼 줄 수 있니?
☞ _____

너는 항상 텔레비전을 보고 있다. 너는 너의 숙제를 먼저 해야 한다.
☞ _____

우리가 도착했을 때, Chan은 텔레비전을 보고 있었다.
☞ _____

우리는 서로를 긴 시간 동안 보지 못했다.
☞ _____

영어 사냥 통역 22 ☞ 입으로 직접 소리 내어 말하기 훈련^^*

♥ 우리말을 영어로 소리 내어 옮기세요.

다음 주 이맘때 나는 휴가 중일 것이다. 나는 해변에 누워있거나 바다에서 수영하고 있을 것이다.
☞ _____

Tom은 크리스마스 이래로 죽 아팠다.
☞ _____

그는 3년 동안 고무를 가지고 실험을 해왔었다.
☞ _____

내가 한국을 떠나기 전에, 나는 그 박물관을 방문하기를 원했었다.
☞ _____

내년이면 그들은 결혼한 지 24년이 되는 셈이다.
☞ _____

네가 집에 도착할 때쯤에 나는 집을 구석구석 청소를 다 끝내놨을 것이다.
☞ _____

서연이는 하루 종일 죽 편지를 읽고 있다.
☞ _____

그들은 약 36시간 동안 여행해오고 있었다.
☞ _____

내년이면 나는 그 회사에서 20년 동안 일하고 있는 셈이 된다.
☞ _____

Unit 23 > 가정법

사냥터 에피소드 23 ☞ 가볍게 읽고 살짝만 생각하기 ^^*

사냥꾼 문호야~ 선생님이 "문호가 영어를 잘하면 좋겠어"라고 말했다면, 내 마음 속에 어떤 생각을 가지고 이렇게 말한 것일까?

문 호 선생님 속마음을 제가 어떻게 알아요? 그런데 선생님 표정을 보면 알 수는 있을 것 같아요.

사냥꾼 네 말대로 내 표정을 보면 짐작은 가지 않겠니? 영어 가정법에도 화자의 속마음을 알 수 있는 표정이 있어요. "나는 이런 마음의 뜻으로 말한 거야"를 나타내는 여러 가지 표정을 알아두면 말하는 사람의 속마음을 알 수 있단다.

문 호 이거 배우면 여자의 속마음도 알 수 있는 건가요? 빨리 배워요!

사냥꾼 강의 23　　　　　　　　☞ 꼼꼼하게 읽고 깊이 생각하기

'법'은 말하는 사람의 마음의 태도를 나타내는 방법을 말해요. 여기에는 직설법(사실을 그대로 진술하며 12시제 형태로 나타남), 명령법(동사원형을 앞세워 상대방에게 어떤 동작을 일으키게 함), 그리고 가정법(사실이 아닌 것을 가정)이 있어요. 영어에서는 흔히 '법' 하면 '가정법'을 말해요.

자칫 복잡할 수 있는 파트인데요, 최대한 간단하게 정리해볼게요. 가정법은 일정한 형식을 갖춰야 해요. 가정법문장에는 if와 조동사(will, shall, can, may, would, should, could, might)가 필요해요.

아래에 다섯 가지 형태로 나눠서 정리할 건데요, 각각의 이름에 현혹되지 말고, 그 정확한 쓰임새를 숙지하면 돼요.

가정법현재(조건문) 가정법현재는 일명 조건문이라고도 해요. **현재나 미래의 불확실한 것을 가정할 때** 써요. if절과 주절의 형태를 다음과 같이 나타내요.

　　If + 주어 + 동사의 현재형 ~,
　　　　주어 + will(shall, can, may) + 동사원형~

예를 들어보면, "만약 그가 정직하다면, 나는 그를 고용할 텐데."라고 가정할 수 있어요. 그가 정직한지 정직하지 않은지는 잘 모르겠지만 만약에 정직하다면(확률은 50:50) 그를 고용할 거라는 말이에요. 화자가 이런 마음의 태도일 때 가정법 현재를 써요. 그러면, 현재나 미래가 아니라 과거의 불확실한 것을 나타낼 때는 어떻게 할까요? 그럴 때는 if절에 동사의 과거형을 써주고, 주절에는 상황에 맞는 직설법 형식을 쓰면 돼요.

가정법과거 가정법과거는 **현재 사실에 반대되는 것을 가정**할 때 써요. 한마디로 사실이 아닌 것을 가정할 때 써요. if절과 주절의 형태를 다음과 같이 나타내요.

>   If + 주어 + 동사의 과거형~,
>   주어 + would(should, could, might) + 동사원형 ~

"내 이름이 가정법과거야"라는 것을 나타내기 위해서 if절에 형식상 '동사의 과거형'이 들어간 것이지, 직설법 12시제의 과거를 나타내는 게 아니란 말이에요. 그래서 해석할 때 주의해야 해요. "만약 (현재) ~한다면, ~할 텐데"로 해석해요. 예를 들면, 지금 나에게 돈이 없어요. 그래서 그 책을 살 수가 없어요. 이럴 때 현재 사실에 반대되는 가정을 해볼 수 있어요. "지금 나에게 돈이 있다면, 그 책을 살 수 있을 텐데"라고 말이죠. 이럴 때 쓰는 게 '가정법 과거'예요.

가정법과거완료 가정법과거완료는 과거 사실에 반대되는 것을 가정할 때 써요. if절과 주절의 형태를 다음과 같이 나타내요.

>   If + 주어 + had p.p ~,
>   주어 + would(should, could, might) + have p.p ~

형식상 "나는 가정법과거완료야"라는 것을 나타내기 위해서 if절에 'had p.p' 형태가 들어간 것이지, 직설법 12시제의 과거완료를 나타내는 게 아니에요. 그래서 해석할 때 주의해야 해요. "만약 (과거에) ~했다면, ~했을 텐데"로 해석해요. 예를 들어보면, 과거에 내가 영어 공부를 열심히 안 했어요. 그래서 영어성적이 좋지 않았어요. 이것은 과거 사실이에요. 이 과거 사실에 반대되게 "과거에 내가 영어 공부를 열심히 했다면, 나는 영어성적이 좋았을 텐데."라고 가정해볼 수 있어요. 이렇게 과거 사실에 반대되게 가정하는 것이 '가정법과거완료'예요. 명심하기!

가정법미래1 가정법미래1은 편의상 그렇게 이름을 붙였을 뿐이에요. 일명 'if should 가정법'이라고도 불러요. 일어날 가능성은 있으나 일어나지 않을 것 같은 경우를 가정할 때 써요. if절과 주절의 형태를 다음과 같이 나타내요.

If 주어 should + 동사원형~,
　　주어 + will(shall, can, may, would, should, could, might) + 동사원형~

얘는 형태가 약간 특이해요. 주절에 여덟 가지 조동사가 어느 것이든 나올 수 있어요. "(그럴 리는 없겠지만 혹시라도) ~한다면, ~할 텐데"라고 해석해요. 그리고 주절에 명령문의 형태가 나올 수도 있어요. 이때는 "(그럴 리는 없겠지만 혹시라도) ~한다면, ~해라"라고 해석해요. 예를 들면, 지금 밤하늘을 보니, 별이 총총 빛나요. 오늘 밤 이렇게 별이 빛나는 데, 내일 비가 올 확률은 낮죠. 이럴 때, 이렇게 가정해 볼 수 있을 거예요. "내일 혹시라도 비가 오면 한강에 산책하러 가지 않을 거야." 이렇게 말하는 화자의 마음의 태도는 "별이 이렇게 총총 떠 있는데 내일 설마 비가 오겠어? 내일 한강에 소풍 갈 채비를 미리 해놓고 잠자리 들어야지"라는 마음의 태도로 이런 말을 하는 거죠.

가정법미래2 가정법미래2는 상상의 미래 상황을 가정할 때 써요. 다시 말하지만 이름에 현혹되지 마세요. 일명 'if were to 가정법'이라고 부르기도 해요.

If 주어 + were to 동사원형~,
　　주어 + would(should, could, might) + 동사원형~

Unit 23 : 가정법

가정법미래2는 편의상 이름을 그렇게 붙여놨고, 또 그렇게 분류해 놓았을 뿐이에요. 어찌 보면 가정법과거와도 일맥상통한다고도 볼 수 있어요. 예를 들면, 나는 남자인데 이렇게 상상해볼 수 있어요. "내가 다시 태어난다면, 여자로 태어날 텐데." 이렇게 가정할 때, if were to 가정법이 딱 이에요.

이렇게 해서 가정법 1차 정리가 끝났어요. 이제 2차 정리를 할 건데요. 1차 정리가 완벽하게 숙지되어야 2차 정리가 잘 될 거예요.

가정법 if의 생략 가정법에서 if절에 were, had, should가 있을 때는 if를 생략하고 쓰기도 해요. if를 생략하면 주어와 동사의 위치를 바꿔줘요. 그래서 결과적으로 were, had, should가 문장 맨 앞에 떡! 하고 나타나죠. 이때는 "혹시?" 하고 가정법을 떠올려 보세요. 뒤에 would, should, could, might 등 조동사가 보이면 "역시!"하고 미소를 지으면 돼요. 가정법에는 저런 조동사가 꼭 있으니까요.^^

I wish 가정법 I wish 다음에 '주어 + 동사의 과거형'이 나오면 이 '주어 + 동사의 과거형' 부분이 현재 사실의 반대를 나타내는 가정법과거예요. 'I wish' 부분은 가정법이 아니에요. 'I wish 주어 + 동사의 과거형 ~'은 "주어가 ~라면 좋겠다." 또는 "주어가 ~이기를 바란다."로 해석해요.

또, I wish 다음에 '주어 + had p.p'가 나오면 이 '주어 + had p.p' 부분이 과거 사실의 반대를 나타내는 가정법과거완료예요. 'I wish 주어 + had p.p'는 "주어가 ~였[했]다면 좋겠다." 또는 "주어가 ~였[했]기를 바란다."로 해석해요.

as if(as though) 가정법　'as if' 또는 'as though' 다음에 '주어 + 동사의 과거형'이 나오면 이 '주어 + 동사의 과거형' 부분이 현재 사실의 반대를 나타내는 가정법과거예요. "as if(as though) 주어 + 동사의 과거형~"은 "마치 ~인 것처럼"으로 해석해요.

또, as if(as though) 다음에 '주어 + had p.p'가 나오면 이 '주어 + had p.p' 부분이 과거 사실의 반대를 나타내는 가정법과거완료예요. 'as if(as though) 주어 + had p.p~'는 "마치 ~였던[했던]것처럼"으로 해석해요.

but for = without　if를 대신하는 여러 가지 어구 중에 but for와 without이 있어요. 이것들이 가정법과거의 if절을 대신할 때는 "~이 없다면"이라는 뜻이에요. 같은 뜻으로 'If it were not for ~' 표현이 있어요. 이것들이 가정법과거완료의 if절을 대신할 때는 "~이 없었다면"이라는 뜻이에요. 같은 뜻으로 "If it had not been for ~" 표현이 있어요.

if를 대신하는 여러 가지 어구들　unless(만약 ~하지 않으면), otherwise(만약 그렇지 않으면), supposing that ~ = suppose that(~을 가정하면), considering that ~(~을 고려하면), providing that = provided that ~(만약 ~하면), granted that = granting that(~이라고 하더라도), to부정사(부사적 용법 중의 조건을 나타낼 때), 분사구문(조건을 나타낼 때), 주어 자체(주어 자체가 if를 내포) 등의 표현들이 if를 대신한다고 볼 수 있어요. 그냥 어휘로 받아들이는 것이 편해요.

기타가정법 혼합가정법이란 게 있어요. 상황에 따라 if절과 주절이 공식대로 가지 않고, if절은 가정법과거완료, 주절은 가정법과거가 나올 수도 있어요. 반대로 if절은 가정법과거, 주절은 가정법과거완료가 나올 수도 있어요. 또 if절은 없고 주절만 덩그러니 남아있는 경우도 있어요.

'it is time 가정법'이라고 해서 'it is time 주어 + 동사의 과거형' 표현이 있어요. 이 표현은 "~할 시간이다"로 해석해요. 이것을 'it is time 주어 should 동사원형'으로 풀어서 쓸 수도 있어요.

그리고 가정법에서 if절에 be동사의 과거형이 쓰일 때, 인칭에 관계없이 were를 쓰는 것이 원칙이에요. 원칙을 깨고 was를 쓰는 사람들이 종종 있어요. 가정법은 이 정도로 정리가 돼요.

사냥꾼 요약 23

☞ 사냥꾼 강의를 참고하여 빈칸을 채워보세요

가정법현재 일명 조건문	If + 주어 + 동사의 현재형 ~, 주어 + will(shall, can, may) + 동사원형~ 현재나 미래의 (　　　　　)을 가정
가정법과거	If + (　　　　　　　　　　　) ~, 주어 + would(s, c, m) + 동사원형~ 현재 사실에 반대되는 것을 가정 "만약 (현재) ~한다면, ~할 텐데"
가정법과거완료	If + (　　　　　　　　　　　) ~, 주어 + would(s, c, m) + have p.p ~ 과거 사실에 반대되는 것을 가정 "만약 (과거에) ~했다면, ~했을 텐데"
가정법미래1 If should 가정법	If + (　　　　　　　　　　　) ~, 주어 + will(shall, can, may, would, should, could, might) + 동사원형~ 일어날 가능성은 있으나 일어나지 않을 것 같은 경우를 가정 주절에 명령문의 형태가 나올 수도(특이)
가정법미래2 if were to 가정법	If 주어 + were to 동사원형~, 주어 + would(s, c, m) + 동사원형~ 상상의 미래 상황을 가정 가정법과거와 일맥상통한 점 있음

가정법에서 if의 생략	if 생략 시, (　　　　)와 (　　　　)의 위치를 바꿔 were, had, should가 문장의 맨 앞에 보이면 (　　　　)임을 의심

사냥꾼 요약 23

☞ 사냥꾼 강의를 참고하여 빈칸을 채워보세요

I wish 가정법과거	
I wish 다음에 '주어 + 동사의 과거형'	
"주어가 ~라면 좋겠다" 또는 "주어가 ~이기를 바란다"	

I wish 가정법과거완료	
I wish 다음에 '주어 + had p.p'	
"주어가 ~였[했]다면 좋겠다", "주어가 ~였[했]기를 바란다"	

as if(as though) 가정법과거	
as if 또는 as though 다음에 '주어 + 동사의 과거형'	
( )로 해석	

as if(as though) 가정법과거완료	
as if(as though) 다음에 '주어 + had p.p'	
( )로 해석	

but for = without	= If it were not for ~ "~이 없다면" = ( ) "~이 없었다면"

그 외 if절 대신	unless(만약 ~하지 않으면), otherwise(만약 그렇지 않으면), supposing that ~ = suppose that(~을 가정하면), considering that ~(~을 고려하면), providing that = provided that ~(만약 ~하면), granted that = granting that(~이라고 하더라도), to부정사(부사적 용법 중의 조건을 나타낼 때), 분사구문(조건을 나타낼 때), 주어 자체(주어 자체가 if를 내포)

혼합가정법
if절은 가정법과거완료, 주절은 가정법과거 등

it is time 가정법(~할 시간이다)
it is time 주어 + 동사의 과거형 = it is time 주어 should 동사원형

영어 사냥 과제 23

☞ 완벽하게 암기해서 빈칸을 채우세요

가정법현재 일명 조건문	공식: 현재나 미래의 (　　　　　) 것 가정
가정법과거	공식: 　　　(　　　　　　)사실에 반대되는 것을 가정 "(　　　　　　　　　　　), ~할 텐데"
가정법과거완료	공식: 　　　(　　　　　　)사실에 반대되는 것을 가정 "만약 (과거에) ~(　　　　　)면, ~(　　　　　)텐데"
가정법미래1 If should 가정법	If 주어 should + 동사원형~, 주어 + will(shall, can, may, would, should, could, might) + 동사원형~ 일어날 가능성은 (　　　　　　)으나 일어나지 (　　　　　) 것 같은 경우를 가정 주절에 명령문의 형태가 나올 수도(특이)
가정법미래2 if were to 가정법	공식: 　　　(　　　　　　　) 상황을 가정 가정법과거와 일맥상통한 점 있음

가정법에서 **if의 생략**	if 생략 시, (　　　　　)와 (　　　　　)의 위치를 바꿔 were, had, should가 문장 맨 앞이면?

영어 사냥 과제 23

☞ 완벽하게 암기해서 빈칸을 채우세요

I wish 가정법과거		
I wish 다음에 ( ) "주어가 ~라면 좋겠다" 또는 "주어가 ~이기를 바란다"		
I wish 가정법과거완료		
I wish 다음에 ( ) "주어가 ~였[했]다면 좋겠다", "주어가 ~였[했]기를 바란다"		
as if(as though) 가정법과거		
as if 또는 as though 다음에 ( ) ( )로 해석		
as if(as though) 가정법과거완료		
as if(as though) 다음에 ( ) ( )로 해석		
but for = without	= ( ) ~ "~이 없다면" = ( ) ~ "~이 없었다면"	
그 외 if절 대신	unless( ), otherwise( ), supposing that ~ = suppose that( ), considering that ~( ), providing that = provided that ~( ), granted that = granting that( ), ( )(부사적 용법 중의 조건을 나타낼 때), ( )(조건을 나타낼 때), ( )자체(주어 자체가 if를 내포)	
혼합가정법		
(if절은 가정법과거완료, 주절은 가정법과거)		
it is time 가정법(~할 시간이다)		
it is time ( ) = it is time ( )		

영어 사냥 시범 23 화살   ☞ 즐기면서 신나게 암기하기 ^^*

give ~ a lift   ~를 (차로) 태워주다
wallet   지갑
police station   경찰서
alive   살아있는
would like to V   ~하고 싶다
be born   태어나다
earlier   더 일찍
answer the phone   전화를 받다
as though   마치 ~인 것처럼, 마치 ~이었던 것처럼
had better V   ~하는 게 낫다
otherwise   그렇지 않으면, 그렇지 않았더라면
take A for B   A를 B로 여기다
expert   전문가
wise   현명한
patiently   참을성 있게
If it were not for ~ = Were it not for ~   ~이 없다면

영어 사냥 핵무기 복습   ☞ 빈칸을 완벽하게 채우세요

원형	과거	과거분사	뜻
sink			가라앉다, 침몰하다
cost			비용이 ~가 들다
stand			서다, 서있다
drink			마시다, 술을 마시다
sit			앉다
forgive			용서하다

영어 사냥 시범 23 ☞ 우리말 순서로 해석하여 연필로 쓰기 ^^

If I were you, /I wouldn't buy /those shoes.
만약 내가 당신이라면/ 나는 사지 않을 텐데/ 그 신발을

해석 ☞

if절과 주절의 공식에 대입해 보니, 전형적인 '가정법과거'예요. 사실은 내가 당신이 아니지만, "만약 내가 당신이라면" 하면서 현재 사실에 반대되는 가정을 하고 있어요.

If it rains, I'll give you a lift.

해석 ☞

가정법 공식에 대입해보니, 전형적인 '가정법현재', 즉 '조건문 현재'에요. "비가 올지 안 올지는 모르겠으나 만약 비가 온다면" 하면서 미래의 불확실한 것(비 올 확률 50%)을 가정하고 있어요.

If I found /a wallet /in the street, /I'd take /it /to the police station.
만약 내가 발견한다면/ 지갑을/ 길에서/ 나는 가져다줄 것이다/ 그것을/ 경찰서에

해석 ☞

'가정법과거' 공식에 딱 들어맞는 문장이에요. 이렇게 말하는 사람은 마음의 태도는 "(내가 현재 지갑을 발견한 것은 아니지만) 만약에 발견하면" 하고 현재 사실과 반대되는 가정을 하고 있어요.

If my little brother /were still alive, he would be twenty /this year.
만약 나의 남동생이/ 아직 살아있다면/ 그는 스무 살일 텐데/ 올 해

해석 ☞

 전형적인 '가정법과거' 공식에 들어맞아요. 화자의 마음의 태도는 "(나의 남동생은 지금 현재 살아있지 않지만) 만약 살아 있다면"을 나타내요. 현재 사실에 대한 반대되는 것을 가정하는 거예요.

If I had known /you were in hospital, /I would have gone /to see you.
만약 내가 알았더라면/ 네가 병원에 있는 것을/ 나는 갔을 텐데/ 너를 보기 위하여

해석 ☞

'가정법과거완료'예요. 공식에 딱 들어맞아요. known 뒤에 접속사 that이 생략되어 있어요. 그리고 that절 안의 내용은 직설법이에요. 과거 사실을 나타내요. 화자의 마음의 태도는 이런 거예요. "(너는 과거에 병원에 있었어. 하지만 나는 네가 병원에 있는 것을 몰랐어.) 만약에 네가 병원에 있는 것을 (과거에) 내가 알았다면" 하면서 과거 사실에 대한 반대되는 가정을 하고 있어요. 전형적인 '가정법과거완료'예요.

If you should see /Chan, /tell /him /that I'd like to see /him.
만약 네가 본다면/ Chan을/ 말해라/ 그에게/ 내가 보고 싶어 한다고/ 그를

해석 ☞

if절 공식을 보니, '가정법미래1'이에요. 주절에는 명령문의 형식이 따라 나왔어요. 화자는 "설마 네가 Chan을 볼 리는 없겠지만 혹시라도 보게 되면"이라는 마음의 태도를 갖고 있어요. 보게 될 가능성이 전혀 없는 것은 아니지만, 아주 희박한 경우에 'if should 가정법'을 써요.

If I were to be born /again, I would like to be /a woman.
만약 내가 태어난다면/ 다시// 나는 되고 싶다/ 여자가

해석 ☞

'If were to 가정법'이에요. 화자가 상상의 미래를 얘기할 때 써요. 특히 일어날 가능성이 없다고 생각할 때 'if were to 가정법'을 사용해요. 가정법은 화자의 마음의 태도를 나타내는 것이지 독자의 생각을 개입하는 것이 아니에요.

Were I rich, /I could help /all of them.
내가 부유하다면, 나는/ 도와줄 수 있을 텐데/ 그들 모두를

해석 ☞

if가 생략된 '가정법과거'예요. if를 살려놓고 다시 써보면, "If I were rich, I could help all of them."이 되어요. if를 생략하면 주어와 동사의 자리를 바꿔줘야 해요.

Should I fail /this time, /I would try /it /again.
만약 내가 실패한다면/ 이번에/ 나는 시도할 것이다/ 그것을/ 다시

해석 ☞

if가 생략된 '가정법미래1'이에요. if를 살려놓고 다시 써보면, "If I should fail this time, I would try it again."이 돼요. if를 생략하면 주어와 동사의 자리를 바꿔줘야 해요. 화자는 속으로 "이번에 실패할 일은 거의 없다"고 생각하는 거예요.

> **Had I left /my office /a little earlier, I might have met /her.**
> 만약 내가 떠났더라면/ 나의 사무실을/ 약간 더 일찍// 나는 만났을지도 모를 텐데/ 그녀를
>
> 해석 ☞

if가 생략된 '가정법과거완료'예요. 과거에 내가 사무실을 조금 일찍 떠나지 않았어요. 이게 과거 사실인데, 이 과거 사실에 반대되게 가정하고 있어요. 그래서 '가정법과거완료' 공식에 맞게 쓴 거예요.

> **I wish /somebody would answer /the phone.**
> 나는 바란다/ 누군가가 답하기를/ 전화에
>
> 해석 ☞

'I wish 가정법과거'예요. I wish 뒷부분이 가정법이에요. "~라면 좋겠는데"로 해석해요.

> **Why /do you talk /about him /as if he were a bad man?**
> 왜/ 너는 말하니/ 그에 대해서/ 마치 그가 나쁜 남자인 것처럼.
>
> 해석 ☞

'as if 가정법과거'예요. as if 뒷부분만 가정법이에요. 화자의 마음속 태도는 사실은 그가 나쁜 남자가 아니라는 것을 나타내요.

> **He looked at her /as though he had never seen /her /before.**
> 그는 그녀를 쳐다보았다/ 마치 그가 본 적이 없었던 것처럼/ 그녀를/ 전에
>
> 해석 ☞

'as though 가정법과거완료'예요. as though 뒷부분만 가정법이에요. 그는 실제로는 과거에 그녀를 본 적이 있었어요. 그 과거 사실에 반대되게 가정하는 거예요.

You'd better go /now; /otherwise /you'll be late.
너는 가는 것이 좋겠다/ 지금 /그렇지 않으면/ 너는 늦을 거야.

해석 ☞

otherwise가 if를 대신한다고 생각할 수 있어요. 여기서 otherwise를 'if you don't go now' 정도로 생각해 볼 수 있어요. 'had better 동사원형'은 누군가에게 충고해줄 때 쓰는 표현으로, "~하는 게 낫다, ~해야 한다" 정도의 뜻이에요.

To hear /him /speak, /you would take /him /for an expert.
들으면/ 그가/ 말하는 것을/ 너는 간주할 것이다/ 그를/ 전문가로

해석 ☞

주절을 보니 조동사 would가 들어가 있어요. 조동사가 있을 때는 가정법을 의심해 보면 좋아요. 'to hear'라는 'to부정사'가 if를 대신하는 것으로 볼 수 있어요. 뒤의 주절 "you would take him for an expert."와 어울리는 if절로 만들어본다면, "if you heard him speak" 정도로 생각해 볼 수 있어요. "(지금 현재 네가 그가 말하는 것을 듣는 것은 아닌데-현재 사실) 만약에 듣는다면(현재 사실에 반대되는 가정)" 정도로 이해하면 되겠어요.

A wise man /would wait /patiently.
현명한 사람은/ 기다릴 것이다/ 참을성 있게

해석 ☞

주어 'A wise man'이 if절을 대신한다고 생각해 볼 수 있어요. 조동사 would가 있어서 가정법으로 판단할 수 있어요.

> **If it were not for /your help, I would fail.**
> 만약 없다면/ 너의 도움이// 나는 실패할 것이다
>
> 해석 ☞

'if it were not for ~'는 "~이 없다면"의 뜻을 가진 판에 박힌 '가정법과거' 표현이에요. 같은 표현으로 without~, but for~가 있어요.

> **It is time /you went to bed.**
> 시간이다/ 네가 잠자리에 들
>
> 해석 ☞

it is time 주어 동사의 과거형이 나오는 판에 박힌 표현이라고 생각하면 돼요. "~할 시간이다"로 해석해요. "It is time you should go to bed."와 일맥상통해요.

영어 사냥 실전 23 화살 ☞ 즐기면서 신나게 암기하기 ^^*

take the subway 지하철을 타다
on time 제 시간에
but for = without ~이 없다면, ~이 없었더라면
criminal 범인, 범죄자
sentence 선고하다
be sentenced to life in prison 종신형을 선고받다
gate 3 exit 3번 출구
as if ~ 마치 ~인 것처럼, 마치 ~이었던 것처럼
treat 대우하다, 대접하다, 다루다, 치료하다

영어 사냥 화살 복습 ☞ ( ) 안에 영어 단어를 쓰세요. (정답은 앞장에)

(   ) ☞ 돌보다
(   ) ☞ 환자 / 참을성 있는
(   ) ☞ 막 ~하려고 하다
(   ) ☞ 연설하다
(   ) ☞ 회의
(   ) ☞ 끓다, 끓이다, 삶다, 데치다
(   ) ☞ 끄다
(   ) ☞ 서로
(   ) ☞ 다음 주 이맘때
(   ) ☞ 눕다, 누워있다, 있다
(   ) ☞ ~이래로, ~이후로
(   ) ☞ 실험하다
(   ) ☞ 박물관
(   ) ☞ ~ 때쯤에
(   ) ☞ 구석구석, 꼭대기에서 바닥까지

영어 사냥 실전 23   ☞ 지시대로 풀고 뒷장에 정답을 확인하세요

♥ 다음 가정법 문장의 시제를 밝히고 정확히 해석하세요.

1. If you take the subway, you will get there on time.
   시제(   )

해석☞

2. What would you do if you were the young man?
   시제(   )

해석☞

3. I couldn't do it but for his help.
   시제(   )

해석☞

4. If the police were to catch the criminal, he would be sentenced to life in prison.
   시제(   )

해석☞

♥ 우리말에 맞게 주어진 단어들을 배열하여 문장을 완성하세요. (조건: 주어진 단어를 한 번씩 모두 사용하고, 필요하면 어형을 변형하거나 추가하세요.)

5. 왼쪽으로 돌면, 너는 3번 출구를 발견할 것이다.
   (turn, gate 3 exit, to, left, you, the, find, the, will)

☞ _____ , _____ .

6. 너의 도움이 없었다면, 나는 실패했을 거야.
   (not, if, it, for, have, be, your help, I, fail, will, have)

☞ _____ .

7. 그 늙은 부부는 마치 나를 그들의 아들인 것처럼 대우했다.
   (old, treat, the, couple, their son, me, I, be, as if)

☞ _____ .

영어 사냥 실전 23 (정답)   ☞ 우리말 ↔ 영어로 번역하세요

1. 시제(가정법현재)

해석☞ 만약 네가 지하철을 탄다면, 너는 제 시간에 거기에 도착할 것이다.

☞

2. 시제(가정법과거)

해석☞ 만약 네가 그 젊은 사람이라면, 무엇을 하겠느냐?

☞

3. 시제(가정법과거)

해석☞ 나의 누나의 도움이 없다면 나는 그것을 할 수 없을 것이다.

☞

4. 시제(가정법미래2 = **if were to**가정법)

해석☞ 만약 경찰이 그 용의자를 잡는다면, 그는 종신형을 선고받을지도 모른다.

☞

5. **Turning to the left, you will find the gate** 3 exit.

☞

6. **If it had not been for your help, I would have failed.**

☞

7. **The old couple treated me as if I were their son.**

☞

영어 사냥 통역 23 ☞ 입으로 직접 소리 내어 말하기 훈련^^*

♥ 우리말을 영어로 입으로 소리 내어 가며 연필로 옮기세요.

만약 내가 너라면, 나는 그 신발을 사지 않을 텐데.
☞ _____

만약 비가 온다면, 내가 너를 태워다 줄게.
☞ _____

만약 내가 길에서 지갑을 발견한다면, 나는 그것을 경찰서에 가져다줄 것이다.
☞ _____

만약 나의 남동생이 아직 살아있다면, 그는 올해 스무 살일 텐데.
☞ _____

만약 내가 네가 병원에 있는 것 알았더라면, 나는 너를 보기 위하여 갔을 텐데.
☞ _____

만약 네가 Chan을 본다면, 그에게 내가 그를 보고 싶어 한다고 말해라.
☞ _____

만약 내가 다시 태어난다면, 나는 여자가 되고 싶어.
☞ _____

내가 부유하다면, 나는 그들 모두를 도와줄 수 있을 텐데.
☞ _____

Unit 23 : 가정법

영어 사냥 통역 23　　☞ 입으로 직접 소리 내어 말하기 훈련^^*

♥ 우리말을 영어로 입으로 소리 내어 가며 연필로 옮기세요.

만약 내가 이번에 실패한다면, 나는 그것을 다시 시도할 것이다.
☞ _____

만약 내가 조금 더 일찍 나의 사무실을 떠났더라면, 나는 그녀를 만났을지도 모를 텐데.
☞ _____

누군가가 전화를 받으면 좋겠는데.
☞ _____

너는 왜 그에 대해 그가 마치 나쁜 남자인 것처럼 말하니?
☞ _____

그는 마치 그가 그녀를 전에 본 적이 없었던 것처럼 그녀를 쳐다보았다.
☞ _____

너는 지금 가는 게 좋겠어. 그렇지 않으면 너는 늦을 거야.
☞ _____

그가 말하는 것을 들으면 너는 그를 전문가로 간주할 것이다.
☞ _____

현명한 사람이라면 참을성 있게 기다릴 텐데.
☞ _____

너의 도움이 없다면, 나는 실패할 것이다.
☞ _____

네가 잠자리에 들 시간이다.
☞ _____

Unit 24   형용사/부사 (역할, 위치, 쓰임새)

사냥터 에피소드 24   ☞ 가볍게 읽고 살짝만 생각하기 ^^*

형용사 언니와 부사 동생, 멋진 남자 명사, 대명사의 역할극

형용사 부사 동생아~ 내가 말했던 명사와 대명사야. 인사해. ㅋㅋ

부 사 안녕하세요. 명사와 대명사님. 얘기 많이 들었어요. 주어, 목적어, 보어로 쓰인다면서요? 형용사 언니가 명사, 대명사 오빠들을 예쁘게 꾸며줘서 오빠들이 멋진 거라고. 또, 오빠들처럼 언니도 보어로 쓰인다고 자랑도 많이 해요. ㅎㅎ

명사, 대명사 하하~ 부사 동생 얘기 많이 들었어요. 동사를 좋아하신다고, 형용사 언니도 좋아하고, 본인도 사랑하시고. 구, 절, 문장 전체를 예쁘게 꾸며주시는 등 막애 성신이 투철하시다고요~ ㅋ

부 사 명사, 대명사 오빠들이나 형용사 언니처럼 제가 문장 성분이 안 돼서 아쉽지만, 여기저기 마구 돌아다닐 수 있어서 좋아요. 전 이만 돌아다니러~

사냥꾼 강의 24 ☞ 꼼꼼하게 읽고 깊이 생각하기

형용사 형용사에 대해서 자세히 알아볼게요. 형용사는 기본적으로 명사나 대명사를 수식하고 보어로 쓰여요. 그런데 일부 형용사는 수식하는 용법으로만 사용되거나 보어로만 사용돼요.

수식만 하는 형용사 일부 형용사들은 수식하는 용법으로만 쓰여요. 다음과 같은 것들이 있어요. absolute(절대적인), complete(완전한, 완벽한), mere(단순한), utter(완전한, 순전한), atomic(원자의), digital(숫자의, 디지털의, 디지털 방식의), medical(의학의, 의료의), chief(주요한), entire(전체의), initial(처음의, 초기의), main(주요한, 주된), elder(나이가 위인, 나이가 더 많은) 등.

보어로만 쓰이는 형용사 일부 형용사들은 수식하는 역할은 하지 않고 보어로만 쓰여요. 다음과 같은 형용사들이 그래요 afraid(두려워하는), alike(비슷한), alive(살아 있는), alone(혼자, 외로운), asleep(잠이 든, 자고 있는), ashamed(수치스러운), awake(깨어있는), content(만족하는), unable(~할 수 없는), worth(가치가 있는) 등.

명사 앞과 뒤에서 뜻이 달라지는 형용사 present(현재의, 참석한), concerned(걱정하는, 관련된)는 명사 앞에 쓸 때와 뒤에 쓸 때 각각 뜻이 달라요.

형용사의 위치 형용사는 일반적으로 명사 앞에서 수식해요. 형용사 여러 개가 명사를 수식할 때 그 순서는 지시, 수량, 대소, 성질, 신구, 색깔, 재료를 나타내는 순서로 놓여요. 암기를 위해 '지.수.대.성.신.색.재'라고 해봐요.

또, 수식어가 길 때는 형용사가 뒤에서 수식하기도 해요. 그리고 '-thing, -body, -one' 등으로 끝나는 단어를 형용사가 수식할 때는 뒤에서 수식해요. 또, from time immemorial(아득한 옛날부터), China proper(중국 본토) 등에서처럼 습관적으로 뒤에서 수식하는 형용사가 있어요.

부사 부사는 동사, 형용사, 부사, 구, 절, 문장 전체를 수식해요. 부사는 문장에서의 위치가 비교적 자유로워요.

부사의 위치 시간을 나타내는 부사어구가 두 개 있을 때는 짧은 시간을 나타내는 부사어구가 긴 시간을 나타내는 부사어구보다 앞에 나와요. 장소를 나타내는 부사가 두 개 있을 때는 좁은 장소를 나타내는 부사어구가 넓은 장소를 나타내는 부사어구보다 앞에 나와요.

부사어구가 여러 개 있을 때는 일반적으로 방법부사, 장소부사, 시간부사 순서로 놓여요. 그리고 그 문장의 동사가 왕래발착동사(가고, 오고, 출발하고, 떠나는 뜻을 지닌 동사)일 때는 장소가 더 주안점이 되지 않겠어요? 그래서 이럴 때는 장소부사, 방법부사, 시간부사의 순서로 나와요. 시간부사는 어쨌거나 제일 나중에 나와요.

빈도를 나타내는 부사는 일반적으로 be동사나 조동사 다음에, 일반동사 앞에 놓인답니다. 그렇다 해도 부사는 위치가 자유로워요.

부사와 결합하는 동사구에서 목적어의 위치 목적어가 짧을 때는 부사의 앞이나 뒤에, 목적어가 길 때는 부사 뒤에, 그리고 목적어가 인칭대명사일 때는 반드시 동사와 부사 사이에 위치시켜요.

부정어와 함께 쓰여 부분 부정의 뜻을 지니는 부사   always(항상), necessarily(반드시), quite(완전히), fully(완전히), altogether(완전히) 등의 부사가 not과 함께 쓰이면 부분 부정으로 해석해야 해요. 해석 시 주의해야 해요.

몇 가지 형용사와 부사의 쓰임새를 살펴볼게요.

already / yet   "이미, 벌써"라는 뜻이에요. 'yet'은 부정문에서는 "아직"이라는 뜻이에요. 평서문에서 "아직도"란 뜻으로도 쓰여요.

~ ago / before   얘네는 "전에"라는 뜻이에요. 둘은 좀 차이가 있어요. ago는 혼자서는 안 쓰여요. 'two days ago(2일 전에), three years ago(3년 전에)' 이런 식으로 쓰여요. 물론 before는 단독으로 "전에"라는 뜻으로 쓰여요. ago는 과거시제랑 쓰이고요, before는 과거시제나 현재완료시제에도 쓰이지만, 화법전환(아직 화법 전환은 안 배웠어요) 시에 ago의 대체어이기도 해요. 그래서 과거완료시제에서도 많이 볼 수 있어요. 화법전환을 아직 안 배웠으니 그냥 넘어가도 돼요. @@

이번엔 few와 little에 대해서 알아볼까요?

few ~ / little ~   얘들은 부정적인 의미를 가져요. 둘 다 "거의 없는 ~"이라고 해석해요. 해석상 우리말답지 않을 때는 살짝 비틀어서 번역을 하면 이해가 쉬워져요. 예를 들어, 'few people ~'를 "거의 없는 사람들"이라고 하기보다는 "~하는 사람들은 거의 없다"로 비틀어서 해석하면 우리말다워져요.

`a few ~ / a little ~` 얘네는 긍정적인 의미를 가져요. "약간의, 조금의"라고 해석해요. 그리고 few와 a few는 셀 수 있는 명사 앞에 쓰여요. little과 a little은 셀 수 없는 명사 앞에 쓰여요.

`quite a few ~` 얘는 "상당한 수의 ~"라는 뜻이에요.

`only a few ~` 얘는 "극소수의~"라는 뜻이에요.

이번엔 many와 much에 대해서 알아볼까요?

`many / much` 형용사로 쓰일 때, many(많은)는 셀 수 있는 명사를, much(많은)는 셀 수 없는 명사를 수식해요.

many가 들어간 표현들을 알아볼게요.

`many a + 단수명사` 'many a 단수명사'는 'many'라는 말이 들어가서 의미는 복수지만 'a'가 들어갔다고 해서 단수 취급해요. 재밌죠? ^^

`like so many ~` 얘는 "동수의 ~처럼, 마치~처럼" 이라는 뜻이에요.

`as many ~` 얘는 앞에서 언급한 수를 받아서 "동수의 ~"라는 뜻이에요. many가 셀 수 있는 명사를 수식한다는 점에서 생각해봐요.

`a great many ~` 얘는 "대단히 많은 ~, 다수의 ~"라는 뜻이에요. 'a good many ~'도 같은 뜻이에요.

이번엔 much가 들어간 표현들을 알아볼까요?

`as much` 얘는 (앞에서 언급한) "그만큼, 그 정도, 그만큼 많이"의 뜻이에요. much가 부사로 '많이'라는 양을 나타낸다는 점을 생각해봐요.

`as much as to say ~` 얘는 "마치 ~라고나 말하려는 듯이, ~라고나 말하려는 것처럼"이라는 뜻이에요.

`not so much as 동사원형` 얘는 "~조차도 하지 않다"라는 뜻이에요.

`not so much A as B` 얘는 "A라기보다는 오히려 B"라는 뜻이에요. 'not A so much as B'라고 바꿔서 쓸 수도 있어요.

위에 소개한 표현들은 그냥 통째로 한 단어로 인식해서 암기하면 편해요. 형용사와 부사도 참 자질구레하죠? 그렇다고 무시할 수도 없고, 피곤할 땐 일단 넘어가요. 영어 공부하다가 자꾸 나오면 한 번은 날 잡아서 반드시 혼내주세요.^^

사냥꾼 요약 24

☞ 사냥꾼 강의를 참고하여 빈칸을 채워보세요

형용사	명사나 대명사를 수식하고 보어로 쓰임
수식만 하는 형용사	absolute(절대적인), complete(완전한, 완벽한), mere(단순한), utter( ), digital(숫자의, 디지털의, 디지털 방식의), medical(의학의, 의료의), atomic(원자의), chief(주요한), entire(전체의), main(주요한, 주된), initial( ), elder(나이가 위인, 나이가 더 많은) 등.
보어로만 쓰이는 형용사	alone(혼자, 외로운), afraid(두려워하는), alike( ), awake(깨어있는), alive(살아 있는), ashamed( ), asleep(잠이 든, 자고 있는), content( ), unable(~할 수 없는), worth(가치가 있는) 등
명사 앞과 뒤에서 뜻이 달라지는 형용사	present(현재의,), concerned(걱정하는,)
형용사의 위치	일반적으로 앞에서 수식 지시, 수량, 대소, 성질, 신구, 색깔, 재료 순 수식어기 길 때(뒤에서 수식) '-thing, -body, -one' 등(뒤에서 수식) 습관적으로 뒤에서 수식(암기) - (ex) from time immemorial(태곳적부터)

Unit 24 : 형용사/부사

사냥꾼 요약 24
☞ 사냥꾼 강의를 참고하여 빈칸을 채워보세요

부사	( )수식
부사의 위치	부사는 위치가 비교적 자유롭다. 짧은 시간 + 긴 시간 좁은 장소 + 넓은 장소 방법+장소+시간(일반적) ( )(왕래발착동사) be동사나 조동사 ( )에, 일반동사 앞(빈도)
부사와 결합하는 동사구에서 목적어의 위치	목적어가 짧을 때(부사의 앞뒤 아무 데나) 목적어가 길 때(부사 뒤) 목적어가 인칭대명사일 때(동사·부사 사이에)
부정어 + (?) = 부분 부정	always(항상), necessarily(반드시), quite(완전히), fully(완전히), altogether(완전히) 등 - 해석 시 주의 요망 -

● 형용사 / 부사의 쓰임새

already / yet	already / yet(이미, 벌써) yet(부정문에서 - 아직), (평서문-아직도)
~ ago before	ago(~ 전에, 단독으로 안 쓰임, 과거시제에)
	before(전에, 단독으로도 쓰임, 과거시제, 현재완료에도 쓰임, 과거완료에도 쓰임- ago의 대체어)
few ~ little ~	부정적인 의미(~) *few(a few) + 셀 수 있는 복수명사
a few ~ a little ~	긍정적인 의미(약간의~, 조금의 ~) *little(a little) + 불가산명사
quite a few ~	상당한 수의 ~
only a few ~	극소수의~

사냥꾼 요약 24 ☞ 사냥꾼 강의를 참고하여 빈칸을 채워보세요

● 형용사 / 부사의 쓰임새

many / much	형용사로 쓰일 때, many + 셀 수 있는 명사 much + 셀 수 없는 명사
many a + 단수명사	의미는 복수, 그러나 단수취급(동사에 -s)
like so many ~	동수의 ~처럼, 마치 ~처럼
as many ~	(앞에서 언급과 동수) 동수의 ~
a great many ~	대단히 많은 ~, 다수의 ~ = a good many ~
as much	(앞에서 언급한 것과 동량) 그 정도, 그만큼 많이
as much as to say ~	마치 ~라고나 말하려는 듯이, ~라고나 말하려는 것처럼
not so much as 동사원형	( )
not so much A as B	A라기보다는 오히려 B = not A so much as B

Unit 24 : 형용사/부사   381

영어 사냥 과제 24   ☞ 완벽하게 암기해서 빈칸을 채우세요

형용사	명사나 대명사를 수식하고 보어로 쓰임
수식만 하는 형용사	absolute(　　　　　), complete(　　　　　), mere(　　　　　), utter(　　　　　), digital(숫자의, 디지털의, 디지털 방식의), medical(의학의, 의료의), atomic(　　　　　), chief(　　　　　), entire(　　　　　), main(주요한, 주된), initial(　　　　　), elder(나이가 위인, 나이가 더 많은) 등.
보어로만 쓰이는 형용사	alone(혼자, 외로운), afraid(두려워하는), alike(비슷한), awake(　　　　　), alive(살아 있는), ashamed(　　　　　), asleep(잠이 든, 자고 있는), content(　　　　　), unable(~할 수 없는), worth(가치가 있는) 등
명사 앞과 뒤에서 뜻이 달라지는 형용사	present(　　　　　), concerned(　　　　　)
형용사의 위치	일반적으로 앞에서 수식 지시, 수량, 대소, 성질, 신구, 색깔, 재료 순 수식어가 길 때((　　　　　)에서 수식) '-thing, -body, -one' 등(뒤에서 수식) 습관적으로 뒤에서 수식(암기) - (ex) from time immemorial(태곳적부터)

영어 사냥 과제 24   ☞ 완벽하게 암기해서 빈칸을 채우세요

부사	동사, 형용사, 부사, 구, 절, 문장 전체 수식
부사의 위치	부사는 위치가 비교적 자유롭다. ( ) 시간 + ( ) 시간 좁은 장소 + 넓은 장소 방법 + 장소 + 시간(일반적) ( ) + ( ) + 시간(왕래발착동사) be동사나 조동사 ( ), 일반동사 ( )(빈도)
부사와 결합하는 동사구에서 목적어의 위치	목적어가 짧을 때(부사의 앞뒤 아무 데나) 목적어가 길 때(부사 뒤) 목적어가 인칭대명사일 때(동사 · 부사 ( ))
부정어 + (?) = 부분 부정	always(항상), necessarily( ), quite(완전히), fully( ), altogether(완전히) 등 - 해석 시 주의 요망 -

● 형용사 / 부사의 쓰임새

already / yet	already / yet( ) yet(부정문에서-( ), 평서문-( )
~ ago before	ago(~ 전에, 단독으로 안 쓰임, 과거시제에) before(전에, 단독으로도 쓰임, 과거시제, 현재완료에도 쓰임, 과거완료에도 쓰임- ago의 대체어)
few ~ little ~	부정적인 의미(~) *few(a few) + 복수명사
a few ~ a little ~	긍정적인 의미( ) *little(a little) + 불가산명사
quite a few ~	( ) ~
only a few ~	( ) ~

영어 사냥 과제 24　　　☞ 완벽하게 암기해서 빈칸을 채우세요

● 형용사 / 부사의 쓰임새

many / much	형용사로 쓰일 때, many + 셀 수 (　　　) 명사 much + 셀 수 (　　　) 명사
many a + 단수명사	의미는 복수, but (　　　)취급(동사에 -s)
like so many ~	(　　　) ~처럼, 마치~처럼
as many ~	(앞에서 언급과 동수) (　　　) ~
a great many ~	(　　　) ~, 다수의 ~ = a good many ~
as much	(앞에서 언급한 것과 동량) 그 정도, 그만큼 많이
as much as to say ~	(　　　　　), ~라고나 말하려는 것처럼
not so much as 동사원형	(　　　　　)
not so much A as B	(　　　　　) = not A so much as B

영어 사냥 시범 24 화살 ☞ 즐기면서 신나게 암기하기 ^^*

high 높은   price 가격, 값, 대가
alone 혼자   be afraid of ~ ~을 두려워하다
spend - spent - spent   쓰다, 소비하다, 보내다
entire 전체의   savings 저축액
project 프로젝트, 계획, 기획
present 참석한, 현재의 / 선물
approve of ~   ~에 찬성하다, ~을 승인하다
cute 귀여운   pretty 예쁜 / 꽤
spring 봄   in the library 도서관에서
every day 매일   on Sundays 일요일마다
usually 보통   a few (긍정적 의미) 약간의, 조금의
take off 벗다   fully 완전히
difference 차이(점)   quite a few ~ 상당수의 ~
be going to V ~할 예정이다
cause 야기하다
go wrong 잘못되다, 잘못하다, 실수를 하다
make a mistake 실수를 하다
as many (앞에 나온 수를 받아서) 동수의
shake - shook - shaken 흔들다
as much as to say ~ 마치 ~라고나 말하려는 듯이
impossible 불가능한   a great many ~ 대단히 많은 ~
little better than ~ = no better than ~   ~나 다름없는
beggar 거지
yet 이미, 벌써, (부정문에서) 아직, (평서문) 아직도
much (비교급 앞에 놓여서 강조) 훨씬

영어 사냥 시범 24 ☞ 우리말 순서로 해석하여 연필로 쓰기 ^^

The high price /surprised /him.
높은 가격이/ 놀라게 했다/ 그를

해석 ☞

동사는 surprised, 시제는 과거예요. 형용사 high가 명사 price를 수식해요.

Chan /is an unhappy man.
Chan은/ 불행한 사람이다.

해석 ☞

동사는 is, 시제는 현재예요. 형용사 unhappy가 명사 man을 수식해요.

The horse /was alone /in the field.
그 말은/ 혼자 있었다/ 들판에

해석 ☞

동사는 was, 시제는 과거예요. 대부분의 형용사는 명사나 대명사를 수식하고, 또 보어로도 쓰이지만, 'alone'은 보어로만 쓰는 형용사예요.

Everyone I know /is afraid of /Chan's dog.
내가 아는 모든 사람이/ 두려워한다/ Chan의 개를

해석 ☞

동사는 is, 시제는 현재예요. 동사 'is'를 확인하는 과정에서 afraid of까지 덩어리로 눈에 들어오면 좋겠어요. be afraid of를 한 덩어리로 받아들여요. 평상시 공부할 때 덩어리 표현들을 많이 익혀두면 좋아요. 어쨌든, 'afraid'도 보어로만 쓰여요.

> **I spent /my entire savings /on the project.**
> 나는 썼다/ 나의 전체의 저축한 돈을/ 그 프로젝트에
>
> 해석 ☞

동사는 spent, 시제는 과거예요. 형용사 entire가 명사 savings를 수식하고 있어요. 그런데 'entire'는 보어로는 안 쓰여요.

> **All the people present /approved /of the decision.**
> 참석한 모든 사람이/ 찬성했다/ 그 결정에
>
> 해석 ☞

동사는 approved, 시제는 과거예요. 동사 approved를 찾는 순간, 그 뒤의 of까지 눈에 쏙 들어오면 좋겠어요. 'approve of(~에 찬성하다, ~을 승인하다)' 이런 식으로 암기해야겠죠. 그리고 형용사 'present'는 명사 뒤에 쓰일 때와 명사 앞에 쓰일 때 뜻이 달라져요. 지금처럼 명사 뒤에 쓰일 때는 뜻이 "참석한"이에요. 물론 명사 앞에 쓰일 때는 "현재의"라는 뜻으로 쓰여요. 그리고 "all the people"이라고 하지 "the all people"이라고 하지 않는다는 점도 알아두면 좋아요.

> **His daughter /is a girl, /cute, pretty, and smart.**
> 그의 딸은/ 소녀다/ 귀엽고, 예쁘고, 똑똑한
>
> 해석 ☞

동사는 is, 시제는 현재예요. 형용사가 명사를 수식할 때는 기본적으로 명사 앞에 와요. 그런데 이 문장에서처럼 수식하는 어구가 길 때는 명사 뒤에 두기도 해요. "cute, pretty, and smart"를 girl 뒤에 두었어요.

Spring came /late /that year.
봄이 왔다/ 늦게/ 그 해

해석 ☞

동사는 came, 시제는 과거예요. late는 부사로는 "늦게", 형용사로는 "늦은"이라는 뜻을 가져요. 부사 'late'가 동사 'came'을 뒤에서 수식하고 있어요. that year는 '부사적 대격'으로 쓰였어요. 부사적 대격이라는 것은 전치사가 들어간 부사구를 써야 하는 곳에, 전치사를 빼고 명사구만 쓰는 것을 말해요. 이 문장에서는 "in that year"라는 부사구 대신, in을 뺀 명사구 "that year"를 쓰고 있어요. 시간, 거리, 방법 등을 나타내는 경우에 이런 현상이 많이 나타나요. 그냥 경험으로 익히는 것이 좋아요.

She read /his letter /very carefully.
그녀는 읽었다/ 그의 편지를/ 매우 조심스럽게

해석 ☞

동사는 read, 시제는 과거예요. read는 원형, 과거, 과거분사 형태가 똑같이 read 예요. 발음은 순서대로 [리드], [레드], [레드]예요. 여기서는 과거란 걸 알 수 있어요. 만약 현재라면, 주어 'She'가 3인칭 단수이므로 동사에 '-s'를 붙여야 하는데, 안 붙어 있는 걸 보니 시제가 과거라는 것을 알 수 있어요. 부사 very는 부사 carefully를 수식하고 있어요. 이렇듯, 부사는 다른 부사를 수식하기도 해요.

She visited /me /just when I was going out.
그녀는 방문했다/ 나를/ 내가 막 외출하고 있을 때

해석 ☞

동사는 visited, 시제는 과거예요. 부사 'just'가 'when절'을 수식하고 있어요. 부사는 이렇게 '절'을 수식하기도 해요.

> **My first class /begins /at 8:00 /in the morning.**
> 나의 첫 수업은/ 시작 한다/ 8시에/ 아침에
>
> 해석 ☞

동사는 begins, 시제는 현재예요. 시간을 나타내는 부사구가 두 개 있을 때는 짧은 시간, 긴 시간 순서로 위치해요. 'at 8:00'이 'in the morning'보다 앞에 위치했어요.

> **Students are studying /hard /in the library /every day.**
> 학생들이 공부하고 있다/ 열심히/ 도서관에서/ 매일
>
> 해석 ☞

동사는 are studying, 시제는 현재진행이에요. 부사구가 여러 개가 있을 때 일반적으로 그 순서는 '방법부사, 장소부사, 시간부사' 순서로 위치해요. hard(열심히)는 방법부사, in the library(도서관에서)는 장소부사, every day(매일)는 시간부사예요.

> **Chan /is usually at home /on Sundays.**
> Chan은/ 보통 집에 있다/ 일요일마다
>
> 해석 ☞

동사는 is, 시제는 현재예요. 빈도를 나타내는 부사는 일반적으로 be동사나 조동사 뒤에, 일반동사 앞에 위치해요. 빈도부사 usually(보통)가 be동사 'is' 뒤에 위치해요. 이러한 빈도부사(얼마나 자주를 나타내는 부사)에는 usually, always, often, sometimes, never 등이 있어요.

> **She has /a few friends.**
> 그는 가지고 있다/ 약간의 친구들을
>
> 해석 ☞

동사는 has, 시제는 현재예요. 'a few'는 "약간의, 조금의"라는 긍정적인 뜻을 가져요. a few는 셀 수 있는 복수명사와 함께 쓰여요.

You must take off /your hat.
너는 벗어야한다/ 너의 모자를

해석 ☞

동사 take가 부사 off와 결합하여 동사구를 이루고 있어요. 'take off(벗다)'처럼 부사와 결합하는 동사구가 목적어가 짧을 때는 부사 앞이나 뒤나 아무 데나 올 수 있어요. 이 문장에서는 목적어 'your hat'은 비교적 짧으니까 "You must take your hat off."로 해도 상관없어요. 그러나 목적어가 길 때는 부사 뒤에 위치시키는 것이 좋아요. 또, 목적어가 인칭대명사일 때는 "He picked it up.(그는 것을 집어 들었다)"처럼 반드시 동사와 부사 사이에 위치해야 해요.

I do not believe /him /fully.
나는 믿는 것은 아니다/ 그를/ 완전히

해석 ☞

부정어(not 등)와 함께 쓰여 '부분 부정'을 나타내는 부사어들이 있어요. fully(완전히)가 그중 하나에요. 그 외에도 always(항상), necessarily(반드시), quite(완전히), enough(충분히), altogether(완전히) 등이 있어요. 해석할 때 완전부정으로 해석하지 않도록 조심해야 해요.

Few people understand /the difference.
거의 없는 사람들이 이해한다/ 그 차이를

해석 ☞

동사는 understand, 시제는 현재예요. few는 "거의 없는"이라는 부정어예요. 직역인 "거의 없는 사람들은…"은 우리말답지 않아요. 그래서 "~하는 사람들은 거의 없다"처럼 우리말답게 풀어서 해석하면 좋아요. few는 셀 수 있는 복수명사와 함께 쓰여요.

> **Quite a few people /are going to arrive /early.**
> 상당한 수의 사람들이 도착할 예정이다/ 일찍
>
> 해석 ☞

동사는 are going to arrive, 시제는 일종의 미래예요. 'quite a few ~'는 "상당수의 ~"라는 뜻이에요.

> **That has caused /many a good girl /to go wrong.**
> 그것이 야기하였다/ 많은 착한 소녀들이/ 잘못되도록
>
> 해석 ☞

동사는 has caused, 시제는 현재완료예요. many는 뒤에 셀 수 있는 복수명사가 와야 바람직할 것 같은데, a good girl이라는 단수명사가 왔어요. 'many a good 단수명사'가 하나의 표현법이라고 생각하면 좋을 것 같아요. many가 쓰여서 의미는 복수지만, 'a'가 붙었다고 해서 3인칭 단수 취급해요.

> **I made /ten mistakes /in as many pages.**
> 나는 만들었다/ 열 개의 실수를/ 열 페이지에서
>
> 해석 ☞

동사는 made, 시제는 과거예요. 'as many'는 앞에 나온 수를 받아서 "같은 수"를 나타내요.

> **He shook /his head /as much as to say, /"Impossible."**
> 그는 흔들었다/ 그의 머리를/ 마치 말하려는 듯이/ "불가능해"라고
>
> 해석 ☞

동사는 shook, 시제는 과거예요. 'as much as to say ~'라는 표현을 알고 있으면 되겠어요.

I've known /her /for a great many years.
나는 알아왔다/ 그녀를/ 대단히 많은 해 동안

해석 ☞

동사는 have known, 시제는 현재완료예요. 'a great many'는 "대단히 많은"이라는 뜻이에요.

He is little better than a beggar.

해석 ☞

동사는 is, 시제는 현재예요. 'little better than(~나 다름없는)'은 'no better than'과 같은 의미예요.

Have you eaten /yet?
너는 식사했니/ 벌써

해석 ☞

동사는 have eaten, 시제는 현재완료예요. 현재완료(have(has) + p.p)는 의문문으로 만들 때, have(has)와 주어의 자리를 바꾸면 돼요. 그리고 'yet'은 부정문에서는 "아직"이라는 뜻이고, 의문문과 긍정문에서는 "이미, 벌써"라는 뜻이에요. 긍정문에서 "아직도"의 의미로도 쓰여요.

I've already eaten.

해석 ☞

동사는 have eaten, 시제는 현재완료예요. already는 "이미, 벌써"라는 뜻이에요.

much younger children

해석 ☞

비교급 앞에 much, still, far, even, a lot 등이 놓이면 비교급을 강조하는 표현이에요. "훨씬"이라고 해석해요.

I said /that I had met /him /two days before.
나는 말했다/ 내가 만났다고/ 그를/ 2년 전에

해석 ☞

동사는 said, 시제는 과거예요. 이 문장은 간접화법인데요, 원래 말한 내용은 "I met him two years ago."이었어요. 전달절(주절)의 시제가 과거가 되면, 내용절(종속절)에는 원래 말했던 시점의 시제보다 한 시제 이전을 써요. 그래서 과거를 과거완료로, ago를 before로 바꿔서 썼어요. 이렇게 해주는 것을 '시제의 일치'라고 해요.

영어 사냥 실전 24 화살 ☞ 즐기면서 신나게 암기하기 ^^*

main 주된, 주요한
little 거의 없는
doubt 의심 / 의심하다
medical doctor 의사
brick 벽돌
belong to ~ ~에 속해있다, ~의 것이다
plane crash 비행기 추락사고
passenger 승객
survive 살아남다, 생존하다

영어 사냥 화살 복습 ☞ ( ) 안에 영어 단어를 쓰세요. (정답은 앞장에)

(   ) ☞ ~를 (차로) 태워주다
(   ) ☞ 지갑
(   ) ☞ 살아있는
(   ) ☞ ~하고 싶다
(   ) ☞ 태어나다
(   ) ☞ 전화를 받다
(   ) ☞ 마치 ~인 것처럼, 마치 ~이었던 것처럼
(   ) ☞ ~하는 게 낫다
(   ) ☞ 그렇지 않으면, 그렇지 않았더라면
(   ) ☞ A를 B로 여기다
(   ) ☞ 전문가
(   ) ☞ 현명한
(   ) ☞ 참을성 있게
(=   ) ☞ ~이 없다면

영어 사냥 실전 24 ☞ 지시대로 풀고 뒷장에 정답을 확인하세요

♥ 동사 부분을 찾아서 시제를 파악한 후, 정확히 해석하세요.

1. He felt unhappy.
　동사 부분(　　　　　　)　　시제(　　　　　)
해석☞

2. The main problem has now been solved.
　동사 부분(　　　　　　)　　시제(　　　　　)
해석☞

3. There is something wrong with this smartphone.
　동사 부분(　　　　　　)　　시제(　　　　　)
해석☞

4. There was little doubt in my mind.
　동사 부분(　　　　　　)　　시제(　　　　　)
해석☞

♥ 우리말에 맞게 주어신 단어들을 배열하여 문장을 완성하세요. (조건: 주어진 단어를 한 번씩 모두 사용하고, 필요하면 어형을 변형하거나 추가하세요.)

5. (어쩌고저쩌고 어떠어떠한 벽돌집들은) 한 유명한 의사의 것이다.
　(four, large, fine, red, this, brick, house) belong to a famous medical doctor.
☞ _____.

6. 그는 탁자 위에 있는 펜을 집어 들었다.
　(pick, the, he, table, on, up, pen, which, lie, the)
☞ _____.

7. 극소수의 승객들만이 이 비행기 추락 사고에서 살아남았다.
　(this, only, crash, a, plane, passenger, survive, few)
☞ _____.

Unit 24 : 형용사/부사

영어 사냥 실전 24 (정답)   ☞ 우리말 ↔ 영어로 번역하세요

1. 동사 부분(felt) 시제(과거)

해석☞ 그는 불행하게 느꼈다.

☞

2. 동사 부분(has been solved) 시제(수동태현재완료)

해석☞ 그 주요한 문제는 이제 해결되었다.

☞

3. 동사 부분(is) 시제(현재)

해석☞ 이 스마트폰에 잘못된 (어떤)것이 있다.

☞

4. 동사 부분(was) 시제(과거)

해석☞ 나의 마음속에는 의심이 거의 없었다.

☞

5. These four large fine new red brick houses belong to a famous medical doctor.

☞

6. He picked up the pen which lay on the table.

☞

7. Only a few passengers survived this plane crash.

☞

영어 사냥 통역 24 ☞ 입으로 직접 소리 내어 말하기 훈련^^*

💙 **우리말을 영어로 입으로 소리 내어 가며 연필로 옮기세요.**

높은 가격이 그를 놀라게 했다.
☞

Chan은 불행한 사람이다.
☞

그 말은 들판에 혼자 있었다.
☞

내가 아는 모든 사람이 Chan의 개를 두려워한다.
☞

나는 그 프로젝트에 나의 저축한 돈 전부를 썼다.
☞

참석한 모든 사람이 그 결정에 찬성했다.
☞

그의 딸은 귀엽고 예쁘고 똑똑한 소녀다.
☞

그 해, 봄이 늦게 왔다.
☞

그녀는 그의 편지를 매우 신중하게 읽었다.
☞

그녀는 내가 막 외출하고 있을 때 나를 방문했다.
☞

나의 첫 수업은 아침 8시에 시작한다.
☞

학생들이 도서관에서 매일 열심히 공부하고 있다.
☞

Chan은 보통 일요일마다 집에 있다.
☞

그는 약간의 친구들을 가지고 있다.
☞

영어 사냥 통역 24　　　☞ 입으로 직접 소리 내어 말하기 훈련^^*

♥ 우리말을 영어로 입으로 소리 내어 가며 연필로 옮기세요.

나는 그를 완전히 믿는 것은 아니다.
☞ _____

그 차이를 이해하는 사람은 거의 없다.
☞ _____

상당한 수의 사람들이 일찍 도착할 예정이다.
☞ _____

그것이 많은 착한 소녀들이 잘못되도록 야기하였다.
☞ _____

나는 열 페이지에서 열 개의 실수를 만들었다.
☞ _____

그는 마치 "불가능해"라고나 말하려는 듯이 그의 머리를 흔들었다.
☞ _____

나는 대단히 많은 해 동안 그녀를 알아왔다.
☞ _____

그는 거지나 다름없다.
☞ _____

너는 벌써 식사했니?
☞ _____

나는 이미 식사했다.
☞ _____

훨씬 더 어린아이들
☞ _____

나는 2년 전에 그를 만났다고 말했다.
☞ _____

Unit 25

형용사/부사
(원급, 비교급, 최상급)

사냥터 에피소드 25 ☞ 가볍게 읽고 살짝만 생각하기 ^^*

사냥꾼의 딜레마~ ^^

다 빈 으아...공부하기 싫다...

사냥꾼 그렇게 공부하기 싫으면 학원 다니지 말고 재밌게 노는 게 낫지 않겠냐? 학원은 왜 다녀?

학 생 엄마가 다니라고 해서요.

사냥꾼 여기는 맹수가 깔린 사냥터!!!! 영어 사냥 기술을 배우는 곳이다!! 떠밀려 와서 앉아있는 데가 아니란 말이다!!! 놀고 싶으면 나가 놀아!!

다 빈 선생님이랑 노는 게 더 재밌어요. 여기서 같이 놀아용~

사냥꾼 강의 25　　　　　　　　☞ 꼼꼼하게 읽고 깊이 생각하기

　품사를 바꿔버릴 정도로 왕창 변신을 하는 동사와는 달리, 형용사와 부사는 비교급, 최상급으로 살짝만 변신을 해요. 이렇게 변신을 해도 품사는 그대로예요.

　형용사가 비교급으로 변신을 할 때 그 앞에 우리말로는 '더'자 하나만 붙이면 돼요. 그리고 최상급으로 변신을 할 때도 우리말 '가장'이라는 단어만 붙여주면 돼요. 간단하죠? 그럼 영어 형용사나 부사는 어떻게 비교급, 최상급으로 변신을 하는지 알아볼게요.

　일반적으로 비교적 짧은 형용사나 부사는 그 단어 뒤에 '-er'을 붙여주면 비교급이 돼요. 예를 들어 '깨끗한'이라는 단어 'clean'을 '더 깨끗한'이라고 하고 싶으면, 'cleaner'라고 하면 돼요. 그런데 좀 긴 단어는 그 단어 앞에다 'more'를 붙여 주면 돼요. 예를 들어 '아름다운'이라는 단어 'beautiful'을 '더 아름다운'이라고 하고 싶으면 'more beautiful'이라고 하면 돼요.

　그럼, 최상급은 어떻게 만들까요? 비교급 만들 때와 마찬가지로 비교적 짧은 형용사나 부사는 최상급을 만들 때 그 단어 뒤에 '-est'를 붙여주면 돼요. 예를 들어 '깨끗한'이라는 단어 'clean'을 '가장 깨끗한'이라고 하고 싶으면, 'cleanest'라고 하면 돼요. 좀 긴 단어는 비교급 만들 때와 마찬가지로 그 단어 앞에 'most'를 붙여주면 최상급이 돼요. 예를 들어 '아름다운'이라는 단어 'beautiful'을 '가장 아름다운'이라고 하고 싶으면 'most beautiful'이라고 하면 돼요. 짧은 단어, 긴 단어 기준이 뭐냐고요? 그냥 경험으로 익히는 게 효율적이에요. 1음절어와 대부분의 2음절어를 짧은 단어라고 하는데, 그렇게 음절 따져서 공부하는 것은 개인적으로 비효율적이라고 생각해요.

지금까지는 이렇게 규칙적으로 변신하는 착한 아이들을 만나 봤어요. 이렇게 착한 아이들이 대부분이고요, 불규칙으로 변신하는 고약한 녀석들 몇 놈(손가락으로 셀 수 있을 정도로 몇 개 안 돼요) 있는데, 요놈들은 넓은 아량으로 기억해주자고요. 요놈들도 관심을 더 가져주고 기억해주면 고마움을 알고 보답하더라고요. 기억 안 해 주면 계속 칭얼거릴 테고, 귀찮으니까 얼른 기억해주자고요.^^

● 형용사 · 부사의 비교급, 최상급 만들기(불규칙)

원급	비교급(더 ~)	최상급(가장 ~)
good(좋은) well(잘)	better	best
bad(나쁜) badly(나쁘게) ill(아픈)	worse	worst
many (많은) (많이)	more (더 많은) (더 많이)	most (가장 많은) (가장 많이)
far(먼)	farther(거리상으로) further(정도상으로)	farthest(거리상으로) furthest(정도상으로)
late(늦은, 늦게)	later(시간) latter(순서)	latest(시간) last(순서)
little (작은, 적은, 적게)	lesser(크기, 양) less(가치, 중요성)	least
old (오래된) (나이가 많은)	older	oldest
	elder	eldest
* elder - eldest (가족관계에서만) * older - oldest (가족관계에서도)		

그러면, 원급, 비교급, 최상급을 이용한 표현들을 알아볼게요.

원급 표현 원급을 이용한 표현 방법에는 다음과 같은 것들이 있어요. '~만큼 ~한(as 형용사 as ~)', '~만큼 ~하지 않은(not as 형용사 as ~, not so 형용사 as ~)', '~만큼 ~하게(as 부사 as ~)', '~만큼 ~하지 않게(not as 부사 as ~, not so 부사 as ~)', '~와 똑같은 ~(the same 명사 as ~)' 등의 표현이 있어요. 예를 들면, 'Chan만큼 부유한'을 영어로는 'as rich as Chan'으로 표현해요.

비교급 표현 비교급을 이용한 표현은 다음과 같이 해요. ~보다 더 ~한[하게](-er than ~, more 형용사[부사] than ~). 예를 들어 '이것보다 더 큰'을 영어로 표현하면 'taller than this'가 돼요. '나보다 더 부지런한'은 'more diligent than I'가 돼요. 비교급 표현에는 '~보다'에 해당하는 'than ~'를 쓰는데, 이런 뜻으로 'than' 대신 'to'를 쓰는 경우가 있어요. 라틴어 계통의 비교급 표현이 있을 때 그래요. superior(더 우수한), inferior(더 열등한), senior(더 위의), junior(더 아래의), prior(더 앞의) 등이 라틴어 계통의 비교급 표현이에요. 예를 들어 우리말 '일본보다 더 우수한'을 영어로는 'superior to Japan'이라고 to를 써서 표현해요. 참고로, 동사 prefer(선호하다)도 'prefer A to B' 형식으로 써서 'B보다 A를 선호하다'라는 뜻으로 쓰여요.

최상급 표현 최상급을 이용한 표현은 다음과 같이 해요. '~에서 가장 ~한 ~(the 형용사 최상급 in ~)', '~중에서 가장 ~한 ~(the 형용사 최상급 ~ of ~)'. 예를 들어, '세계에서 가장 긴 강'은 영어로는 'the longest river in the world'예요.

이번에는 형태상으로는 원급이나 비교급 표현을 사용하고 있지만 의미상으로는 최상급 의미를 갖는 표현들을 소개할게요. 하다 보면 자연스럽게 의미가 들어오는 거지만, 일목요연하게 모아볼게요.

as ~ as any 단수명사 (어떠한 ~못지않게 ~한, 가장 ~한 ~)
as ~ as ever 동사 (~한 가장 ~한 ~)
비교급 than any other 단수명사
      (어떤 다른 ~보다도 더 ~한, 가장 ~한 ~)
부정어 주어 + 비교급 than ~
      (어떠한 ~도 ~보다 더 ~하지 않다, ~가 가장 ~하다)
부정어 주어 as ~as ~
      (어떠한 ~도 ~만큼 ~하지 않다, ~가 가장 ~하다)
부정어 + 비교급 (더 ~하지 않다, 이게 가장 ~하다)

영어 문장을 하나 예로 들어보면, "It couldn't be better.(더 좋을 수가 없을 것이다)"는 형태상 'better'라는 비교급 표현을 사용하고 있어요. 하지만, 의미상으로는 "지금 이 상황이 가장 좋다."라는 최상급의 뜻을 지녀요. 소개한 표현들을 눈여겨 보아두면, 문장 가운데서 이와 같은 표현들이 나올 때, 친근하게 다가올 거예요.

이 외에도 원급, 비교급, 최상급을 이용한 다양한 표현들이 있어요. 소개하기도 미안하지만, 몇 개 더 소개하고 형용사 부사에 대해서는 이 정도로 마칠게요. 지금 소개하는 표현들은 공부하는 와중에 나올 때마다 문장 가운데서 익히세요. 건투를 빌게요.^^

little short of = nothing short of = almost (거의)
much, still, far, even, a lot (훨씬- 비교급 앞에서 비교급 강조)
without so much as ~ (~조차 하지 않고)
five times as many[much] ~ as ~ (~의 5배 만큼 많은 ~)
twice as large as ~ (~의 두 배 만큼 큰)
As ~, so ~ (~가 ~하듯이, ~은 ~하다)

little better than = no better than (~나 다름없는, 매한가지)
the + 비교급 + of the two 그 둘 중에서 더 ~한)
the + 비교급~, the + 비교급~ (~하면 할수록 더욱더 ~하다)
비교급 and 비교급 (점점 더 ~)

much[still] more (하물며, 더군다나 - 긍정문을 받아서)
much[still] less (하물며, 더더욱~ 아니다 - 부정문을 받아서)

no more than (겨우, 단지 = only)
not more than (기껏해야, 많아야 = at most)
no less than (~만큼이나 = as much[many] as)
not less than (적어도 = at least)

more than (한층 더, ~이상)
more or less (다소, 대체로, 거의)
none the less (그럼에도 불구하고 = nevertheless)
more A than B (B라기보다 A)

know better than to 동사원형 (~할 정도로 어리석지 않다)
all the 비교급 + for[as, because~] (~이기 때문에 더욱 ~하다)
no + 비교급 + than = as 비교급의 반대 원급 as
　　　　(no taller than = as short as)
A is no more B than C is D
　　　　(A가 B가 아닌 것은 C가 D가 아닌 것과 같다 - 양쪽 다 부정)

the last (가장 ~할 것 같지 않은)
최상급주어 (양보의 뜻을 지닐 때가 있다)

사냥꾼 요약 25

☞ 사냥꾼 강의를 참고하여 빈칸을 채워보세요

● 형용사 부사의 비교급(더 ~), 최상급(가장 ~) 만들기

규칙	비교적 짧은 단어(비교급 -er), (최상급 -est) 비교적 긴 단어(비교급 more ~), (최상급 most ~) *일부 2음절 형용사들은 두 가지 다(clever, simple 등)
불규칙	몇 개 되지 않는다.(달달 암기한다)

● 형용사・부사의 비교급, 최상급 만들기(불규칙)

원급	비교급(더 ~)	최상급(가장 ~)
good(좋은) well(잘)	(　　　)	best
bad(나쁜) badly(나쁘게) ill(아픈)	(　　　)	worst
many (많은) (많이)	(　　　) (더 많은) (더 많이)	most (가장 많은) (가장 많이)
far(먼)	farther(거리상으로) further(정도상으로)	farthest(거리상으로) furthest(정도상으로)
late(늦은, 늦게)	(　　　) latter(순서)	latest(시간) last(순서)
little (작은, 적은, 적게)	lesser(크기, 양) less(가치, 중요성)	least
old (오래된) (나이가 많은)	(　　　) elder	oldest eldest
* elder - eldest (가족관계에서만) * older - oldest (가족관계에서도)		

사냥꾼 요약 25

☞ 사냥꾼 강의를 참고하여 빈칸을 채워보세요

● 원급, 비교급, 최상급 표현법

원급 표현	as ~ as A(　　　　　) not as[so] ~ as A(A만큼 ~하지 않은[않게]) the same ~ as A(A와 똑같은 ~)
비교급 표현	-er than A(　　　　　) more ~ than A(A보다 더 ~한[하게]) 라틴어 계통 to A(A보다 더 ~한) prefer A to B(B보다 A를 선호하다)
최상급 표현	the 형용사 최상급 in ~(　　　　　) the 형용사 최상급 of ~(~중에서 가장 ~한 ~)

● 형태상으로는 원급이나 비교급이지만 의미는 최상급

as ~ as any 단수명사	어떠한 ~못지않게 ~한, 가장 ~한
as ~ as ever 동사	이제까지 ~한 가장 ~한 ~
비교급 than any other 단수명사	어떤 다른 ~보다도 더 ~한, 가장 ~한
부정어 주어 + 비교급 than	어떠한 ~도 ~보다 더 ~하지 않다, ~가 가장 ~하다
부정어 주어 as ~as ~	어떠한 ~도 ~만큼 ~하지 않다, ~가 가장 ~하다
부정어 + 비교급	더 ~하지 않다, 이게 가장 ~하다

사냥꾼 요약 25

☞ 사냥꾼 강의를 참고하여 빈칸을 채워보세요

● 그 외 여러 가지 원급, 비교급, 최상급이 들어간 표현들

little short of = nothing short of	= almost(거의)
much, still, far, even, a lot	비교급 강조(훨씬)
without so much as ~	~조차 하지 않고
five times as many ~ as ~	~의 5배 만큼 많은 ~
twice as large as ~	( )
As ~, so ~	~하듯이, ~하다
little better than = no better than	( )
the + 비교급 + of the two	그 둘 중에서 더 ~한
the + 비교급~, the + 비교급~	( )
비교급 and 비교급	점점 더 ~
much[still] more(긍정문을 받아서)	하물며, 더군다나
much[still] less(부정문을 받아서)	하물며, 더더욱~ 아니다
no more than	( )
not more than	많아야 = at most
no less than	~만큼이나 = as much[many] as
not less than	적어도 = at least
more than ~	~이상, ~보다 더 많이
more or less	다소, 대체로, 거의
none the less = nevertheless	( )
more A than B	B라기보다 A
know better than to 동사원형	( )
all the 비교급 + for[as, because~]	~이기 때문에 더욱 ~하다
no + 비교급 + than no taller than = as short as	as 비교급의 반대 원급 as
A is no more B than C is D	A가 B가 아닌 것은 C가 D가 아닌 것과 같다
the last ~	가장 ~할 것 같지 않은 ~
최상급주어	양보의 뜻

영어 사냥 과제 25

☞ 완벽하게 암기해서 빈칸을 채우세요

● 형용사 부사의 비교급(더 ~), 최상급(가장 ~) 만들기

규칙	비교적 짧은단어의 비교급은 그 단어 (　　)에 (　　), 최상급은 그 단어 (　　)에 (　　); 긴 단어의 비교급은 그 단어 (　　)에 (　　), 최상급은 그 단어 (　　)에 (　　)
불규칙	몇 개 되지 않는다.(달달달 암기한다)

● 형용사·부사의 비교급, 최상급 만들기(불규칙)

원급	비교급(더 ~)	최상급(가장 ~)
good(좋은) well(잘)	(　　　　)	(　　　　)
bad(나쁜) badly(나쁘게) ill(아픈)	(　　　　)	(　　　　)
many (많은) (많이)	(　　　　) (더 많은) (더 많이)	(　　　　) (가장 많은) (가장 많이)
far(먼)	farther(　　) further(　　)	(　　　)(거리상으로) (　　　)(정도상으로)
late(늦은, 늦게)	(　　　)(시간) latter(순서)	(　　　)(시간) last(순서)
little (작은, 적은, 적게)	lesser(크기, 양) (　　　)(가치, 중요성)	(　　　)
old (오래된) (나이가 많은)	older	(　　　)
	(　　　)	eldest
* elder - eldest (가족관계에서만) * older - oldest (가족관계에서도)		

영어 사냥 과제 25

☞ 완벽하게 암기해서 빈칸을 채우세요

● 원급, 비교급, 최상급 표현법

원급 표현	(　　) ~ (　　) A (A만큼 ~한[하게]) not as[so] ~ (　　) A (A만큼 ~하지 않은[않게]) the (　　) ~ (　　) A (A와 똑같은 ~)
비교급 표현	-er (　　) A (A보다 더 ~한[하게]) (　　) ~ than A (A보다 더 ~한[하게]) 라틴어 계통 (　　) A (A보다 더 ~한) prefer A (　　) B (B보다 A를 선호하다)
최상급 표현	the 형용사 최상급 (　　) ~ (~에서 가장 ~한 ~) the 형용사 최상급 (　　) ~ (~중에서 가장 ~한 ~)

● 형태상으로는 원급이나 비교급이지만 의미는 최상급

as ~ as any 단수명사	어떠한 ~못지않게 ~한, (　　　　　　　　)
as ~ as ever 동사	(　　　　　　　　)~
비교급 than any other 단수명사	어떤 다른 ~보다 더 ~한, (　　　　　　　　)
부정어 주어 + 비교급 than	(　　　　　　　　) ~가 가장 ~하다
부정어 주어 as ~as ~	(　　　　　　　　) ~가 가장 ~하다
부정어 + 비교급	더 ~하지 않다, 이게 가장 ~하다

영어 사냥 과제 25 ☞ 완벽하게 암기해서 빈칸을 채우세요

● 그 외 여러 가지 원급, 비교급, 최상급이 들어간 표현들

little short of = nothing short of	= almost(거의)
much, still, far, even, a lot	( )
without so much as ~	( )
five times as many ~ as ~	( )
twice as large as ~	( )
As ~, so ~	~하듯이, ~하다
little better than = no better than	( )
the + 비교급 + of the two	( )
the + 비교급~, the + 비교급~	( )
비교급 and 비교급	( )
much[still] more(긍정문을 받아서)	( )
much[still] less(부정문을 받아서)	하물며, 더더욱~ 아니다
no more than	( )
not more than	( )
no less than	( ) = as much[many] as
not less than	( )
more than ~	~이상, ~보다 더 많이
more or less	( )
none the less = nevertheless	( )
more A than B	( )
know better than to 동사원형	( )
all the 비교급 + for[as, because~]	( )
no + 비교급 + than no taller than = as short as	( )
A is no more B than C is D	
the last ~	가장 ~할 것 같지 않은 ~
최상급주어	( )의 뜻

영어 사냥 시범 25 화살 ☞ 즐기면서 신나게 암기하기 ^^*

as soon as possible 가능한 한 빨리

model 모델, 모형

technically 기술적으로

superior to ~ ~보다 더 우수한

competitor 경쟁자

as ~ as any 단수명사 (최상의 의미) 가장 ~한~

better 더 좋은   mark 점수

비교급 ~ than any other 단수명사 (최상의 의미) 가장 ~한~

without so much as ~ ~조차도 없이, ~조차도 하지 않고

knock 노크하다   enter 들어오다, 들어가다

expensive 비싼   twice 두 번, 두 배

the sooner, the better 빠르면 빠를수록 더 좋다

get better 더 나아지다

improve 개선되다, 나아지다, 향상시키다

not more than 기껏해야, 많아야

whale 고래

A is no more B than C is D A가 B가 아닌 것은 C가 D가 아닌 것과 같다, C가 D가 아니듯이 A도 B가 아니다

no 비교급 than = as 반대원급 as

nevertheless 그럼에도 불구하고

go on ~ing 계속해서 ~하다(하던 것을 계속)

go on to V 계속해서 ~하다(다른 것을 이어서 계속)

describe 묘사하다, 서술하다

hobby 취미

Unit 25 : 형용사/부사 411

영어 사냥 시범 25 ☞ 우리말 순서로 해석하여 연필로 쓰기 ^^

Can you send /me /the money /as soon as possible?
너는 보내줄 수 있니/ 나에게/ 돈을/ 가능한 만큼 빨리

해석 ☞

'as soon as possible'은 원급표현 'as ~ as ~'를 이용한 표현으로 "가능한 한 빨리"라는 판에 박힌 어구에요.

James is the same age /as Sera.
James는 같은 나이이다/ Sera와

해석 ☞

'the same ~ as ~'는 "~와 같은 똑같은 ~"라는 뜻으로 짝을 이뤄서 많이 쓰여요.

You are taller /than I am.
너는 키가 더 크다/ 나보다

해석 ☞

'I am' 뒤에 'tall'이 생략되었다고 보면 돼요. 'am'조차도 생략하고 'I'만 남기고 "You are taller than I."라고 할 수도 있어요.

What /is the longest river /in the world?
뭐냐/ 가장 긴 강이/ 세계에서

해석 ☞

형용사의 최상급 앞에는 습관적으로 'the'를 붙여서 써요. 그러나 이 형용사가 단독으로 쓰일 때는 최상급일지라도 'the'를 빼고 쓰기도 해요.

> **This model /is technically superior /to its competitors.**
> 이 모델은/ 기술적으로 더 우수하다/ 그것의 경쟁자들보다
>
> 해석 ☞

'superior'가 라틴어 계통에서 나온 단어라서 "~보다"라는 표현으로 'than~'을 쓰지 않고 'to ~'를 써요.

> **He /is as tall as any student /in his class.**
> 그는/ 어느 학생 못지않게 키가 크다/ 그의 반에서
>
> 해석 ☞

형태상으로는 as ~ as 원급을 사용하고 있지만, 'as ~ as any 단수명사'는 최상의 의미를 가지는 표현이에요.

> **Mary got /better marks /than any other student /in her class.**
> Mary는 얻었다/ 더 좋은 점수를/ 어떤 다른 학생보다/ 그녀의 반에서
>
> 해석 ☞

형태상으로는 '비교급 ~ than ~'을 사용하고 있지만, '비교급 ~ than any other 단수명사'는 최상의 의미를 가지는 표현이에요.

> **Nothing /is as important /as health /in life.**
> 그 어느 것도/ 중요하지 않다/ 건강만큼/ 인생에서
>
> 해석 ☞

'부정어주어 as ~ as ~'는 형태상으로는 원급을 사용하고 있지만, 의미상으로는 최상의 의미를 가지는 표현이에요. 글자 그대로 해석해 봐도 최상의 의미인지 알 수 있어요.

> **She entered /my room /without so much as knocking /at the door.**
> 그녀는 들어왔다/ 나의 방에/ 노크조차 하지 않고/ 문에
>
> 해석 ☞

'without so much as ~ing'은 "~조차도 하지 않고"라는 판에 박힌 표현이에요.

> **Gasoline /is twice as expensive /as it was a few years ago.**
> 휘발유가/ 두 배만큼 비싸다/ 2년 전 만큼의
>
> 해석 ☞

'twice as ~ as ~'는 "~의 두 배 만큼 ~한"이라는 배수 표현이에요. "비싸다"라는 주관을 표현한 것이 아니라 "가격이 두 배"라는 객관적인 사실에 강조점이 있어요.

> **The sooner, the better.**
>
> 해석 ☞

판에 박힌 표현이에요. 판에 박힌 표현은 입으로, 눈으로 그대로 익히는 게 좋아요.

> **Your English is improving. It's getting better and better.**
>
> 해석 ☞

동사는 is improving, is getting, 시제는 현재진행이에요. '비교급 and 비교급'은 "점점 더"로 해석하면 돼요. get better(더 나아지다), get better and better(점점 더 나아지다)

I have /not more than /ten books.
나는 가지고 있다/ 많아야/ 10권의 책을

해석 ☞

'not more than'은 우리말 "기껏해야, 많아야"에 어울리는 표현이에요. 뉘앙스가 약간 부정적으로 다가와요.

A whale /is no more a fish /than a horse /is.
고래가/ 물고기가 아닌 것은/ 말이/ 물고기가 아닌 것과 같다.

해석 ☞

'A is no more B than C is D'는 "A가 B가 아닌 것은 C가 D가 아닌 것과 같다" 또는 "C가 D가 아니듯이 A도 B가 아니다"라는 판에 박힌 표현이에요. 이 표현은 양쪽을 모두 부정하는 거예요. A가 B가 아니라는 것에 강조점이 있어요. 예문에서 보자면, "고래가 물고기가 아니라는 것"을 강조하는 표현이에요.

예문처럼 D자리에 B가 올 수도 있는데, 이때는 서로 겹치니까 D자리에 올 B를 생략하기도 해요. 그리고 not과 any가 붙으면 no로 변신해요. 서수로 no를 not any로 바꿔서 생각해 볼 수도 있어요. 한 번 바꿔 볼까요? 위의 문장은 "A whale is not a fish any more than a horse is."와 같은 문장이라고 볼 수 있어요.

He is no taller than you.

해석 ☞

"그는 너보다 키가 더 크지 않다"라는 뉘앙스보다는 "그는 너만큼 키가 작다"라는 뉘앙스를 풍겨요. 'no 비교급 than'은 'as 반대되는 원급 as'로 바꿔서 생각하면 편해요. 그래서 'no taller than'은 'as short as'로 바꿔서 생각해 볼 수 있어요.

There was no news; /nevertheless, /she went on hoping.

해석 ☞

두 개의 등위절을 접속 부사(접속사 역할을 하는 부사 - 여기서는 nevertheless)로 연결할 때 세미콜론(;)을 써요. 세미콜론(;)의 몇 가지 역할 중 하나예요. 이와 같은 접속 부사에는 'however, moreover, then, hence 등'이 있어요. 그리고 'go on ~ing'은 "한 가지 행위를 죽 이어서 계속하다"라는 뜻이에요.

She stopped /talking /about her boy friend /and went on /to describe /her hobby.
그녀는 멈췄다/ 말하기를/ 그녀의 남자 친구에 대해/ 그리고 계속했다/ 설명하기를/ 그녀의 취미를

해석 ☞

동사는 stopped, 시제는 과거예요. 'go on to V'는 "하던 것을 멈추고, 다른 것을 이어서 계속하다"라는 의미예요. 'go on ~ing'와의 쓰임새 차이에 주목해요!

영어 사냥 실전 25 화살 ☞ 즐기면서 신나게 암기하기 ^^*

all the better   더욱더
more A than B   B라기보다는 A
property   재산
still more   하물며, ~은 더 말할 것도 없다

영어 사냥 화살 복습   ☞ ( ) 안에 영어 단어를 쓰세요. (정답은 앞장에)

(   ) ☞ 혼자
(   ) ☞ ~을 두려워하다
(   ) ☞ 전체의
(   ) ☞ 저축액
(   ) ☞ 참석한, 현재의 / 선물
(   ) ☞ ~에 찬성하다, ~을 승인하다
(   ) ☞ (긍정적 의미) 약간의, 조금이
(   ) ☞ 완전히
(   ) ☞ 차이(점)
(   ) ☞ 상당수의 ~
(   ) ☞ ~할 예정이다
(   ) ☞ 야기하다
(   ) ☞ 잘못되다, 잘못하다, 실수를 하다
(   ) ☞ (앞에 나온 수를 받아서) 동수의
(   ) ☞ 마치 ~라고나 말하려는 듯이
(   ) ☞ 대단히 많은 ~
(=   ) ☞ ~나 다름없는
(   ) ☞ 이미, 벌써, (부정문에서) 아직, (평서문) 아직도
(   ) ☞ (비교급 앞에 놓여서 강조) 훨씬

영어 사냥 실전 25 ☞ 지시대로 풀고 뒷장에 정답을 확인하세요

♥ 동사 부분을 찾아서 시제를 파악한 후, 정확히 해석하세요.

1. The wisest man cannot know everything.
   동사 부분(   ) 시제(   )

   해석☞

2. She likes him all the better for his faults.
   동사 부분(   ) 시제(   )

   해석☞

3. He is more kind than wise.
   동사 부분(   ) 시제(   )

   해석☞

4. I have a right to my property, still more to my life.
   동사 부분(   ) 시제(   )

   해석☞

5. Russia is the largest of all the countries in the world.
   동사 부분(   ) 시제(   )

   해석☞

♥ 우리말에 맞게 주어진 단어들을 배열하여 문장을 완성하세요. (조건: 주어진 단어를 한 번씩 모두 사용하고, 필요하면 어형을 변형하거나 추가하세요.)

6. 그녀는 어제 너를 찾고 있던 바로 그 똑같은 학생이다.
   (the, yesterday, student, be, look, be, for, you, same, that)

   ☞ She _____.

7. Chan의 집은 너의 집보다 대략 세 배 크다.
   (yours, as, Chan's house, be, about, time, big, three, as)

   ☞ _____.

8. 건강이 인생에서 가장 중요하다.
   (more, be, than, nothing, health, life, important, in)

   ☞ _____.

영어 사냥 실전 25 (정답)   ☞ 우리말 ↔ 영어로 번역하세요

1. 동사 부분(cannot know) 시제(현재)

해석☞ 아무리 현명한 사람일지라도 모든 것을 다 알 수 있는 것은 아니다.

☞

2. 동사 부분(likes) 시제(현재)

해석☞ 그녀는 그의 흠 때문에 그를 더욱더 좋아한다.

☞

3. 동사 부분(is) 시제(현재)

해석☞ 그는 현명하기보다는 친절하다.

☞

4. 동사 부분(have) 시제(현재)

해석☞ 나는 나의 재산에 대한 권리를 갖고 있다. 목숨에 대한 권리는 말할 것도 없다.

☞

5. 동사 부분(is) 시제(현재)

해석☞ 러시아는 세계 모든 나라 중에서 가장 크다.

☞

6. That's the same boy that was looking for you yesterday.

☞

7. Chan's house is about three times as big as yours.

☞

8. Nothing is more important than health in life.

☞

영어 사냥 통역 25 ☞ 입으로 직접 소리 내어 말하기 훈련^^*

♥ 우리말을 영어로 입으로 소리 내어 가며 연필로 옮기세요.

너는 가능한 한 빨리 나에게 돈을 보내줄 수 있니?
☞ _____

James는 Sera와 같은 나이이다.
☞ _____

너는 나보다 더 키가 크다.
☞ _____

세계에서 가장 긴 강이 뭐냐?
☞ _____

이 모델은 그것의 경쟁자들보다 더 우수하다.
☞ _____

그는 그의 반에서 가장 키가 크다.
☞ _____

Mary는 그녀의 반에서 어떤 다른 학생보다 더 좋은 점수를 받았다.
☞ _____

그 어느 것도 인생에서 건강만큼 중요하지 않다.
☞ _____

그녀는 문에 노크조차 하지 않고 나의 방에 들어왔다.
☞ _____

영어 사냥 통역 25　　☞ 입으로 직접 소리 내어 말하기 훈련^^*

♥ 우리말을 영어로 입으로 소리 내어 가며 연필로 옮기세요.

휘발유 값이 2년 전의 두 배이다.
☞ _____

빠르면 빠를수록 더 좋다.
☞ _____

너의 영어는 나아지고 있다. 그것은 점점 더 좋아지고 있다.
☞ _____

나는 많아야 열 권의 책을 가지고 있다.
☞ _____

말이 물고기가 아니듯이 고래도 물고기가 아니다.
☞ _____

그는 너만큼 키가 작다.
☞ _____

소식이 없었다. 그럼에도 불구하고 그녀는 계속해서 희망했다.
☞ _____

그녀는 남자친구에 대하여 이야기하는 것을 멈추고, 계속하여 그녀의 취미를 설명했다.
☞ _____

Unit 26 · 주어와 동사의 일치

사냥터 에피소드 26 ☞ 가볍게 읽고 살짝만 생각하기 ^^*

청바지가 잘 어울리는 민준 ^^

사냥꾼 민준이 청바지 입은 거 처음 본 것 같은데? 청바지가 아주 잘 어울려. 멋지다! 그런데 그 청바지를 내가 입어도 잘 어울릴까? ㅋㅋ

민 준 에이~ 어울리겠어요? 딱 봐도 사이즈가 다른데!

사냥꾼 그렇겠지? 그건 나의 욕심이겠지? ㅎㅎ 누구나 자기한테 가장 잘 어울리는 패션이 있어요. 영어도 그래요. 주어에 가장 잘 맞는 패션이 있어요. 지금부터 주어와 가장 잘 맞는 동사 패션에 대해서 알아보기로 하자.^^

사냥꾼 강의 26   ☞ 꼼꼼하게 읽고 깊이 생각하기

영문법에서 중요한 규칙 중에 "주어와 동사의 일치" 그리고 "시제의 일치"라는 것이 있어요. 시제의 일치는 화법전환과도 연관이 있기 때문에 다음 unit에서 화법을 먼저 공부한 다음에 다루는 것이 더 효율적일 것 같아요. 여기서는 주어와 동사의 일치만 먼저 공부하고 넘어갈게요.

주어와 동사의 일치   영어 문장은 주어 다음에 동사가 온다고 했어요. 문장의 주어가 3인칭 단수일 때는 일반동사를 쓸 경우에 동사 끝에 '-s'를 붙여줘야 해요. 이렇게 하는 것을 주어와 동사의 일치라고 해요. 경우에 따라서는 동사 끝에 '-es'를 붙이는 경우도 있어요. '-s, -sh, -ch, -o'로 끝나는 단어는 '-es'를 붙여요. '자음+y'로 끝나는 단어는 'y'를 'i'로 고쳐주고 '-es'를 붙여요. 그 외 나머지 동사들은 그냥 '-s'만 붙이면 돼요. 외우기보다는 그냥 공부하는 과정에서 경험으로 익히는 게 좋아요.

단수명사를 복수로 만들 때 '-s'나 '-es'를 붙이는 것과 혼동하는 학습자들이 많더라고요. 우리는 혼동하기 없기예요. "그는 한국에서 산다."라는 문장을 영어로는, "He lives in Korea."라고 해요. 주어 He는 3인칭 단수예요. 그래서 "He live"라고 하지 않고 동사 live 끝에 '-s'를 붙여줘야 해요. 영어의 기본 중의 기본이랍니다.

주의해야 할 주어와 동사의 일치   주어와 동사를 일치시킬 때 조심해야 할 것들을 몇 가지 소개할게요. 올바른 문장을 쓰려면 반드시 숙지해야 할 것들이에요.

every와 each가 들어간 어구가 주어일 때는 3인칭 단수 취급을 해요. 그래서 동사에 '-s' 붙이는 것 잊으면 안 돼요. every와 each가 수식하는 명사도 단수명사를 써줘요.

시간, 거리, 금액 등을 단일 개념으로 사용할 때도 형태는 복수 일지라도 3인칭 단수 취급을 해요. 동사에 '-s' 붙이는 것 잊으면 안 돼요.

The number of 복수명사(~의 수)가 주부가 될 때, 주어는 'the number' 예요. the number(수)는 3인칭 단수예요. 그래서 동사에 '-s' 붙이는 것 잊으면 안 돼요.

either A or B(A나 B 둘 중 하나)가 주부에 올 때, 동사는 B에 일치시켜야 해요. 이렇게 뒤에 오는 B에 동사를 일치시키는 표현들을 몇 개 소개할게요. not only A but also B(A뿐만 아니라 B), not A but B(A가 아니라 B), A or B(A 또는 B), neither A nor B(A도 B도 ~가 아니다- 양쪽 부정) 등이 있어요.

A as well as B(B뿐만 아니라 A)가 주부일 때는 동사를 앞에 있는 A에 일치시켜요.

부분을 나타내는 표현에는 'of'가 쓰이는데, 이때는 'of' 뒤에 나오는 명사에 동사를 일치시켜요. 'of' 뒤에 오는 명사가 단수이면 동사에 '-s'를 꼭 붙여주세요. 이런 유형의 표현들을 소개할게요. 대표적인 것이 분수 표현이 있어요. 그 외에도 most of(대부분의~), a majority of(대다수의~), half of(~의 절반), part of(~의 일부), the rest of(~의 나머지), a lot of(많은 ~), a variety of(다양한~, 여러 가지의~), a number of~(몇몇의~), plenty of(많은~, 충분한~), all of(~의 전부), some of(~의 일부) 등이 있어요.

참고로, 분수가 나왔으니 분수를 영어로 표기하는 방법만 언급하고 갈게요. 분모는 서수로 표기하고 분자는 기수로 표기해요. 분자가 2이상일 때 분모에 -s를 붙여줘요. 예를 들어, ⅓은 one third, ⅗은 three fifths라고 읽으면 돼요. 그 외, 여러 가지 수 읽는 법은 나중에 차근차근 궁금할 때마다 자료 찾아보기로 해요.

any of(each of, either of, neither of, none of) + 복수명사가 주어로 쓰일 때 복수 동사를 쓰기도 하지만, 3인칭 단수 취급하여 동사 끝에 '-s'를 붙여서 쓰기도 해요.

주어와 동사의 일치는 이 정도로 마무리할게요. 다음 장에서 화법과 시제 일치에 대해서 알아볼게요. 주어와 동사의 일치 잘 정리하고 오세요.^^

사냥꾼 요약 26   ☞ 사냥꾼 강의를 참고하여 빈칸을 채워보세요

● 주어가 3인칭 단수 → 일반동사 끝에 '-s' 또는 '-es'를 붙임

'-es'	'-s, -z, -sh, -ch, -x, -o'로 끝나는 단어 pass → passes, wash → (　　　　), catch → catches, mix → mixes, do → does, go → goes 등
	'자음+y'로 끝나는 단어 (ex) try → tries, study → (　　　　) 등
-s'	위의 두 가지 경우 외 (ex) play → plays, stop → stops 등

● 주의해야 할 주어와 동사의 일치

every / each + 단수명사	단수 취급
시간, 거리, 금액 등을 단일 개념	단수 취급
the number of 복수명사	(　　　　) 취급
either A or B(A나 B 둘 중 하나) not only A but also B(A뿐만 아니라 B), not A but B(A가 아니라 B), A or B(A 또는 B), neither A nor B(A도 B도 ~가 아니다)	(　　　　)에 일치
A as well as B(B뿐만 아니라 A)	A에 일치

● 부분을 나타내는 표현 → 'of' 뒤에 나오는 명사에 동사를 일치

> 분수, most of(대부분의 ~), a majority of(대다수의 ~),
> half of(~의 절반), part of(~의 일부),
> the rest of(~의 나머지), a lot of(많은 ~),
> a variety of(　　　　　　　),
> a number of ~(몇몇의 ~), plenty of(많은~, 충분한 ~),
> all of(~의 전부), some of(~의 일부) 등

영어 사냥 과제 26 　　☞ 완벽하게 암기해서 빈칸을 채우세요

● 주어가 3인칭 단수 → 일반동사 끝에 '-s' 또는 '-es'를 붙임

'-es'	'( ), ( ), ( ), ( ), -x, -o'로 끝나는 단어 pass → passes, wash → washes, catch → catches, mix → mixes, do → does, go → goes 등
	( )로 끝나는 단어 (ex) try → tries, study → studies 등
'-s'	위의 두 가지 경우 외 (ex) play → plays, stop → stops 등

● 주의해야 할 주어와 동사의 일치

every / each + 단수명사	( )취급
시간, 거리, 금액 등을 단일 개념	( )취급
the number of 복수명사	( )취급
( )(A나 B 둘 중 하나) ( )(A뿐만 아니라 B), ( )(A가 아니라 B), ( )(A 또는 B), ( )(A도 B도 ~가 아니다)	( )에 일치
( )(B뿐만 아니라 A)	( )에 일치

● 부분을 나타내는 표현 → 'of' 뒤에 나오는 명사에 동사를 일치

( ), most of(~), a majority of(~),
half of(~의), part of(~의),
the rest of(~의), a lot of(~),
a variety of(~, 여러 가지의 ~),
a number of ~(~), plenty of( )~, 충분한 ~),
all of(~의), some of(~의) 등

영어 사냥 시범 26 화살   ☞ 즐기면서 신나게 암기하기 ^^*

laugh   웃다
test   시험을 치르다 / 시험
save   절약하다
stressor   스트레스 요인
commonly   흔히
daily life   일상생활
neither A nor B   A도 B도 ~아니다
either A or B   A나 B 둘 중의 하나
A as well as B   B뿐만 아니라 A
right   권리 / 옳은
grammar   문법
reference   참고
around   약, 대략, ~주위에
happen   일어나다, 발생하다

영어 사냥 핵무기 복습   ☞ 빈칸을 완벽하게 채우세요

원형	과거	과거분사	뜻
feel			만져보다, 느끼다, ~한 느낌이 들다
understand			이해하다
find			찾다, 발견하다 / ~라고 생각하다
get			얻다, 사다, 사주다, ~하게 하다
leave			떠나다, 남기다
sleep			잠자다, 자다
speak			말하다

영어 사냥 시범 26   ☞ 우리말 순서로 해석하여 연필로 쓰기 ^^

Laughing /makes us feel /good.
웃는 것은/ 우리에게 느끼게 한다/ 좋게

해석 ☞

동사는 makes, 시제는 현재예요. 주어는 'laughing'인데 동사 끝에 '-ing'을 붙인 동명사예요. 동명사가 주어일 때는 3인칭 단수 취급을 해요. 그래서 동사에 '-s'를 붙여줘야 해요. 그래서 'make'가 아니라 'makes'가 맞아요. 그리고 make는 사역동사로 쓰였어요. 목적어 'us' 다음에 'to feel'이라고 하지 않고 동사원형 'feel'을 썼어요.

Every student /is tested /four times /a year.
모든 학생은/ 시험을 치르게 된다/ 네 번/ 일 년에

해석 ☞

동사는 is tested, 시제는 수동태현재예요. every는 단수명사와 결합을 하고, 3인칭 단수 취급을 해요. 그래서 동사 부분에 are tested로 하지 않고 is tested라고 했어요.

My mother /has told /me /about saving energy.
나의 엄마는/ 말해주었다/ 나에게/ 에너지를 절약하는 것에 대해

해석 ☞

동사는 has told, 시제는 현재완료예요. 주어 My mother가 3인칭 단수라서 'have told'라고 하지 않고 'has told'라고 했어요.

He lives in Bucheon.

해석 ☞

동사는 lives, 시제는 현재예요. 주어가 'He', 3인칭 단수라서 동사에 '-s'를 붙였어요.

Most of these stressors /are commonly found /in our daily life.
이 스트레스 요인들 대부분은/ 흔히 발견 된다/ 우리의 일상생활에서

해석 ☞

동사는 are found, 시제는 수동태현재예요. 'most of~'는 부분을 나타내는 표현에 속해요. 부분을 나타내는 표현은 of 뒤의 명사에 동사를 일치시켜요. of 뒤의 명사가 'these stressors'예요. 3인칭 복수예요. 그래서 is found가 아니라 are found라고 썼어요.

The fifty dollars he gave me /was soon spent.

해석 ☞

동사는 was spent, 시제는 수동태과거예요. 동사 앞이 전부 다 주부예요. 따라서 "The fifty dollars he gave me(그가 나에게 준 50달러)"가 주부예요. 'dollars'와 'he' 사이에 관계대명사가 생략이 되어 있어요. 주부에서 중심이 되는 말이 주어예요.

그래서 주어는 'The fifty dollars'예요. 겉으로만 볼 때는 복수지만 금액, 시간, 거리 등을 하나의 단일개념으로 쓸 때는 단수취급 해 줘요. "50달러라는 금액" 정도로 받아들이면 돼요. 단수취급을 해서, 동사를 'were spent'가 아니라 'was spent'로 썼어요.

Neither you nor Mira /is tall.

해석 ☞

'neither A nor B'는 'A도 B도 ~아니다'라는 양쪽 모두를 부정하는 표현이에요. 이 'neither A nor B'가 주어일 때도 동사를 B에 일치시켜줘요. B에 해당하는 것이 'Mira'이고 'Mira'는 3인칭 단수니까, 'is'를 써줬어요.

If either Mira's parents or Mira /calls, please take /a message.
미라의 부모님이나 미라가/ 전화하면, 받아주세요/ 메시지를

해석 ☞

if절의 동사는 calls, 주절의 동사는 take, 동사원형이 문장의 맨 앞에 오면 명령문이에요. if절의 주어 자리에 'either A or B' 류가 왔어요. 이때는 B에 동사를 일치시켜줘요. B에 해당하는 'Mira'는 3인칭 단수예요. 그래서 'call'이라고 하지 않고 'calls'라고 했어요.

He as well as you /has /the right to use /this computer.
너뿐만 아니라 그도/ 가지고 있다/ 사용할 권리를/ 이 컴퓨터를

해석 ☞

동사는 has, 시제는 현재예요. 'A as well as B'는 뜻이 "B뿐만 아니라 A"예요. 이 부분이 주어로 쓰일 때 A에 동사를 일치시켜요. 여기서는 A에 해당하는 것이 'He'이고 3인칭 단수이므로 'has'를 썼어요.

Two-thirds of my books /are grammar reference books.

해석 ☞

분수 표현도 부분을 나타내는 표현에 속해요. 그래서 of 뒤의 명사 'my books'에 동사를 일치시켜요. 'my books'는 복수니까, be동사 'are'로 받아서 썼어요.

Around five in the morning /a number of strange things / begin to happen /in this room.
오전에 5시경에/ 몇 가지 이상한 일들이/ 일어나기 시작한다/ 이 방에서

해석 ☞

동사는 begin, 시제는 현재예요. 주어는 'a number of stranger things'이고, 복수개념이에요. 그래서 begin을 썼어요.

영어 사냥 실전 26 화살 　　　👁 즐기면서 신나게 암기하기 ^^*

not only A but also B 　A뿐만 아니라 B
mood 　기분, 분위기
surface 　표면
hesitate 　주저하다, 머뭇거리다
homeless 　집 없는
dramatically 　극적으로

영어 사냥 화살 복습 　　　👁 (　) 안에 영어 단어를 쓰세요. (정답은 앞장에)

(　　　　　) 👁 가능한 빨리
(　　　　　) 👁 기술적으로
(　　　　　) 👁 ~보다 더 우수한
(　　　　　) 👁 경쟁자
(　　　　　　　) 👁 (최상의 의미) 가장 ~한
(　　　　　　　) 👁 (최상의 의미) 가장 ~한
(　　　　　) 👁 ~조차도 없이, ~조차도 하지 않고
(　　　　　) 👁 빠르면 빠를수록 더 좋다
(　　　　　) 👁 개선되다, 나아지다, 향상시키다
(　　　　　) 👁 기껏해야, 많아야
(　　　　　　　　　　) 👁
A가 B가 아닌 것은 C가 D가 아닌 것과 같다, C가 D가 아니듯이 A도 B가 아니다
(　　　　　) 👁 그럼에도 불구하고
(　　　　　) 👁 계속해서 ~하다(하던 것을 계속)
(　　　　　) 👁 계속해서 ~하다(다른 것을 이어서 계속)
(　　　　　) 👁 묘사하다, 서술하다

영어 사냥 실전 26
☞ 지시대로 풀고 뒷장에 정답을 확인하세요

♥ 다음 보기에서 적당한 단어를 골라서 ( ) 안에 넣되, 필요하면 어형을 바꾸세요(중복사용 가능). 그리고 해석하세요.

> (보기) be, have, come

1. This time last year, not only the students but also the teacher (　　) in a happy mood.
해석☞
2. Two-thirds of the Earth's surface (　　) covered by water.
해석☞
3. If one of your dogs (　　) a broken leg, please don't hesitate to call us.
해석☞
4. Each child at the party (　　) given a present.
해석☞
5. If either my parents or my sister (　　), please let them in.
해석☞

♥ 우리말에 맞게 주어진 단어들을 배열하여 문장을 완성하세요. (조건: 주어진 단어를 한 번씩 모두 사용하고, 필요하면 어형을 변형하거나 추가하세요.)

6. 모든 방에는 그것 자체의 화장실이 있다.
   (room, have, bathroom, every, own, it)
☞ _____.

7. 네가 아니라 네 어머니가 옳다.
   (but, you, not, mother, your, right, be)
☞ _____.

8. 노숙자들의 수가 극적으로 증가해왔다.
   (homeless, of, dramatically, have, people, number, increase)
☞ **The** _____.

영어 사냥 실전 26 (정답) ☞ 우리말 ↔ 영어로 번역하세요

1. (was)

해석☞ 작년 이맘때, 학생들뿐만 아니라 선생님도 행복한 분위기 속에 있었다.

☞

2. (is)

해석☞ 지구 표면의 3분의 2가 물로 덮여 있다.

☞

3. (has)

해석☞ 당신의 강아지 중 한 마리의 다리가 부러져있으면, 주저하지 말고 우리에게 전화하세요.

☞

4. (was)

해석☞ 파티에 온 각각의 아이들에게 선물이 주어졌다. (아이들이 선물을 받았다)

☞

5. (comes)

해석☞ 나의 부모님이나 나의 여동생이 오면, 그들을 안으로 들여보내세요.

☞

6. Every room has its own bathroom.

☞

7. Not you but your mother is right.

☞

8. The number of homeless people has increased dramatically.

☞

영어 사냥 통역 26   ☞ 입으로 직접 소리 내어 말하기 훈련^^*

♥ 우리말을 영어로 입으로 소리 내어 가며 연필로 옮기세요.

웃는 것(웃음)은 우리를 기분 좋게 한다.
☞ _____

모든 학생은 일 년에 네 번 시험을 치르게 된다.
☞ _____

나의 엄마는 에너지를 절약하는 것에 대해 나에게 말해주었다.
☞ _____

그는 부천에서 산다.
☞ _____

이 스트레스 요인들은 우리의 일상생활에서 흔히 발견된다.
☞ _____

그가 나에게 준 50달러는 곧 소비되었다.
☞ _____

너도 미라도 키가 크지 않다.
☞ _____

미라의 부모님이나 미라가 전화하면, 메시지를 받아주세요.
☞ _____

너뿐만 아니라 그도 이 컴퓨터를 사용할 권리를 가지고 있다.
☞ _____

나의 책들의 3분의 2는 문법 참고서들이다.
☞ _____

오전에 5시경에 이 방에서 몇 가지 이상한 일들이 일어나기 시작한다.
☞ _____

Unit 27 화법과 시제의 일치 및 예외

사냥터 에피소드 27 ☞ 가볍게 읽고 살짝만 생각하기 ^^*

사냥꾼 정찬아~ 선생님이랑 영어를 공부한 지 이제 꽤 되었지? 어떠냐? 이제 감이 좀 잡히나? ^^

정 찬 네~ 하도 선생님의 반복된 말씀을 듣다 보니, 자동으로 암기된 것도 많아요. 이제 영어 문장도 잘 보여요. 앞으로 단어만 열심히 암기하면 저의 영어는 아무 문제 없어요.

사냥꾼 좋았어!!! 부족한 점이 뭔지 제대로 파악했으니, 부지런하고 적극적인 단어 암기로 빨리 등급 상승 고고고!!!

사냥꾼 강의 27
☞ 꼼꼼하게 읽고 깊이 생각하기

화법이란 말을 전달하는 방법이에요. 말을 전달하는 방법에는 크게 직접화법, 간접화법 두 가지가 있어요. 말한 내용을 그대로 따옴표("...") 안에 넣어서 전달하는 방법이 <u>직접화법</u>이고, 전달자의 입장에서 적절하게 시제와 어구와 변환하여 전달하는 방법이 <u>간접화법</u>이에요.

시제의 일치 직접화법의 내용을 간접화법으로 바꿔서 전달할 때는 전달동사를 사용하게 되는데요. 이때 문장의 종류에 따라 적절한 전달동사를 사용하게 돼요. 그 전달동사(주절의 동사라고도 해요)를 과거로 하게 되면, 직접화법의 시제를 간접화법의 내용절(종속절이라고도 해요) 안에 옮겨 적을 때 한 시제 이전 시제를 써줘야 해요. 예를 들어, 직접화법의 따옴표 안의 내용의 시제가 현재이면 간접화법의 내용절 안에 써 줄 때는 과거로 바꿔서 써줘야 해요. 그리고 과거는 과거완료로, 현재완료는 과거완료로 바꿔서 써줘야 해요. 이게 바로 그 유명한 시제의 일치라고 하는 규칙이에요.

직접화법의 따옴표 안의 어구도 전달하는 시점에 맞는 적절한 어구로 바꿔줘야 해요. 아래에 어구 변환의 예를 보여드릴게요.

today → that day	tomorrow
now → then	→ the next day, the following day
here → there	yesterday
this → that	→ the day before, the previous day
ago → before	last night
must → must	→ the night before, the previous night
will → would	can → could
shall → should	may → might

이제 직접화법을 간접화법으로 바꾸는 방법에 대해 알아볼게요.

평서문 직접화법의 내용이 평서문이면, 전달동사는 say, 또는 tell로 해줘요. 그리고 that절 안에는 전달자의 입장에서 적절히(시제일치 원칙을 지켜서) 시제와 어구를 바꿔주면 돼요. 직접화법에서 전달동사가 'say'이면, 간접화법에서 전달동사를 그대로 say로 해주고, 'say to ~'이면 tell로 해주면 돼요.

의문문 직접화법의 내용이 의문문이면, 전달동사는 "물어보다"라는 뜻인 ask나 inquire 등으로 해줘요. 의문사가 있는 의문문이면, 전달동사 뒤에 '의문사+주어+동사' 순서로 해주고, 의문사가 없는 의문문이면, '~인지 아닌지'를 나타내는 if나 whether를 쓰고 그 뒤에 주어와 동사를 써줘요.

명령문 직접화법의 내용이 명령문이면, 전달동사는 "명령하다"라는 뜻의 order나 tell을 써주고 그 뒤에 '목적어+to V'를 써주면 돼요. "목적어에게 ~하라고 명령하다[말하다]"라는 형식이에요.

감탄문 직접화법의 내용이 감탄문이면, 전달동사는 "소리 지르다"라는 뜻의 exclaim, shout, cry 등으로 하고, that절 안에 very를 삽입하고 평서문의 순서로 하는 방법과, 전달동사 뒤에 감탄문의 순서를 그대로 해주는 방법이 있어요. 감탄사가 있을 때는 그 감탄사 부분을 적절한 부사어구로 바꾸어서 전달동사 다음에 덧붙여 쓰고 that절 안에 평서문의 순서로 해주면 돼요.

문장이 두 개일 때 두 문장 종류가 같을 때는 등위접속사 다음에 that을 한 번 더 써주고 내용을 써주면 돼요. 문장의 종류가 다를 때는 문장의 종류에 따른 전달동사를 쓰고 그 사이를 and로 연결해주면 돼요.

직접화법을 간접화법으로 전환할 때, 전달동사는 수학 공식처럼 정해진 것은 아니고, 상황에 가장 적절한 전달동사를 쓰면 돼요.

시제 일치의 예외 시제의 일치 규칙을 적용하지 않을 때가 있어요. 수학이나 과학처럼 하나의 규칙 아래 전부 잡아넣을 수 있으면 좋겠지만, 언어는 변화무쌍해요.^^ 긍정적으로 생각하면서 빨리 한번 정리하고 넘어갈게요.

첫째, 전달절(전달동사가 있는 부분-주절이라고도 함)의 시제를 과거로 하더라도 내용절(종속절이라고도 함)에 들어갈 내용이 영구적인 진리, 습관, 격언, 속담 등이라면 한 시제 이전 시제로 안 바꾸고 현재시제 그대로 써줘요.

진리, 습관, 격언, 속담 등이 아니라도 전달 시점에도 그 내용이 유효하다면, 한 시제 이전으로 하지 않고 그대로 써줘요.

둘째, 전달절의 시제를 과거로 하더라도, 내용절의 내용이 역사적 사실이라면 과거시제 그대로 써줘요.

셋째, 전달절의 시제를 과거로 하더라도, 내용절의 내용이 가정법이면 한 시제 이전으로 하지 않고 가정법 공식 그대로 써줘요.

넷째, 비교문장에서는 비교 시점의 시제를 써줘요.

이 정도로 화법 정리를 마칠게요. 이제 영문법 학습의 종착역이 다가옵니다. 앞으로 영어 사냥을 혼자서도 쉽게 할 수 있도록 마지막까지 힘내서 가보기로 해요. 파이팅! ^^*

사냥꾼 요약 27 ☞ 사냥꾼 강의를 참고하여 빈칸을 채워보세요

● 화법이란? 말을 전달하는 방법

직접화법	말한 내용을 ( )의 입장에서 적절히 ( )와 ( )를 변환하여 전달하는 방법
간접화법	말한 내용을 ( )의 입장에서 적절히 ( )와 ( )를 변환하여 전달하는 방법

시제의 일치	주절 전달동사를 ( )로 하게 되면, 내용절에는 현재였던 것을 과거로, 과거였던 것을 ( )로, 현재완료였던 것을 과거완료로 바꿔서 써주어야 한다.

● 직접화법을 간접화법으로 바꿀 때의 어구 변화

today → that day	tomorrow → the next day, the following day
now → ( )	
here → there	yesterday → the day before, the previous day
this → that	
ago → ( )	last night → the ( ) before, the previous night
must → must	
will → would	can → could
shall → should	may → might

사냥꾼 요약 27

☞ 사냥꾼 강의를 참고하여 빈칸을 채워보세요

문장의 종류	직접화법을 간접화법으로 전환방법
평서문	전달동사를 (　　　), (　　　) 등으로 하고 that절 안에는 전달자의 입장에서 시제와 어구를 적절히 변환한다.
의문문	전달동사를 (　　　), (　　　) 등으로 하고 의문사가 있을 때는 "(　　　)+주어+동사"로, 의문사가 없을 때는 "(　　　)+주어+동사"로
명령문	전달동사를 (　　　)이나 (　　　) 등으로 하고, 그다음에 "(　　　) + (　　　)"으로 한다.
감탄문	전달동사를 exclaim, shout, cry 등으로 하고 that절 안에 (　　　)를 삽입하고 (　　　)문의 순서로. 전달동사 다음에 (　　　)문의 순서 그대로. 감탄사가 있을 때는 감탄사를 적절한 (　　　)어구로 변환하여 전달동사 다음에 덧붙여 쓴 다음 that절 안에 평서문의 순서로.
중문, 복문	문장의 종류가 같을 때 - 등위접속사 다음에 (　　　)을 한 번 더 쓰고 내용을 쓴다. 문장의 종류가 다를 때 - 문장의 종류에 따른 전달동사를 쓰고 그 사이에 and를 쓴다.

시제일치의 예외(전달절의 시제를 과거로 하더라도)
내용이 영구적인 진리, 습관, 격언, 속담 - (　　　)시제 그대로
전달 시점에도 그 내용이 유효 - 말할 때의 시제 그대로
내용이 역사적 사실 - (　　　)시제 그대로
가정법 - 가정법 시제를 그대로
비교문장 - 비교 시점의 시제

영어 사냥 과제 27

☞ 완벽하게 암기해서 빈칸을 채우세요

● 화법이란? (   ) 방법

직접화법	말한 내용을 ( ) 따옴표(" ") 안에 담아서 전달하는 방법
간접화법	말한 내용을 ( )의 입장에서 적절히 ( )와 ( )를 변환하여 전달하는 방법

시제의 일치	전달동사(=주절 동사)를 ( )로 하게 되면, 내용절에는 현재였던 것을 ( )로, ( )였던 것을 과거완료로, 현재완료였던 것을 ( )로 바꿔서 써주어야 한다.

● 직접화법을 간접화법으로 바꿀 때의 어구 변화

today →	tomorrow
now →	→ ( )
here →	yesterday
this →	→ ( )
ago →	last night
must →	→ ( )
will →	can → could
shall →	may → might

영어 사냥 과제 27 ☞ 완벽하게 암기해서 빈칸을 채우세요

문장의 종류	직접화법을 간접화법으로 전환방법
평서문	전달동사를 (　　　), (　　　) 등으로 하고 that절 안에는 (　　　)의 입장에서 (　　　)와 (　　　)를 적절히 변환한다.
의문문	전달동사를 (　　　), (　　　) 등으로 하고 의문사가 있을 때는 "(　　　)+주어+동사"로, 의문사가 없을 때는 "(　　　)+주어+동사"로
명령문	전달동사를 (　　　)이나 (　　　) 등으로 하고, 그다음에 "(　　　) + (　　　)"으로 한다.
감탄문	전달동사를 (　　　), (　　　), cry 등으로 하고 that절 안에 (　　　)를 삽입하고 (　　　)문의 순서로.
	전달동사 다음에 (　　　)문의 순서 그대로.
	감탄사가 있을 때는 감탄사를 적절한 (　　　)어구로 변환하여 전달동사 다음에 덧붙여 쓴 다음 that절 안에 (　　　)의 순서로.
중문, 복문	문장의 종류가 같을 때 - 등위접속사 다음에 (　　　)을 한 번 더 쓰고 내용을 쓴다. 문장의 종류가 다를 때 - 문장의 종류에 따른 (　　　)를 쓰고 그 사이에 (　　　)를 쓴다.

시제일치의 예외(전달절의 시제를 과거로 하더라도)	
내용이 영구적인 (　　　), (　　　), 격언, 속담 - (　　　)시제 그대로	
(　　　) 시점에도 그 내용이 유효 - 말할 때의 시제 (　　　)	
내용이 역사적 사실 - (　　　)시제 그대로	
가정법 - (　　　) 시제를 그대로	
비교문장 - (　　　) 시점의 시제	

영어 사냥 시범 27 화살 ☞ 즐기면서 신나게 암기하기 ^^*

stay   머무르다
hot   더운, 매운, 뜨거운
hungry   배고픈
well   건강한 / 잘
engineer   기사, 엔지니어
assure   안심시키다, 보장하다
install   설치하다
application program   응용프로그램, 앱
job   일, 직업
wish   바라다

영어 사냥 핵무기 복습   ☞ 빈칸을 완벽하게 채우세요

원형	과거	과거분사	뜻
sing			노래하다, 노래 부르다
hear			듣다
see			보다
forget			잊다, 잊어버리다
give			주다
keep			유지하다, 계속하다, 기르다 가지고 있다, (일기를) 쓰다
eat			먹다
buy			사다, 사주다
hit			치다, 때리다, ~와 부딪치다

영어 사냥 시범 27 　　　　☞ 우리말 순서로 해석하여 연필로 쓰기 ^^

He said, /"I want /to buy /a car."
그는 말했다/ 나는 원한다/ 사기를/ 차를
해석 ☞

말한 내용을 그대로 따옴표("~") 안에 담아서 전달하는 것을 직접화법이라고 해요. 이 따옴표를 풀고, 내용을 전달자의 입장에서 적절하게 시제와 어구를 변환하여 전달하는 것을 간접화법이라고 해요. 따옴표 안의 문장의 종류에 따라 전달동사를 다르게 하여 간접화법으로 전환할 수 있어요.

위의 직접화법을 간접화법으로 바꾸면, "He said that he wanted to buy a car."가 돼요. 간접화법에서 전달절의 시제를 과거(said)로 하게 되면, 주절에는 직접화법에서 현재(want)였던 것을 한 시제 이전인 과거(wanted)로 바꿔서 전달해 줘야 하는 규칙(시제일치)에 따른 결과에요. 또, 전달자의 입장에서 'I'를 'he'로 바꿔줬어요.

He said, /"I don't have /much free time."
그는 말했다/ 나는 가지고 있지 않다/ 많은 자유 시간을
해석 ☞

직접화법이에요. 직접화법의 내용(따옴표 안)이 평서문이에요. 그리고 직접화법에서 전달동사가 said니까 간접화법에서도 그대로 said로 하면 돼요. 전달자의 입장에서 'I'는 'he'로, 현재시제인 'don't have'는 한 시제 이전인 과거(didn't have)로 바꿔주면 돼요. 그래서 간접화법으로 바꿔보면, "He said that he didn't have much tree time."이 돼요.

Unit 27 : 화법과 시제의 일치 및 예외　445

> **You said, /"I can't come /to the party /on Friday."**
> 너는 말했다/ 나는 갈 수 없다/ 그 파티에/ 금요일에
>
> 해석 ☞

간접화법으로 바꿀 때, 전달동사는 said로 하면 되고, 전달자의 입장에서 'I'는 'you'로, 'can't come'은 'couldn't come'으로 바꿔주면 되겠어요. "You said that you couldn't come to the party on Friday."

> **The doctor said /to me, /"Stay /in bed /for a few days."**
> 의사가 말했다/ 나에게// 머물러라/ 침대에/ 며칠 동안
>
> 해석 ☞

직접화법의 내용이 형식상 명령문이에요. 명령문일 때는 전달동사를 tell이나 order 등으로 하고 그 뒤에 바로 목적어를 써주고 이어서 to부정사를 써주면 돼요. 즉, 'tell(order) 목적어 to V' 형식을 갖춰주면 돼요. 위의 문장을 간접화법으로 바꿔보면 "The doctor told me to stay in bed for a few days."가 돼요. 여기서 전달동사 told를 'advised'로, 또는 상황에 가장 알맞은 전달동사로 바꿔줄 수 있어요.

> **Mun-ho said /to me, /"Please don't tell /anybody /what happened."**
> 문호가 말했다/ 나에게// 말하지 마세요/ 어느 누구에게도/ 무슨 일이 있었는지
>
> 해석 ☞

직접화법 내용으로 부정명령문이 왔어요. 간접화법으로 바꿀 때 to부정사를 부정하면 돼요. to부정사의 부정은 to부정사 앞에 not이나 never를 붙여주면 돼요. 이 문장을 간접화법으로 바꾸면 "Mun-ho told me not to tell anybody what had happened.

> **My teacher said /to her, /"Are you hungry?"**
> 나의 선생님이 말했다/ 그녀에게,// 너는 배고프니
>
> 해석 ☞

직접화법의 내용이 의문문인데, 의문사가 없는 의문문이에요. 의문문일 때는 "묻다"라는 의미의 'ask'나 'inquire' 등을 전달동사로 하면 좋아요. 의문사가 없는 의문문일 때는, 전달동사 뒤에 'if 주어 동사'나 'whether 주어 동사'를 써주면 돼요. 위의 문장을 간접화법으로 바꿔보면 "My teacher asked if she was hungry."가 돼요. 'you'가 전달자의 입장에서 'she'로 바뀐 것에 주목하세요.

> **She said, /"Oh, I'm too hot!"**
> 그녀는 말했다/ 오, 나는 너무 덥다라고
>
> 해석 ☞

이 문장은 직접화법의 내용에 감탄사 'Oh'가 들어가 있어요. 간접화법으로 전환할 때 전달동사를 무엇으로 하면 잘 전달될까요? 더워서 짜증나거나 힘들어서 'Oh'라는 감탄사를 내뱉았다고 판단하여, 전달동사를 moan 정도로 하면 좋겠어요. 그리고 직접화법 내용의 'I'는 전달자 입장에서는 'she'가 되고, 직접화법 내용의 현재시제(am)는 간접화법에서는 과거로 해주면 되겠어요. 그래서 위 문장을 간접화법으로 전환하면 "She moaned that she was too hot."이 돼요.

> **Chan said /that his parents /were very well.**
> Chan은 말했다/ 그의 부모님이/ 매우 건강하다고
>
> 해석 ☞

간접화법인데요, 직접화법으로 만들어볼까요? 전달동사를 said로 한 것과, 내용절의 'his'와 시제 'were'를 보고 판단할 때, 직접화법에서는 'his'가 'my'였을 테고, 시제는 현재였을 테니까 직접화법으로 전환하면 "Chan said, "My parents are very well.""이 되겠어요.

> **The computer engineer assured /me /that he had installed / the application program /to my computer.**
> 그 컴퓨터 기사는/ 장담했다/ 나에게/ 그가 설치했다는 것을/ 그 응용 프로그램을/ 나의 컴퓨터에
>
> 해석 ☞

간접화법으로 볼 수 있어요. 이 간접화법 문장에서 전달동사를 'assured'로 한 것으로 보아, 그리고 내용절(that절)의 시제를 'had installed'로 한 것으로 보아, 그리고 어구를 전달자 입장에서 바꾸었을 것을 염두에 두고 다시 직접화법으로 전환해본다면 다음의 문장이 되겠어요. "The computer engineer said to me, "Certainly I installed the application program to your computer.""

> **He said /that he takes a walk /every morning.**
> 그는 말했다/ 그가 산책을 한다고/ 매일 아침에
>
> 해석 ☞

간접화법 문장이에요. 이 문장은 전달절의 시제가 과거(said)인데도, 내용절의 시제는 현재(takes)로서 시제일치가 되어 있지 않네요. 시제일치 원칙에 어긋나지만 틀린 문장은 아니에요. 직접화법에서 말한 내용이 영구적인 진리나 현재의 습관 등일 때는 항상 현재시제로 해줘요. 이 점을 염두에 두고 다시 직접화법으로 전환해볼까요? 내용절의 'he'는 'I'로, 시제는 '현재'로 하면 되겠어요. "He said, "I take a walk every morning.""

> **Chan said /that his new job /is very interesting.**
> Chan은 말했다/ 그의 새로운 직업이/ 매우 흥미롭다고
>
> 해석 ☞

간접화법 문장이에요. 전달절은 과거시제, 내용절은 현재시제로서 시제일치가 이루어지지 않았어요. 그럼 이 문장이 틀린 문장이라고 할 것이냐? 아니에요. 시제일치를 안 시키고 말할 때의 시제를 그대로 썼다는 얘기는 전달 시점에도 그 내용

이 유효하다는 것을 암시해요. 즉, 그 말을 전달하는 시점에도 "그의 새 직업이 흥미롭다"는 것을 암시하는 거예요. 이 문장을 다시 직접화법으로 고치면 이렇게 돼요. "Chan said, "My new job is very interesting.""

> **He said /that he wished /he could help /me.**
> 그는 말했다/ 그가 바란다고/ 그가 도울 수 있기를/ 나를
>
> 해석 ☞

간접화법 문장이에요. 그런데 내용절의 내용을 보면 'I wish 가정법'이 스며들어 있어요. 'I wish 가정법'에서 'I wish' 부분은 가정법이 아니에요. I wish '뒷부분'이 가정법이란 말이에요. 간접화법 문장으로 만들면서 시제일치를 시키느라 과거(wished)로 해줬으니, 원래 직접화법으로는 현재(wish)였다는 것을 알 수 있어요. 그리고 wish 뒷부분은 가정법이라서 시제일치의 적용을 하지 않고, 가정법 공식을 그대로 유지해요. 그러니 원래 직접화법에서도 'could help'였다는 말이에요. 그리고 어구 변환이 이루어져서 'me'가 되었으니 원래는 전달자인 'you'이었겠죠. 이 내용을 종합하여 위의 간접화법 문장을 직접화법 문장으로 바꿔보면 "He said, "I wish I could help you.""가 돼요.

영어 사냥 실전 27 화살   ☞ 즐기면서 신나게 암기하기 ^^*

the day before   그 전날(어제)

move   움직이다

영어 사냥 화살 복습   ☞ ( ) 안에 영어 단어를 쓰세요. (정답은 앞장에)

(   ) ☞ 웃다
(   ) ☞ 시험을 치르다 / 시험
(   ) ☞ 절약하다
(   ) ☞ 스트레스 요인
(   ) ☞ 흔히
(   ) ☞ 일상생활
(   ) ☞ A도 B도 ~아니다
(   ) ☞ A나 B 둘 중의 하나
(   ) ☞ B뿐만 아니라 A
(   ) ☞ 권리 / 옳은
(   ) ☞ 문법
(   ) ☞ 참고
(   ) ☞ 약, 대략, ~주위에
(   ) ☞ 일어나다, 발생하다

영어 사냥 실전 27

☞ 지시대로 풀고 뒷장에 정답을 확인하세요

♥ 화법을 전환할 때, ( ) 안에 또는 빈칸에 알맞은 단어를 쓰세요.

1. She said, "I've found my keys!"

   전환☞ She said that (　　) (　　) (　　) (　　) keys.

2. I said to Chan, "Don't shout."

   전환☞ I told Chan (　　) (　　) shout.

3. He said to me, "Why did they do this?"

   전환☞ He asked me (　　) (　　) (　　) (　　) (　　).

4. The old lady said, "How happy I am!"

   전환☞ The old lady (　　) how happy (　　) (　　).

5. The young man said to her, "Don't worry. I'll help you."

   전환☞ The young man (　　) her (　　) (　　) worry, (　　) (　　) her that (　　) (　　) help (　　).

6. She told me that she had met Chan the day before.

   전환☞ She said to me, "_____"

♥ 우리말에 맞게 주어진 단어들을 배열하여 문장을 완성하세요. (조건: 주어진 단어를 한 번씩 모두 사용하고, 필요하면 어형을 변형하거나 추가하세요.)

7. Mira는 내년에 Paris에 가고 싶다고 나에게 말했다.(전달시점에도 파리에 가고 싶어 함을 암시하세요)

   (Paris, Mira, me, to, she, that, go, want, to, tell, next year)

   ☞ _____.

8. 나의 과학 선생님이 지구가 태양 주위를 돈다고 말했다.

   (say, the, my, science, earth, around, teacher, move, sun, the)

   ☞ _____.

9. Alex는 아무것도 먹지 않겠다고 나에게 말했다.

   (me, anything, Alex, tell, he, that, not, eat, will)

   ☞ _____.

Unit 27 : 화법과 시제의 일치 및 예외　451

영어 사냥 실전 27 (정답) ☞ 우리말 ↔ 영어로 번역하세요

1. She said, "I've found my keys!"

전환☞ She said that (she) (had) (found) (her) keys.

☞

2. I said to Chan, "Don't shout."

전환☞ I told Chan (not) (to) shout.

☞

3. He said to me, "Why did they do this?"

전환☞ He asked me (why) (they) (had) (done) (that).

☞

4. The old lady said, "How happy I am!"

전환☞ The old lady (exclaimed) how happy (she) (was).

☞

5. The young man said to her, "Don't worry. I'll help you."

전환☞ The young man (told) her (not) (to) worry, (and) (told) her that (he) (would) help (her).

☞

6. She told me that she had met Chan the day before.

전환☞ She said to me, "I met Chan yesterday."

☞

7. Mira told me that she wants to go to Paris next year.

☞

8. My science teacher said the earth moves around the sun.

☞

9. Alex told me that he wouldn't eat anything.

☞

영어 사냥 통역 27   ☞ 입으로 직접 소리 내어 말하기 훈련^^*

♥ 우리말을 영어로 입으로 소리 내어 가며 연필로 옮기세요.

그는 "나는 차를 사기를 원한다."라고 말했다.
☞

그는 "나는 자유 시간이 많지 않아."라고 말했다.
☞

너는 "나는 금요일에 그 파티에 갈 수 없다."라고 말했다.
☞

의사가 나에게 "며칠 동안 침대에 있으세요."라고 말했다.
☞

문호가 나에게 "어느 누구에게도 무슨 일이 있었는지를 말하지 마세요."라고 말했다.
☞

나의 선생님이 그녀에게 "너는 배고프니?"라고 말했다.
☞

그녀는 "오, 나는 너무 더워!"라고 말했다.
☞

그 컴퓨터 기사는 그가 그 응용프로그램을 나의 컴퓨터에 설치했다는 것을 장담했다.
☞

Chan은 그의 부모님이 매우 건강하다고 말했다.
☞

그는 그가 매일 아침에 산책을 한다고 말했다.
☞

Chan은 그의 새로운 직업이 매우 흥미롭다고 말했다.
☞

그는 그가 나를 도울 수 있기를 바란다고 말했다.
☞

Unit 28 관사

사냥터 에피소드 28　　　☞ 가볍게 읽고 살짝만 생각하기 ^^*

춤을 추는 아이가 사냥터에 찾아왔다...^^

학 생　춤을 너무너무 좋아해요. 춤 쪽으로 나가고 싶은데 대학도 가고 싶어요.
사냥꾼　그래, 그동안 영어 공부는 어느 정도 했고?
학 생　초등학교 6학년 이후로는 거의 손 놓았어요.
사냥꾼　그래, 춤을 추고 싶고 공부도 해야겠고. 답답하겠구나. 먼저 영문법 1개월 완성으로 기반을 다져 놓고 시작하자. 선생님이 한 달 동안 최선을 다해서 도와줄 테니, 너도 최선을 다해서 열심히 하기 바란다. 영어는 시간 투자에 비례해서 실력이 향상되는 과목이니까!!

> 사냥꾼 강의 28   ☞ 꼼꼼하게 읽고 깊이 생각하기

　오늘은 관사에 대해서 알아볼게요. 사실 영어 학습을 할 때 가장 어려운 부분이라고 해도 과언이 아니에요. 관사에는 정관사와 부정관사, 두 가지가 있어요. a(an)를 '부정관사', the를 '정관사'라고 불러요. 관사는 기본적으로 명사 앞에 붙여요. 언제 a(an)를 붙이고 언제 the를 붙이느냐는 상당히 까다롭지만 그네들이 하는 대로 따라 하면 돼요. 부정관사 a(an)와 정관사 the의 기본적인 용법들만 소개하고, 나머지는 실제 영어 문장들 속에서 스스로 터득해 나가기로 해요.

　`부정관사(a, an)` 부정관사 "a(an)"는 막연한 것을 지칭할 때 써요. 처음 언급할 때 많이 붙이는데, "one(하나)"의 약한 뜻이라고 보면 돼요. "an"은 발음이 모음으로 시작되는 단어 앞에 써요. 철자가 아니라 발음이 모음으로 시작되는 단어 앞이에요. 그 외, 나머지의 경우에는 전부 "a"를 써요. 그리고 정확히 "one(하나)"의 뜻으로 사용되기도 해요. "of a"의 형태로 "같은(the same)"이라는 뜻으로도 사용돼요. 또 "~당(per)"의 뜻으로도 사용되고, "어떤(certain)"이라는 뜻으로도 사용돼요. 그리고 "~라는 것(총칭)"을 나타낼 때도 쓰여요. 부정관사는 이 정도로 정리하면 될 것 같아요.

　`정관사(the)` 정관사 "the"는 가장 기본적인 용법이 정해진 것, 이미 한 번 언급한 것을 받아서 쓸 때 붙여서 써요. 또, 정황으로 봐서 누구든지 알 수 있는 것을 지칭할 때도 써요. 뒤에서 한정을 받을 때도 쓰여요. 그리고 세상에 하나밖에 없는 것을 지칭할 때도 쓰이고, 서수나 형용사의 최상급 앞에서도 쓰여요. 신체 일부, 단위 등 습관적으로 앞에 the를 붙여서 쓰는 표현들도 많이 있어요. 'the very, the only, the same'과 같은 형태로도 많이 쓰이고요. "~라는 것(총칭)"의 뜻으로도 쓰여요.

"the + 형용사"는 "복수 보통명사"의 뜻을 갖기도 해요. 그리고 "the + 보통명사"가 "추상명사"의 뜻을 가질 때도 있어요. 그리고 원래 고유명사 앞에는 관사를 안 붙이는 데, "강, 바다, 배, 철로, 산맥, 사막, 군도, 일부 신문이나 잡지, 일부 국가, 일부 공공건물 앞"에는 습관적으로 "the"를 붙여서 써요. 공공건물 중에서 "역, 공항, 공원, 호수" 앞에는 "the"를 안 붙여요. 또 "성씨 앞"에 "the"를 붙여서 쓰면, "~씨 부부, ~씨 가족"이라는 뜻이 돼요. 정관사에 대해서는 이 정도로 정리하면 될 것 같아요.

무관사 관사를 안 붙이고 쓰는 경우들이 있어요. 부르는 말(호격) 앞에는 관사를 안 써요. "엄마, 아빠" 등 가족관계를 지칭할 때도 관사를 안 써요. 하나밖에 없는 관직이나 신분을 나타내는 말이 동격이나 보어로 쓰일 때도 관사를 안 써요. 건물이나 물건이 원래의 목적으로 쓰일 때도 관사를 안 써요. 식사, 운동, 학과 이름 앞에도 관사를 안 써요. 또, 그냥 표현으로 관사를 안 쓰는 것들이 많아요.

관사의 위치 관사는 일반적으로 앞에 나오지만, 다음과 같은 경우는 관사가 뒤쪽으로 빠져요.

so[as, too, how, however] + 형용사 + a(an) + 명사
such[what] + a(an) + 형용사 + 명사
all[both, double, half] + the(a, an) + 명사
quite[rather] a + 형용사 + 명시(일반적으로)

그 밖에 것들은 영어 원어민들의 언어습관을 그대로 받아들이는 것이 좋아요. 학습자가 영어학습의 마지막 단계에서 조금씩 가지를 붙여서 확장해보세요.

사냥꾼 요약 28

☞ 사냥꾼 강의를 참고하여 숙지하세요

부정관사(a, an)	정관사(the)
an(모음발음 시작 단어 앞에)	앞에서 한 번 언급한 것
	정황상 알 수 있는 것
	총칭(~라는 것)
막연한 것 지칭할 때	유일물 앞에
	뒤에서 한정을 받을 때
one(특히 하나)의 뜻	서수나 형용사의 최상급 앞에
the same(같은)의 뜻 (of a의 형태로)	the only, the very, the same 등의 표현으로
	the + 형용사 = 복수 보통명사 the + 보통명사 = 추상명사
총칭(~라는 것)	습관적인 표현들 (신체 일부, 단위 등의 앞에)
per(~당)의 뜻	
certain(어떤)의 뜻	강, 바다, 배, 설보, 산맥, 사막, 군도, 일부 신문, 잡지, 일부 국가, 공공건물, 성씨 등 앞에

관사의 위치
so[as, too, how, however] + 형용사 + a(an) + 명사 such[what] + a(an) + 형용사 + 명사 all[both, double, half] + the(a, an) + 명사 quite[rather] a + 형용사 + 명사(일반적으로)

무관사
부르는 말(호격), 가족관계, 식사, 운동, 학과 앞에 하나밖에 없는 관직, 신분이 동격이나 보어일 때 건물이나 물건이 원래의 목적으로 사용될 때 그냥 표현으로(암기)

영어 사냥 과제 28 ☞ 완벽하게 암기해서 빈칸을 채우세요

부정관사(a, an)	정관사(the)
an(모음발음 시작 단어 앞에)	앞에서 한 번 언급한 것
	( )
	총칭(~라는 것)
막연한 것 지칭할 때	유일물 앞에
	뒤에서 한정을 받을 때
one(특히 하나)의 뜻	서수나 형용사의 최상급 앞에
the same(같은)의 뜻 (of a의 형태로)	the only, the very, the same 등의 표현으로
	the + 형용사 = ( ) the + 보통명사 = ( )
총칭(~라는 것)	습관적인 표현들 (신체 일부, 단위 등의 앞에)
per(~당)의 뜻	( ), ( ), ( ), 철로, 산맥, 사막, 군도, 일부 신문이나 잡지, 일부 국가, 공공건물, 성씨 등 앞에
certain(어떤)의 뜻	

관사의 위치

(   )[as, too, how, however] + 형용사 + a(an) + 명사
(   )[what] + a(an) + 형용사 + 명사
all[both, double, half] + the(a, an) + 명사
quite[rather] a + 형용사 + 명사(일반적으로)

무관사

부르는 말(호격), 가족관계, (   ), (   ), 학과 앞에
하나밖에 없는(   ), (   )을 나타내는 말이 (   )이나 (   )일 때
건물이나 물건이 (   )의 목적으로 사용될 때
그냥 표현으로(암기)

영어 사냥 시범 28 화살 ☞ 즐기면서 신나게 암기하기 ^^*

wait for   ~을 기다리다
feather   깃털
flock   모이다
once   한번은, 옛날에, 일단 ~하면
son   아들
dolphin   돌고래
intelligent   지능이 있는, 똑똑한
garage   차고
belong to   ~에 속해 있다, ~의 것이다
next door   옆집(에)
the very   (명사 강조) 바로 그
strike - struck - struck   치다, 때리다
cheek   뺨
queen   여왕
the United Kingdom   영국

영어 사냥 실전 25-27 화살 복습 ☞ ( ) 안에 단어를 써 넣으세요

(   ) ☞ 그 전날(어제)
(   ) ☞ A뿐만 아니라 B
(   ) ☞ 기분, 분위기
(   ) ☞ 표면
(   ) ☞ 주저하다, 머뭇거리다
(   ) ☞ 극적으로
(   ) ☞ 더욱더
(   ) ☞ B라기보다는 A
(   ) ☞ 재산
(   ) ☞ 하물며, ~은 더 말할 것도 없다

영어 사냥 시범 28   ☞ 우리말 순서로 해석하여 연필로 쓰기 ^^

> **She /is waiting for /a taxi.**
> 그녀는/ 기다리고 있다/ 택시를
>
> 해석 ☞

동사는 is waiting, 시제는 '현재진행'이에요. 동사를 찾으면서 'waiting' 다음의 'for'까지 눈에 들어오면 좋겠어요. 'a'는 어떤 특정한 것을 지칭하는 것이 아니라 막연한 것을 가리키는 거예요. 우리말로는 해석을 안 하는 게 자연스러울 때가 많아요.

> **Birds of a feather /flock /together.**
> 같은 깃털의 새들은/ 모인다/ 함께
>
> 해석 ☞

동사는 flock, 시제는 현재예요. 'a'가 'the same'의 의미로 쓰인 판에 박힌 문구예요.

> **Four hours a week /is a very short time /to learn English.**
> 일주일에 네 시간은/ 매우 짧은 시간이다/ 영어를 배우기에
>
> 해석 ☞

동사는 is, 시제는 현재예요. 주어인 four hours는 복수형태지만, 시간, 거리, 금액 등을 하나의 단일개념으로 사용할 때는 '단수' 취급을 해요. 여기서는 네 시간이라는 '기간'에 포커스를 맞춰서 단수취급 하여 is를 썼어요. a week에서의 a는 'per(~당)'의 뜻이에요.

> **The dolphin /is an intelligent animal.**
> 해석 ☞

the dolphin은 돌고래를 총칭하는 거예요. Dolphins라는 의미에요. Dolphins를 주어로 할 때는 is가 아니라 are로 해야죠.

> **Once /there was /an old man. The old man /had /three sons.**
> 옛날에/ 있었다/ 한 늙은 사람이// 그 늙은 사람은/ 가지고 있었다/ 세 명의 아들을
> 해석 ☞

처음 언급할 때 부정관사 a를 써요(an old man). 한 번 언급했던 것을 다시 받아 쓸 때는 정관사 "the"를 붙여요.

> **The cars in the garage /belong /to the girls /who live /next door.**
> 그 차고의 차들은/ 속한다/ 그 소녀들에게/ 사는/ 옆집에
> 해석 ☞

뒤에서 한정을 받을 때 정관사 the를 써요. 다른 차도 아니고 '그 차고에 있는 차'로 한정하고 있어요. 다른 소녀들도 아니고 '옆집에 사는 소녀들'로 한정을 해서 각각 'the'를 붙였어요.

> **Jejudo /is the largest island /in Korea.**
> 제주도는/ 가장 큰 섬이다/ 한국에서
> 해석 ☞

형용사의 최상급 'largest' 앞에 'the'를 붙여요.

> **This /is the very book /I lost.**
> 이것은/ 바로 그 책이다/ 내가 잃어버린
>
> 해석 ☞

"the very, the only, the same" 등으로 습관적으로 the를 붙여서 쓰는 표현들이 있어요.

> **He /struck /me /on the cheek.**
> 그는/ 때렸다/ 나를/ 뺨을
>
> 해석 ☞

동사는 struck, 시제는 과거예요. 신체 부위에 "the"를 쓰는 경우에요.

> **I want /to read /such an interesting book.**
> 나는 원한다/ 읽기를/ 그러한 흥미로운 책을
>
> 해석 ☞

'such'라는 단어가 관사 'a'와 함께 사용될 때, "such a 형용사 +명사"의 순서로 돼요.

> **Both the sisters /play /the piano.**
> 그 자매들 둘 다/ 연주한다/ 피아노를
>
> 해석 ☞

both라는 단어도 관사보다 힘이 세요. 그래서 the both sisters라고 안하고 both the sisters라고 해요.

> **Good night, son.**
> 해석 ☞

부르는 말(호격) 앞에 관사 없이 써요.

> **Elizabeth II, /Queen of the United Kingdom, /was born /in London.**
> 엘리자베스 2세/ 영국 여왕은/ 태어났다/ 런던에서
> 해석 ☞

하나밖에 없는 관직이나 신분을 나타내는 말이 동격이나 보어로 쓰일 때는 관사를 안 써요.

> **My mom goes /to church /every Sunday.**
> 나의 엄마는 간다/ 교회에/ 매주 일요일에
> 해석 ☞

건물이나 물건이 원래 목적으로 쓰일 때는 관사를 안 써요. 교회(church)의 원래 목적은 예배 보는 곳이에요. 그래서 예배 보러 교회에 간다고 할 때는 go to church라고 해요.

> **My parents /play tennis /on Saturdays.**
> 나의 부모님은/ 테니스를 친다/ 토요일마다
> 해석 ☞

운동 이름 앞에 관사를 안 써요. 그리고 on Saturdays(토요일마다)는 every Saturday와 같은 표현이에요.

the Nail (나일강 - 강이름)
the Pacific Ocean (태평양 - 바다 이름)
the Titanic (타이태닉호 - 배 이름)

원래 고유명사 앞에는 관사 안 붙여 쓰지만, "강, 바다, 배 이름, 산맥, 사막, 철도 등" 앞에는 습관적으로 the를 붙여서 써요.

영어 사냥 실전 28 화살   ☞ 즐기면서 신나게 암기하기 ^^*

pass away   죽다, 돌아가시다
at the age of ~   ~의 나이에
the poor   가난한 사람들
day and night   밤낮으로
in order to V   ~하기 위하여
burden   짐, 부담
registration   등록
by the pound   파운드 단위로

영어 사냥 화살 복습   ☞ ( ) 안에 영어 단어를 쓰세요. (정답은 앞장에)

(   ) ☞ 머무르다
(   ) ☞ 더운, 매운, 뜨거운
(   ) ☞ 배고픈
(   ) ☞ 건강한 / 잘
(   ) ☞ 기사, 엔지니어
(   ) ☞ 안심시키다, 보장하다
(   ) ☞ 설치하다
(   ) ☞ 응용프로그램, 앱
(   ) ☞ 일, 직업
(   ) ☞ 바라다

영어 사냥 실전 28   ☞ 지시대로 풀고 뒷장에 정답을 확인하세요

♥ a, an, the 중에서 ( ) 안에 넣으세요.(필요 없으면 ×표 하세요)

1. 그는 67세의 나이에 돌아가셨다.
   He passed away at (　) age of sixty-seven.

2. 우리는 가난한 사람들을 도와야 한다.
   We must help (　) poor.

3. 누구에게도 짐이 되지 않기 위해 그는 밤낮으로 일했다.
   He worked (　) day and (　) night in order not to be (　) burden to anyone.

4. 너무나도 아름다운 날이었다.
   It was so beautiful (　) day.

5. 그녀는 일 년 동안 미국에 있을 것이다.
   She'll be in America for (　) year.

6. 네 생각으로, 한 주의 첫 번째 요일은 무엇이냐?
   In your opinion, what is (　) first day of the week?

7. 등록이 한 시간 전에 마감되었다.
   The registration closed (　) hour ago.

♥ 우리말에 맞게 주어진 단어들을 사용하여 문장을 완성하세요.
(조건: 필요하면 어형을 변형하거나 관사를 추가하세요)

8. 문 좀 열어 줄래요?(누구나 알고 있는 문을 열어달라고 함)
   (you, door, could, open)
   ☞ _____ please?

9. 나는 보통 아침을 7시에 먹어요.
   (at, breakfast, 7, usually, eat, I)
   ☞ _____.

10. 미국에서 버터는 파운드 단위로 팔린다.
    (by, United States, be, butter, pound, in, sell)
    ☞ _____.

영어 사냥 실전 28 (정답) ☞ 우리말 ↔ 영어로 번역하세요

1. He passed away at (the) age of sixty-seven.
   ☞

2. We must help (the) poor.
   ☞

3. He worked (X) day and (X) night in order not to be (a) burden to anyone.
   ☞

4. It was so beautiful (a) day.
   ☞

5. She'll be in America for (a) year.
   ☞

6. In your opinion, what is (the) first day of the week?
   ☞

7. The registration closed (an) hour ago.
   ☞

8. Could you open the door, please?
   ☞

9. I usually eat breakfast at 7.
   ☞

10. Butter is sold by the pound in the United States.
    ☞

영어 사냥 통역 28 ☞ 입으로 직접 소리 내어 말하기 훈련^^*

♥ 우리말을 영어로 입으로 소리 내어 가며 연필로 옮기세요.

그녀는 택시를 기다리고 있다.
☞

같은 깃털의 새들은 함께 모인다.(유유상종)
☞

일주일에 네 시간은 영어를 배우기에 매우 짧은 시간이다.
☞

옛날에 한 늙은 사람이 있었다. 그 늙은 사람은 세 명의 아들이 있었다.
☞

돌고래는 영리한 동물이다.
☞

그 차고의 차들은 옆집에 사는 그 소녀들 것이다.
☞

이것은 내가 잃어버린 바로 그 책이다.
☞

그는 나의 뺨을 때렸다.
☞

나는 그러한 흥미로운 책을 읽기를 원한다.
☞

그 자매들 둘 다 피아노를 연주한다.
☞

아들아, 잘 자라.
☞

영국 여왕, 엘리자베스 2세는 런던에서 태어났다.
☞

나의 엄마는 매주 일요일에 교회에 간다.
☞

나의 부모님은 토요일마다 테니스를 친다.
☞

Unit 29 전치사

사냥터 에피소드 29 ☞ 가볍게 읽고 살짝만 생각하기 ^^*

사냥꾼 얘들아, '의리'하면 뭐가 생각나니?
현 지 김보성?
모 아 김국주?
사냥꾼 이런! 내가 원하는 답은 아직 안 나왔군.
현 지 오늘 전치사 배울 차례니까 '전치사'요.
사냥꾼 하하… 맞아! 전치사는 의리가 있어서 항상 뒤에 식구를 달고 다녀요. 주로 명사나 대명사를 달고 다니지. 힘들다고 버리지 않아요. 그래서 전치사가 들어간 표현을 암기할 때는 "~"를 넣어서 암기하면 좋아요. 뒤에 식구가 나온다는 뜻으로!!

(사냥꾼의 독백) 너희들의 영어 실력이 느는 동안, 나는 북 치고 장구 치는 실력이 점점 느는 것 같다!

사냥꾼 강의 29   ☞ 꼼꼼하게 읽고 깊이 생각하기

이제 영문법 공부가 막바지로 치닫고 있어요. 전치사를 알기 위해서는 "왜?"라는 의문보다는 품을 수 있는 바다와 같은 넓은 가슴이 필요해요. 전치사는 주로 명사나 대명사 앞에 놓이는데요. 그때그때 문장 속에서의 쓰임새를 유추하면서 내 유추가 맞는지 사전을 통해서 자주 살펴주세요. 그럼 먼저, 시간과 장소를 나타내는 전치사를 살펴보고 그 외의 여러 가지 전치사들의 쓰임새는 문맥 속에서 잡아나가기로 해요.

시간을 나타내는 전치사 at은 어떤 한 시점을 나타내는 '점' 개념이에요. at 8 o'clock(8시에), at night(밤에) 등으로 쓰여요. on은 on Sunday(일요일에), on October 27(10월 27일에)처럼 요일이나 어떤 특정 날짜 앞에 쓰여요. in은 in spring(봄에), in 2017(2017년에)처럼 계절이나 연도 앞에 쓰여요.

from은 기본적인 뜻이 "~로부터"예요. since는 "~이래로, ~이후로"의 뜻이에요. until(=till)은 "~까지"라는 뜻인데, 계속의 의미를 나타내요. by도 뜻은 "~까지"인데, 얘는 완료의 개념이에요.

"~동안"이라는 의미로 'for, during, through'가 있는데, for는 'for three days(3일 동안)'처럼 "얼마나 오래"에 대한 개념이에요. during은 'during the trip(그 여행 동안)'처럼 "언제"에 대한 개념이에요. through는 'through the film(영화 상영 내내)'처럼 "(처음부터 끝까지 전 기간) 동안"이라는 의미예요.

그 외에 'in a week(일주일 있으면, 일주일 후에)'에서처럼 in은 "시간의 경과"를 나타내기도 하고요, 'within two hours(2시간 이내에)'에서처럼 within은 "(시간이) ~이내에"라는 뜻이에요.

장소를 나타내는 전치사 장소를 나타내는 at은 어떤 한 지점을 나타내는 점 개념이에요. 그래서 'at the door(문에, 문간에)'에서처럼 비교적 좁은 장소에 쓰여요. in은 면, 공간 개념이에요. 그래서 'in the river(강에서, 강에)'에서처럼 비교적 넓은 장소에 쓰여요. 절대적이진 않아요.

on은 "(접촉해서) ~위에", beneath는 일반적으로는 "(접촉해서) ~아래에"의 뜻이에요. above(~위에)는 아무튼 위쪽이면 다 above예요. below(~아래에)는 아무튼 아래쪽이면 다 below예요. over는 "~바로 위에"라는 뜻이에요. under는 "~바로 아래에"라는 뜻이에요. up은 "~ 위쪽으로, ~위에"라는 뜻으로, down은 "~아래로, ~아래에"라는 뜻으로 방향성이 있어요.

in은 "~에, ~에서, ~안에"의 뜻이 있어요. into나 out of는 방향성이 있어서 각각, "~안으로, ~에서 밖으로"라는 뜻이에요. across는 "~을 가로질러서", through는 "~을 통하여"라는 뜻으로 '관통, 통과'의 의미예요. along은 "~을 따라서", round와 around는 "~ 주위에, ~주변에"라는 뜻인데, '둥글게'라는 뉘앙스를 풍겨요. about은 "~주위에, ~주변에"라는 뜻인데, '(중구난방으로) 여기저기'의 뉘앙스를 풍겨요.

between과 among은 둘 다 "~사이에"라는 뜻인데, among은 보통 셋 이상 사이를 나타내요. 상호관계를 나타낼 때, 셋 이상 사이에도 between이 쓰일 수 있어요.

to, toward, for는 각각 "~로, ~쪽으로, ~을 향해서"라는 뜻인데, to는 도달했음을, toward는 방향을, for는 목표를 암시한다고 보면 돼요.

그 외에 원인, 이유, 목적, 결과, 재료, 수단, 표준, 분리 등을 나타내는 전치사들이 있어요. for는 "~을 위하여, ~ 때문에, ~에 찬성하여, ~에 대하여" 등 다양한 용도로 쓰여요. of는 "~의, ~에 대하여"라는 뜻 말고도, 분리 박탈, 동격, 재료 등을 나타낼 때 요긴하게 쓰는 전치사예요. off는 기본적으로 "~에서 떨어져, 벗어나"의 뜻이 있어요. 기타 여러 가지 전치사들의 용법은 문맥으로 유추하여 사전을 찾아 확인하는 방식으로 공부하는 것이 바람직해요.

마지막으로, 전치사가 들어간 두세 단어로 이루어진 표현들을 몇 가지 살펴볼게요. 숙어처럼 암기해서 요긴하게 써먹으면 돼요.

두서너 단어 전치사 표현들	의미
by means of ~	~에 의하여
end up with ~	~로 끝나다
on account of ~	~때문에
in spite of ~	~에도 불구하고
thanks to ~	~ 때문에, ~덕택에
in proportion to ~	~에 비례하여
take on ~	(일 등을) 떠맡다
as to ~	~에 관하여
consist of ~	~으로 구성되다
get in touch with ~	~와 연락하다
result in ~	~을 야기하다, 결국 ~이 되다
wait on ~	~을 시중들다
cut back on ~	~을 줄이다
be anxious for ~	~을 갈망하다
be possessed with ~	~에 사로잡히다
in terms of ~	~의 점에서, ~의 면에서
be tired of ~	~에 싫증나다
be in the way ~	방해가 되다
object to ~	~을 싫어하다, ~에 반대하다
for the purpose of ~	~할 목적으로
out of question ~	의문의 여지가 없는
on behalf of ~	~을 대표하여
do away with ~	~을 폐지하다
look forward to ~	~을 학수고대하다
in all respects	모든 점에서
put up with ~	~을 참다
look up to ~	~을 존경하다
come upon ~	~을 우연히 만나다
make up for ~	보충하다
by all means	반드시

사냥꾼 요약 29

☞ 사냥꾼 강의를 참고하여 숙지하세요

● 전치사는 넓은 가슴으로 안아라

시간	at(한 시점) on(요일이나 어떤 특정 날짜 앞에) in(계절, 연도)	
	from(~로부터) since('~이래로, ~이후로)	
	until(=till)(~까지)(계속) by(~까지)(완료개념)	
	~동안	for("얼마나 오래"에 대한 개념)
		during(언제에 대한 개념)
		through(처음부터 끝까지 전 기간)
	in(~ 있으면, ~후에), within(~이내에)	
장소	at(~에(서)(점 개념), in(~에(서)(면, 공간 개념)	
	on(~위에)(접촉), beneath(~아래에)(일반적으로 접촉) above(~위에)(위쪽이면 다 above) below(~아래에)(아래쪽이면 다 below) over(~바로 위에) under(~바로 아래에) up(~위쪽으로, ~위에)(방향성) down(~아래로, ~아래에)(방향성)	
	in(~에, ~에서, ~안에) into(~안으로)(방향성) out of(~에서 밖으로)(방향성)	
	across(~을 가로질러서) through(~을 통하여)(관통, 통과의 의미) along(~을 따라서) round/around(~ 주위에, ~주변에)(둥글게 뉘앙스) about(~주위에, ~주변에)(중구난방, 여기저기 뉘앙스)	
	between(~사이에)(상호관계 - 셋 이상에도 씀) among(~사이에)(보통 셋 이상)	
	to(~로)(도달했음 암시) toward(~쪽으로)(방향을 암시) for는(~을 향하여)(목표를 암시)	
그 외	for(~을 위하여, ~때문에, ~에 찬성하여, ~에 대하여) of(~의, ~에 대하여) (분리 박탈, 동격, 재료 등) off(~에서 떨어져, 벗어나)	

사냥꾼 요약 29

☞ 사냥꾼 강의를 참고하여 빈칸을 채워보세요

두서너 단어 전치사 표현들	의미
by means of ~	
end up with ~	
on account of ~	
in spite of ~	
thanks to ~	
in proportion to ~	
take on ~	
as to ~	
consist of ~	
get in touch with ~	
result in ~	
wait on ~	
cut back on ~	
be anxious for ~	
be possessed with ~	
in terms of ~	
be tired of ~	
be in the way ~	
object to ~	
for the purpose of ~	
out of question	
on behalf of ~	
do away with ~	
look forward to ~	
in all respects	
put up with ~	
look up to ~	
come upon ~	
make up for ~	
by all means	

사냥꾼 요약 29 ☞ 사냥꾼 강의를 참고하여 빈칸을 채워보세요

● 전치사는 넓은 가슴으로 안아라

시간	( )(한 시점) ( )(요일이나 어떤 특정 날짜 앞에) ( )(계절, 연도)				
	( )(~로부터) ( )('~이래로, ~이후로)				
	( )(~까지)(계속) ( )(~까지)(완료개념)				
	~동안	( )("얼마나 오래"에 대한 개념)			
		( )(언제에 대한 개념)			
		( )(처음부터 끝까지 전 기간)			
	( )(~ 있으면, ~후에), ( )(~이내에)				
장소	at(~에(서)(점 개념), in(~에(서)면, 공간 개념)				
	( )(~위에)(접촉), ( )(~아래에)(일반적으로 접촉)				
	( )(~위에)(위쪽이면 다 above)				
	( )(~아래에)(아래쪽이면 다 below)				
	( )(~바로 위에) ( )(~바로 아래에)				
	( )(~위쪽으로, ~위에)(방향성)				
	( )(~아래로, ~아래에)(방향성)				
	( )(~에, ~에서, ~안에)				
	( )(~안으로)(방향성) ( )(~에서 밖으로)(방향성)				
	( )(~을 가로질러서)				
	( )(~을 통하여)(관통, 통과의 의미)				
	( )(~을 따라서)				
	( )(~ 주위에, ~주변에)(둥글게 뉘앙스)				
	( )(~주위에, ~주변에)(중구난방, 여기저기 뉘앙스)				
	( )(~사이에)(상호관계 - 셋 이상에도 씀)				
	( )(~사이에)(보통 셋 이상)				
	to(~로)(도달했음 암시) ( )(~쪽으로)(방향을 암시)				
	( )(~을 향하여)(목표를 암시)				
그 외	for(~을 위하여, ~때문에, ~에 찬성하여, ~에 대하여)				
	of(~의, ~에 대하여)(분리 박탈, 동격, 재료 등)				
	off(, 벗어나)				

영어 사냥 과제 29 ☞ 완벽하게 암기해서 빈칸을 채우세요

두서너 단어 전치사 표현들	의미
by means of ~	
end up with ~	
on account of ~	
in spite of ~	
thanks to ~	
in proportion to ~	
take on ~	
as to ~	
consist of ~	
get in touch with ~	
result in ~	
wait on ~	
cut back on ~	
be anxious for ~	
be possessed with ~	
in terms of ~	
be tired of ~	
be in the way ~	
object to ~	
for the purpose of ~	
out of question	
on behalf of ~	
do away with ~	
look forward to ~	
in all respects	
put up with ~	
look up to ~	
come upon ~	
make up for ~	
by all means	

영어 사냥 시범 29 화살 ☞ 즐기면서 신나게 암기하기 ^^*

these days 요즘
lovely 사랑스러운, 아름다운, 어여쁜, 매력적인
garden 정원   since ~ ~이래로
away 떨어져 / 자리에 없는, 결석한
until ~까지   during ~동안
meal 식사, 끼니, 밥   go away 가버리다
in (시간의 경과) ~후에, ~있으면
traffic lights 교통신호등
shelf 선반   wall 벽
body 시체, 몸   bury 묻다
beneath ~아래에
pile 더미   dive 잠수하다
below ~ 아래에   under ~아래에(로)
hill 언덕, 작은 산
put back 다시 제자리에 갖다놓다
envelope 봉투
stranger 낯선 사람, 이방인
across ~을 가로질러서
toward ~쪽으로, ~을 향해
along ~을 따라서
communicate 의사소통하다, 전달하다
constantly 끊임없이, 지속적으로
claim 주장하다   rotate 회전하다, 회전시키다, 교대로 하다
the Earth 지구   clothes 옷

영어 사냥 시범 29 화살　　　☞ 즐기면서 신나게 암기하기 ^^*

scatter　흩뿌리다
about　~주위에(여기저기)
among　~사이에
wander　배회하다, 돌아다니다, 방랑하다, 헤매다
marketplace　시장, 장터
crowd　군중　　accident　사고
conceal　숨기다　　fact　사실
through　~ 때문에, ~을 통하여
shame　수치(심), 부끄러움, 창피
succeed　성공하다
effort　노력
transport　수송하다, 운반하다
by means of　~에 의하여
pipeline　송유관
in proportion to ~　~에 비례하여
amount　양
tax　세금
earn　벌다
rise - rose - risen　오르다
be tired of　~에 질리다, ~에 넌더리가 나다
boiled egg　삶은 계란
society　사회
result from ~　~에서 기인하다, ~이 원인이다
call　소집하다, 부르다
for the purpose of　~의 목적으로
scout　스카우트하다, 발굴하다, ~을 찾아 돌아다니다

영어 사냥 시범 29 ☞ 우리말 순서로 해석하여 연필로 쓰기 ^^

I can't sleep /at night /these days.
나는 잘 수 없다/ 밤에/ 요즘

해석 ☞

"밤에"라고 할 때 시간을 나타내는 전치사 'at'을 붙여요. 넓은 가슴으로 받아들여요.

I don't work /on Sundays.
나는 일하지 않는다/ 일요일들에

해석 ☞

"요일" 앞에는 시간을 나타내는 전치사 'on'을 써요. on Sundays는 every Sunday와 같은 의미예요.

The garden /is lovely /in spring.
그 정원은/ 아름답다/ 봄에

해석 ☞

"계절" 앞에는 시간을 나타내는 전치사 'in'을 써요.

Chan /is in hospital. He has been /in hospital /since Friday.
Chan은 병원에 있다// 그는 죽 있었다/ 병원에/ 금요일 이후로

해석 ☞

시간을 나타내는 전치사 'since~'는 "~이후로"라는 뜻으로 '현재완료시제'와 많이 쓰여요.

> **Chan will be /away /until Monday.**
> Chan은 있을 것이다/ 떠나서/ 월요일까지
>
> 해석 ☞

'until'은 "~까지"라는 뜻으로 "계속"의 의미를 지녀요. 월요일까지는 죽 안 보일 거라는 얘기예요.

> **Chan stayed /with us /for three days.**
> Chan은 머물렀다/ 우리와 함께/ 3일 동안
>
> 해석 ☞

동사는 stayed, 시제는 과거예요. "얼마나 오래?"에 대한 답변 개념으로 'for~'를 써요.

> **We didn't speak /during the meal.**
> 우리는 말하지 않았다/ 식사 동안
>
> 해석 ☞

동사는 didn't speak, 시제는 과거예요. "언제?"에 대한 답변 개념으로 'during~'을 써요.

> **Chan has gone away. He will be back /in a week.**
> Chan은 가버렸다// 그는 돌아올 것이다/ 일주일 후에
>
> 해석 ☞

앞 문장의 동사는 has gone, 시제는 현재완료예요. 현재완료는 과거의 한 시점에서 일어났지만, 어떤 식으로든 현재와 연관을 갖고 있음을 나타내요. "가버리고 현재 여기 없다."는 뜻이에요. 뒤 문장에서 동사는 will be, 시제는 미래예요. 'in'은 "시간의 경과"를 나타내요. "~후에, ~ 있으면" 정도의 뜻이에요.

The car /is waiting /at the traffic lights.
그 차는/ 기다리고 있다/ 교통 신호등에서

해석 ☞

동사는 is waiting, 시제는 현재진행이에요. 장소를 나타내는 전치사 'at'은 "한 지점"을 나타내는 점 개념이에요. 그러니 비교적 좁은 장소를 나타내기가 쉬워요.

Chan's kids /were swimming /in the river.
Chan의 아이들이/ 헤엄치고 있다/ 강에서

해석 ☞

동사는 were swimming, 시제는 과거진행이에요. 장소를 나타내는 전치사 in은 "면, 공간"을 나타내는 개념이에요. 그 전치사의 뉘앙스를 스스로 마음속에 그려보세요. 죽 하다 보면 어떤 전치사에 대한 자신만의 이미지가 그려져요.

There are /some books /on the shelf /and some pictures /on the wall.
있다/ 약간의 책들이/ 선반 위에/ 그리고 약간의 그림들이/ 벽에

해석 ☞

전치사가 어느 한 가지 뜻으로만 쓰이지는 않아요. 그래서 늘 전치사 주변에 누가 있는지 살펴야 해요. 잘 어울리며 노는 애들이 그때그때 다르거든요. 'on'은 위치적으로 접촉해 있는 그림이 그려지면 좋아요. "(접촉해서) ~(위)에"로 이해하면 돼요.

They /found /the body /buried /beneath a pile of leaves.
그들은/ 발견했다/ 그 시체가/ 묻혀 있는 것을/ 나뭇잎 더미 아래에

해석 ☞

동사는 found, 시제는 과거예요. 전치사 'beneath'는 'under'나 'below'의 뜻이에요. 여기서는 "접촉해서 ~아래에"의 냄새가 나요.

He dived /below the surface of the water.
그는 잠수했다/ 물의 표면 아래로

해석 ☞

동사는 dived, 시제는 과거예요. 전치사 'below'는 "(떨어져서) ~아래에(로)(에서)"의 뉘앙스가 풍겨요. 사전을 잘 활용하여 스스로 뉘앙스를 찾아보세요. 재밌어요.^^

Have you looked /under the bed?
너는 봤니/ 침대 밑에

해석 ☞

동사는 have looked, 시제는 현재완료예요. 'under'는 접촉할 수도 있고 안 할 수도 있고, "~바로 밑에"라는 뜻이에요.

We ran /down the hill.
우리는 달렸다/ 언덕 아래로

해석 ☞

동사는 ran, 시제는 과거예요. down은 방향성이 있어요. "~아래로"

Min-young read /the letter /and put it back /in the envelope.
민영은 읽었다/ 그 편지를/ 그리고 다시 그것을 넣었다/ 봉투 안에

해석 ☞

동사는 read, put, 시제는 형태상으로만 보면 '현재'일 수도 있고 '과거'일 수도 있어요. 그러나 주어가 3인칭 단수인 것으로 판단하면, 이 문장의 시제는 과거예요. in은 "~안에, ~속에, ~에, ~에서" 등의 뜻이 있어요.

A stranger /was walking /across the street /towards us.
한 낯선 사람이/ 걸어오고 있었다/ 길을 가로질러서/ 우리 쪽으로

해석 ☞

동사는 was walking, 시제는 과거진행이에요. across는 "~을 가로질러"라는 의미에요.

We took a walk /along the Han River.
우리는 산책했다/ 한강을 따라

해석 ☞

동사는 took, 시제는 과거예요. 'along'은 "~을 따라"라는 의미에요.

They /communicate /constantly /with their eyes.
그들은/ 의사소통한다/ 끊임없이/ 그들의 눈으로

해석 ☞

동사는 communicate, 시제는 현재예요. 'with'는 도구, 수단을 나타내는 전치사로 쓰였어요.

He /was not the first person /to claim /that the Earth rotates / around the Sun.
그는 첫 번째 사람이 아니었다/ 주장한/ 지구가 회전한다고/ 태양 주위를

해석 ☞

동사는 was, 시제는 과거예요. around는 "~둘레에, ~주위에"라는 뜻이에요. '둥글게'라는 뉘앙스를 가져요. 'round(영국)'도 같은 뜻이에요.

Her clothes /were scattered /about the room.
그녀의 옷이/ 흩어져있었다/ 방 주위에

해석 ☞

동사는 were scattered, 시제는 수동태과거예요. 전치사 about은 '둥글게'라는 개념은 아니고 여기저기 중구난방으로 "주위에"라는 뜻이에요.

They wandered /among the crowds /in the marketplace.
그들은 돌아다녔다/ 군중들 사이에서/ 시장에서

해석 ☞

동사는 wandered, 시제는 과거예요. 'among'은 "~사이에서"라는 뜻이에요. 셋 이상 사이에서 써요. 'between'도 "~사이에서"라는 뜻이에요. 보통은 "(둘) 사이에서"라는 뜻으로 쓰이지만 셋 이상 사이에서도 써요.^^;

I haven't seen /her /since she left /for the office /this morning.
나는 보지 못했다/ 그녀를/ 그녀가 떠난 후로/ 사무실로/ 오늘 아침에

해석 ☞

동사는 haven't seen, 시제는 현재완료예요. 전치사 'for'는 "목표"를 나타내요. 목적지인 사무실에 중점을 둔 전치사예요. 사무실에 도착했는지는 분명치 않아요.

The car /was travelling /at 50 kilometers an hour /when the accident happened.
그 자동차는/ 달리고 있었다/ 시속 50km로/ 사고가 발생했을 때

해석 ☞

동사는 was travelling, 시제는 과거진행이에요. 여기서 전치사 'at'은 "값, 비용, 속도, 정도" 등을 나타내는 용법이에요. "전속력으로"라고 할 때는 'at full speed'라고 해요.

> **She /conceals /the fact /through shame.**
> 그녀는/ 숨긴다/ 그 사실을/ 수치심 때문에
>
> 해석 ☞

동사는 conceals, 시제는 현재예요. 'through'는 기본적인 뜻이 "~을 통해서"예요. 하지만 이 문장에서는 '원인이나 이유'로 해석을 해야 자연스럽지 않나? 하는 생각이 들어요. 이럴 때는 그렇게 유추를 하고 나서 사전을 찾아서 직접 본인 눈으로 확인을 하는 좋은 공부 습관을 들이면 좋겠어요.

> **You must succeed /after such efforts.**
> 너는 성공할 것이 틀림없다/ 그러한 노력 후에
>
> 해석 ☞

조동사 'must'는 "~해야 한다(의무), ~임에 틀림없다(강한 추측)"라는 의미로 쓰여요. 'after'를 '~후에'로 하려니 뭔가 꺼림칙해요. 원래 알고 있던 뜻 외에 '이런 뜻이면 잘 어울리겠다'는 생각이 들면, 얼른 사전을 뒤져보고 확인을 하는 거예요. 'after'가 인과관계를 나타낼 때가 있어요. 'after such efforts'는 "그렇게 노력했으니까" 정도로 번역할 수 있어요. 문맥이 없을 때는 논리적으로 판단할 수 밖에 없어요. 여기 쓰인 'must'는 '추측'으로 보는 것이 타당해요.

> **The oil /is transported /by means of a pipeline.**
> 오일은/ 수송된다/ 송유관으로
>
> 해석 ☞

동사는 is transported, 시제는 수동태현재예요. 'by means of'는 "~을 써서, ~(의 도움)으로, ~에 의하여" 정도로 해석해요. 'means'가 "수단"이라는 뜻이니 글자 그대로의 뜻, "~의 수단에 의해"로 해석해도 별 차이가 없어요.

Taxes /rise /in proportion to the amount /you earn.
세금이/ 오른다/ 양에 비례하여/ 네가 버는

해석 ☞

전치사 들어간 표현들을 많이 알고 있으면 있을수록 영작의 속도가 빨라질 수 있어요. 'in proportion to'는 "~에 비례하여"라는 표현이에요.

I'm tired of /boiled eggs.
나는 넌더리가 난다/ 삶은 계란에

해석 ☞

'be tired of(~에 질리다, ~에 싫증나다)'와 'be tired from(~로 몸이 피곤하다)' 처럼 생긴 게 비슷하면서 뜻이 다른 표현들은 쌍으로 익혀놓으면 요긴하게 써먹을 수 있어요.

Changes in society /that have resulted /from the use of computers.
사회의 변화들/ 야기되어온/ 컴퓨터의 사용으로부터

해석 ☞

'result from ~(~의 결과로 발생하다, ~으로부터 야기되다)'와 'result in ~(~을 낳다, ~을 야기하다)'도 같이 쌍으로 알고 있으면 좋아요.

A meeting /was called /for the purpose of scouting /new players.
회의가/ 소집되었다/ 스카우트할 목적으로/ 새로운 선수들을

해석 ☞

동사는 was called, 시제는 수동태과거예요. 전치사 다음에는 기본적으로 명사 상당어구(명사, 대명사, 동명사)가 와요. 그래서 전치사 of 뒤에 scout(동사)를 scouting(동명사)으로 바꿔줬어요.

영어 사냥 실전 29 화살 ☞ 즐기면서 신나게 암기하기 ^^*

umbrella 우산
co-worker 동료
deaf 귀머거리의
explosion 폭발
consist of ~으로 구성되다
hydrogen 수소
oxygen 수소
by the way (화제전환) 그런데
run into 우연히 만나다
on one's way to 장소 ~가 ~로 가는 길에
out of the question 불가능한
put up with 참다
be made of ~ ~으로 구성되어 있다

영어 사냥 화살 복습 ☞ ( ) 안에 영어 단어를 쓰세요. (정답은 앞장에)

(   ) ☞ ~을 기다리다
(   ) ☞ 깃털
(   ) ☞ 모이다
(   ) ☞ 한번은, 옛날에, 일단 ~하면
(   ) ☞ 지능이 있는, 똑똑한
(   ) ☞ 차고
(   ) ☞ ~에 속해 있다, ~의 것이다
(   ) ☞ 옆집(에)
(   ) ☞ (명사 강조) 바로 그
(   ) ☞ 뺨
(   ) ☞ 영국

영어 사냥 실전 29   ☞ 지시대로 풀고 뒷장에 정답을 확인하세요

♥ ( ) 안에 알맞은 전치사를 <보기>에서 골라 넣으세요.

<보기> beside, over, of, by, on, through, from, by, at

1. 나는 9시에 일을 시작한다.
   I start work (   ) 9 o'clock.

2. 서두르는 게 좋겠어. 우리는 5시까지 집에 들어가야 해.
   We'd better hurry. We have to be home (   ) 5 o'clock.

3. 이유는 모르겠지만 그녀는 내 옆에서 영화를 보는 내내 잤다.
   I don't know why, but she slept (   ) the film (   ) me.

4. 그는 그녀 바로 위에 큰 우산을 씌워주었다.
   He held a large umbrella (   ) her.

5. 그의 직장동료 중 한 사람은 그 폭발 때문에 귀가 먹게 되었다.
   One of his co-workers became deaf (   ) the explosion.

6. 물은 수소와 산소로 구성되어 있다.
   Water consists (   ) hydrogen and oxygen.

7. 그런데, 어제 집에 오는 길에 Chan을 만났어.
   (   ) the way, I ran into Chan (   ) my way home yesterday.

♥ 우리말에 맞게 주어진 단어들을 배열하여 문장을 완성하세요. (조건: 주어진 단어를 한 번씩 모두 사용하고, 필요하면 어형을 변형하거나 추가하세요.)

8. 너 혼자서 집에 오는 것은 불가능하다.
   (out, question, own, home, your, be, walk, of, the, on)
   ☞ _____.

9. 나는 네가 이 모든 소음을 어떻게 참는지 모르겠다.
   (don't, how, you, I, up, all, know, with, noise, this, put)
   ☞ _____.

10. 이 음료는 오렌지주스와 설탕 그리고 물로 구성되어있다.
    (of, and, drink, be, sugar, make, this, orange juice, water)
    ☞ _____.

영어 사냥 실전 29 (정답)   ☞ 우리말 ↔ 영어로 번역하세요

1. I start work (at) 9 o'clock.
☞

2. We'd better hurry. We have to be home (by) 5 o'clock.
☞

3. I don't know why, but she slept (through) the film (beside) me.
☞

4. He held a large umbrella (over) her.
☞

5. One of his co-workers became deaf (from) the explosion.
☞

6. Water consists (of) hydrogen and oxygen.
☞

7. (By) the way, I ran into Chan (on) my way home yesterday.
☞

8. Walking home on your own is out of the question.
☞

9. I don't know how you put up with all this noise.
☞

10. This drink is made of orange juice, sugar and water.
☞

영어 사냥 통역 29　　☞ 입으로 직접 소리 내어 말하기 훈련^^*

♥ 우리말을 영어로 입으로 소리 내어 가며 연필로 옮기세요.

나는 요즘 밤에 잠을 잘 수가 없다.
☞

나는 일요일에는 일하지 않는다.
☞

그 정원은 봄에 아름답다.
☞

Chan은 병원에 있다. 그는 금요일 이후로 죽 병원에 있었다.
☞

Chan은 월요일까지 떠나있을 것이다.(여기 없을 것이다)
☞

Chan은 3일 동안 우리와 함께 머물렀다.
☞

우리는 식사하는 동안 말하지 않았다.
☞

Chan은 가버렸다. 그는 일주일 후에 돌아올 것이다.
☞

Chan의 아이들이 강에서 헤엄치고 있다.
☞

그 차는 교통신호등에서 기다리고 있다.
☞

선반 위에 약간의 책들이, 그리고 벽에는 약간의 그림들이 있다.
☞

그들은 그 시체가 나뭇잎 더미 아래에 묻혀 있는 것을 발견했다.
☞

그는 물의 표면 아래로 잠수했다.(물속으로 잠수했다)
☞

침대 밑에 봤니?
☞

우리는 언덕 아래로 달렸다.(언덕을 달려 내려갔다)
☞

영어 사냥 통역 29 ☞ 입으로 직접 소리 내어 말하기 훈련^^*

💙 우리말을 영어로 입으로 소리 내어 가며 연필로 옮기세요.

민영은 그 편지를 읽고 그것을 다시 봉투 안에 넣었다.
☞

한 낯선 사람이 길을 가로질러서 우리 쪽으로 걸어오고 있었다.
☞

우리는 한강을 따라 산책했다.
☞

그들은 그들의 눈으로 끊임없이 의사소통한다.
☞

그는 지구가 태양 주위를 회전한다고 주장한 첫 번째 사람이 아니었다.
☞

그녀의 옷이 방 주위에 흩어져있었다.
☞

그들은 시장에서 군중들 사이에서 돌아다녔다.
☞

나는 그녀가 오늘 아침에 사무실로 떠난 이후로 그녀를 보지 못했다.
☞

그 자동차는 사고가 발생했을 때 시속 50km로 달리고 있었다.
☞

그녀는 수치심 때문에 그 사실을 숨긴다.
☞

너는 그렇게 노력했으니 성공할 것이 틀림없다.
☞

오일은 송유관으로 수송된다.
☞

세금이 네가 버는 양에 비례하여 오른다.
☞

나는 삶은 달걀에 넌더리가 난다.
☞

컴퓨터의 사용으로 발생해온 사회의 변화들
☞

새로운 선수들을 스카우트할 목적으로 회의가 소집되었다.
☞

Unit 30 — 특수구문

사냥터 에피소드 30　　☞ 가볍게 읽고 살짝만 생각하기 ^^*

드디어 오늘은 서른 번째 마지막 사냥.
(사냥꾼의 독백) 무뚝뚝한 현지, 흥 많은 모아, 잘 따라오지만 가끔 단어를 외워오지 않았던 웅찬이와 다빈이. 그리고 보이지 않는 학습자들과 여기까지 오게 되었다. 마지막 사냥에 앞서 뿌듯하고 설렘 가득 찬 느낌.
오늘 쏟아붓는 마지막 한 바가지의 마중물이 학습자의 영어 펌프에서 지식 되어 펑펑 쏟아져 나오길 기대한다. 언제나처럼 응원한다! 파이팅!

사냥꾼 강의 30　　☞ 꼼꼼하게 읽고 깊이 생각하기

"Last but not least"라는 표현이 있어요. "마지막으로 언급하는 것이지만 그 중요성이 결코 덜하지 않은데"라는 뜻으로 쓰는 표현인데요. 바로 지금 다룰 특수구문이 그래요.

특수구문은 그동안 배운 영문법 이해의 틀에서 조금 벗어나요. 그래서 학습자에게 약간 혼란스러울 수 있어요. 이런 것들에는 '도치, 강조, 생략, 동격, 삽입, 공통으로 걸리는 것' 등이 있어요. 이러한 특수구문들은 많은 영어 문장들을 접하면서 잦은 시행착오를 겪은 후에야 눈에 쉬이 들어오기 때문에, 영어 실력은 이 특수구문의 이해도에 달려있다고 해도 과언이 아니에요.

도치 자리가 바뀌는 것을 도치라고 해요. 주어와 동사의 자리가 바뀐다거나, 보어나 목적어가 문장의 맨 앞에 놓인다거나 등의 경우가 있어요. 도치가 발생하는 경우를 알아볼게요.

먼저, 기원문에서 도치가 발생해요. 기원문은 'May + 주어 + 동사원형!'의 형식이에요. 원래 주어 다음에 조동사가 나오는 게 일반 문장인데, 기원문은 조동사 may가 주어보다 앞에 나와 있어요.

또, 맞장구칠 때도 주어 동사의 자리가 바뀌어요. 'So am I', 'So do I', 'So can I', 'Neither am I', 'Neither do I', 'Neither can I' 등이 있어요. 긍정문을 맞장구칠 때는 so를, 부정문을 맞장구칠 때는 neither를 이용해요. be동사나 조동사가 쓰인 문장은 그대로 be동사나 조동사를 쓰고, 일반동사가 쓰인 문장은 do, does, did를 이용해요.

보어가 문장의 맨 앞(문두)으로 튀어나갈 경우 주어 동사가 또 바뀌어요. 목적어를 강조하기 위해 목적어를 문두에 두기도 해요. 또, 강조를 위해 부사어구를 문두에 둘 때도 주어와 동사의 자리가 바뀌는 수가 있어요. 그리고 부정어구(seldom, rarely, never, only식구들, at no time, not until 등)가 문두에 놓이면 주어와 동사의 자리를 반드시 바꿔줘야 해요. 이때, 동사가 일반동사일 때는 "do, does, did"를 도입해서 주어와 자리를 바꾸고 그 일반동사를 원형으로 바꿔줘요.

강조 일반동사를 강조하려면 강조하려는 일반동사 앞에 do, does, did를 써 주면 강조가 돼요. 시제가 과거일 때는 did를 쓰고, 시제가 현재이고 주어가 3인칭 단수일 때는 does를 쓰고, 나머지 경우는 do를 써요. 이때 그 일반동사는 원형으로 바꿔줘야 해요. 해석은 "정말로"라고 해석해요. 따라서 "He does love reading."는 "그는 정말로 독서를 좋아한다."고 해석하면 돼요.

또 명사를 강조할 때는 명사 앞에 the very를 써서 강조할 수 있어요. "바로 그"라고 해석해요. the very man(바로 그 남자). 명사 뒤에 재귀대명사를 써서 강조할 수도 있어요. "~자신, ~자체"라고 해석해요. 재귀대명사는 대명사를 강조하기도 하는데, 이때 재귀대명사는 대명사 뒤에 위치해요. He himself(그 사람 자신).

의문사를 강조하고 싶을 때는 의문사 뒤에 on earth, in the world, the devil, at all, whatever 등의 어구를 써 줘요. "세상에, 지구, 악마"라고 해석하면 안 돼요. "도대체"라고 해석하면 좋아요.

부정어를 강조하고 싶을 때는 whatsoever, on earth, at all, in the least, by any means, on any account 등과 같은 어구를 써줘요. "전혀 (~아니다)"라고 해석해요.

앞서 배운 것처럼 'It is ~ that' 강조 구문을 이용하여 강조할 수도 있어요. 강조할 어구를 it is와 that 사이에 넣어줘요. 강조하는 어구가 사람일 때는 that 대신 who를, 강조하는 어구가 사물일 때는 that 대신 which를 쓸 수도 있어요. 참, 'It is ~ that 강조 구문'과 'it가주어 that절 진주어 구문'의 구별법을 소개하면, 강조 구문은 It is와 that을 뺀 나머지 어구만으로도 완전한 문장이 이루어져요. 그리고 또 하나, 강조하려는 어구를 반복하면 강조돼요.

<u>생략</u> "글의 명료성을 해치지 말아야 한다."가 생략의 가장 큰 원칙이에요. 생략을 함으로써 뜻이 왜곡되거나 혼동을 일으킬 소지가 있다면 생략을 하지 않는 것이 차라리 더 나아요. 혼동을 일으킬 소지가 없다면, 글의 경제성을 위해 여러 경우에 생략을 하여 문장을 간결하게 만들어 쓸 수 있어요. 생략을 하는 경우를 알아볼게요.

하나, 어구 반복을 피하기 위해서 생략을 할 수 있어요. 앞에서 한 번 언급했기 때문에 뒤에서는 생략해도 뻔히 알 수 있을 때 생략해요. 둘, 가정법에서 if절의 동사 부분에 had, should, were가 있을 때, if를 생략할 수 있어요. 이 경우 주어와 동사의 자리를 바꿔줘요. 셋, 시간이나 조건 그리고 양보를 나타내는 부사절에서 '주어와 be동사'를 통째로 생략할 수 있는데, 이 경우에 부사절의 주어가 주절의 주어와 같아야 그렇게 할 수 있어요. 넷, 비교 문장에서 접속사 'than'이나 'as' 뒤에서 흔히 생략할 수 있어요. 다섯, 관용적으로 짧게 해서 쓰는 경우가 있어요.(No smoking!)

<u>동격</u> 이해를 돕기 위해 부연설명 해주는 단어, 어구, 절을 동격이라고 해요. 동격을 나타내는 방법에는 여러 가지가 있어요.

콤마(,)를 사용하지 않고 나열하는 방법, 콤마(,)를 사용한 동격표시, 대시(-)를 이용한 동격 표시, of를 이용한 동격표시, that절을 이용한 동격

표시 등이 있어요. 그래서 단어가 동격인 경우, 구가 동격인 경우, 절이 동격인 경우가 있어요. 문법적인 구조와 문맥을 파악할 수 있어야 동격을 쉽게 알아볼 수 있어요.

삽입 삽입은 말 그대로 끼워 넣는 것을 말해요. 대부분 콤마(,)와 콤마(,) 사이에 끼워 넣는데요, 콤마(,)를 사용하지 않고 삽입하는 경우도 있어요. 주로 관계대명사 뒤에서 콤마(,)를 쓰지 않고 끼워 넣는 수가 많아요. 이런 것을 알아보기 위해서는 정확한 문법적 지식과 문맥을 놓치지 않는 언어적 감각이 필요해요. 또, 대시(-)를 이용한 삽입도 있어요. 삽입 내용으로는 단어가 삽입되기도 하고, 구가 삽입되기도 하고, 절이 삽입되기도 해요. 습관적으로 삽입하여 사용하는 표현(if any, if anything, as it were 등)들도 있어요.

공통으로 걸리는 것들 영어 문장들을 읽음과 동시에 의미 파악이 잘 안 되는 경우 중의 하나가 바로 이 공통으로 걸리는 것들 때문일 수 있어요. 문법적 지식이 갖춰지고, 영어 문장을 접하는 기회가 많아지고 경험이 쌓이면 읽으면서 바로바로 정확한 해석을 할 수 있어요. 물론 그보다 앞서 가장 중요한 것은 어휘력이겠지만요. 공통으로 걸리는 경우는 너무나 많아요. 수식받는 것이 여기에도 걸리고 저기에도 걸리는 경우가 있고, 주어가 공통인 경우, 동사가 공통인 경우, 목적어가 공통인 경우, 보어가 공통인 경우, 전치사가 공통인 경우 등이 있어요.

사냥꾼 요약 30

☞ 사냥꾼 강의를 참고하여 숙지하세요

도치(자리가 바뀌는 것)
기원문에서(반드시 주어동사 도치)
맞장구칠 때(반드시 주어동사 도치)
보어를 문두에 둘 때(반드시 주어동사 도치)
목적어를 문두에 둘 때
부사어구를 문두에 둘 때
부정어구를 문두에 둘 때(반드시 주어동사 도치)

강조
일반동사를 강조 do, does, did를 일반동사 앞에 위치(해석: 정말로)
명사를 강조 the very + 명사(해석: 바로 그 ~) 명사+재귀대명사(해석: 명사 자신)
대명사를 강조 대명사 + 재귀대명사(해석: 대명사 자신)
의문사를 강조(해석: 도대체) 의문사 뒤에 on earth, in the world, the devil, at all, whatever 등을 위치
부정어를 강조(해석: 전혀) whatsoever, on earth, at all, in the least, by any means, on any account 등을 뒤쪽에 위치
it is ~ that 형식을 이용한 강조 강조할 어구를 "it is" 와 "that" 사이에 위치 강조하는 어구가 사람(that대신 who 가능) 강조하는 어구가 사물(that대신 which 가능)
어구를 반복하여 강조

사냥꾼 요약 30   ☞ 사냥꾼 강의를 참고하여 숙지하세요

생략
어구 반복을 피하기 위한 생략
가정법 if의 생략
시간, 조건, 양보의 부사절에서 '주어와 be동사'의 생략
비교 문장에서 접속사 than 뒤에서의 흔한 생략
관용적인 생략(No smoking!)

동격(부연 설명어구)
콤마(,)를 사용하지 않은 단어의 나열
콤마(,)를 사용한 동격표시
대시(—)를 사용한 동격 표시
of를 사용한 동격표시
that절을 사용한 동격표시

삽입(단어나 구나 절을 끼워 넣는 것)
콤마(,)이용 삽입, 콤마(,)없이 삽입
대시(—) 이용 삽입

공통 관계
수식받는 것이 공통으로 걸리는 경우
주어가 공통으로 걸리는 경우
동사가 공통으로 걸리는 경우
목적어가 공통으로 걸리는 경우
보어가 공통으로 걸리는 경우
전치사가 공통으로 걸리는 경

영어 사냥 과제 30 ☞ 빈칸을 채우세요

도치(자리가 바뀌는 것)
(　　　)문에서
(　　　)장구칠 때
(　　　)를 문두에 둘 때
목적어를 문두에 둘 때
부사어구를 문두에 둘 때
(　　　)를 문두에 둘 때

강조
일반동사를 강조 (　　　　　　　)를 일반동사 앞에 위치(해석: 정말로)
명사를 강조 the (　　　) + 명사(해석: 바로 그 ~) 명사+(　　　)대명사(해석: 명사 자신)
대명사를 강조 대명사 + (　　　)대명사(해석: 대명사 자신)
의문사를 강조(해석:) 의문사 뒤에 (　　　), in the world, the devil, at all, whatever 등을 위치
부정어를 강조(해석:) whatsoever, (　　　), (　　　), in the least, by any means, on any account 등을 뒤쪽에 위치
it is ~ that 형식을 이용한 강조 강조할 어구를 "it is" 와 "that" (　　　)에 위치 강조하는 어구가 사람(that대신 (　　　) 가능) 강조하는 어구가 사물(that대신 (　　　) 가능)
어구를 반복하여 강조

영어 사냥 과제 30　　☞ 빈칸을 채우세요

생략
(　　　　) 반복을 피하기 위한 생략
가정법 (　　　)의 생략
시간, 조건, 양보 부사절에서 (　　　)의 생략
비교 문장에서 접속사 (　　　) 뒤에서의 흔한 생략
(　　　)적인 생략(No smoking!)

동격(부연 설명어구)
콤마(,)를 사용하지 않은 단어의 나열
콤마(,)를 사용한 동격표시
대시(—)를 사용한 동격 표시
(　　　)를 사용한 동격표시
(　　　)절을 사용한 동격표시

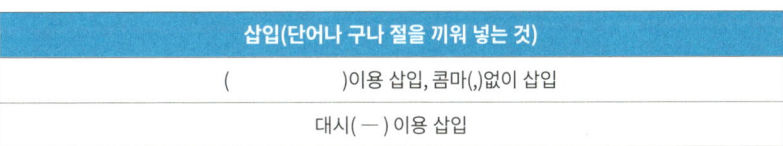

삽입(단어나 구나 절을 끼워 넣는 것)
(　　　)이용 삽입, 콤마(,)없이 삽입
대시(—) 이용 삽입

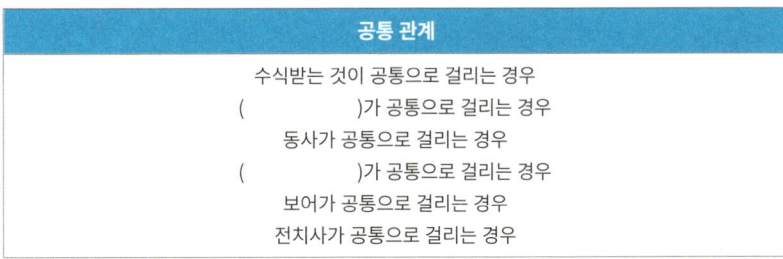

공통 관계
수식받는 것이 공통으로 걸리는 경우
(　　　)가 공통으로 걸리는 경우
동사가 공통으로 걸리는 경우
(　　　)가 공통으로 걸리는 경우
보어가 공통으로 걸리는 경우
전치사가 공통으로 걸리는 경우

영어 사냥 시범 30 화살   ☞ 즐기면서 신나게 암기하기 ^^*

end 끝   driveway 진입로(도로에서 집까지의 차도)
stand - stood - stood 서있다, 일어서다
puppy 강아지   dream 꿈꾸다 / 꿈
ask ~ out ~에게 데이트 신청을 하다
whatsoever = whatever (부정어강조) 전혀, (의문사 강조) 도대체
doubt 의심 / 의심하다   mention 언급하다
the other day 요전 날, 며칠 전에
hours and hours (어구 반복 강조) 몇 시간이고
try to V ~하려고 노력하다[애쓰다]
failure 실패   fault 잘못, 책임, 결함
guess 추측하다, 짐작하다
if it had not been for~ = Had it not been for~ ~이 없었다면
belief 믿음   value 가치, 가치관
baseless 근거가 없는   goal 목표
best-selling 베스트셀러의, 가장 많이 팔리는
author 작가, 저자   recent 최근의
behavior 행동   however 그러나
terrible 지독한, 형편없는, 끔찍한   liar 거짓말쟁이
prove 판명되다, 증명하다   back 다시, 돌아가(서)
take a seat 자리에 앉다   in a hurry 서둘러서
costume 의상, 복장   costume designer 의상디자이너
dislike 싫어하다   the Army (해군, 공군에 대해) 육군
regularly 정기적으로, 규칙적으로   possibility 가능성
on earth (의문사 강조) 도대체   if any (삽입구) 있다 하더라도
case 소송, 사건, 사실, 실정, 경우   reject 기각하다, 거절하다
happen to V 우연히 ~하다   origin 기원

영어 사냥 시범 30　　☞ 우리말 순서로 해석하여 연필로 쓰기 ^^

A: I am busy today.　B: So am I.
해석 ☞

맞장구칠 때, 이렇게 주어와 동사의 자리가 바뀌어요. 어떤 사람이 긍정문으로 한 말을 받아서 맞장구칠 때, 그 사람이 사용한 동사가 be동사나 조동사이면 be동사나 조동사를 그대로 받아서 맞장구쳐요.("So am I", "So can I") 일반동사이면 'do, does, did'를 이용하여 맞장구 쳐요("So do I"). 시제가 현재이고 주어가 3인칭 단수일 때는 'does'를 쓰고, 그 이외에는 모두 'do'를 쓴다는 것은 우리에겐 이제 상식 중의 상식이에요. 부정문을 맞장구칠 때는, "Neither am I", "Neither can I", "Neither do I"처럼 맞장구쳐요.

That /I can't say.
그것을/ 나는 말할 수 없다.
해석 ☞

원래는 동사 'say' 뒤에 목적어가 나와야 하는데 목적어를 강조하려 앞으로 뺐어요.

At the end of the long driveway /stood /a cute puppy.
긴 진입로 끝에/ 서 있었다/ 귀여운 강아지 한 마리가
해석 ☞

동사는 stood, 시제는 과거예요. 주어는 'a cute puppy'예요. 주어와 동사의 자리가 바뀐 형태예요. 원래는 "A cute puppy stood at the end of the long driveway."이었는데 부사어구 "at the end of the long driveway"가 문두로 나가면서 주어와 동사의 자리를 바꾸었어요. 주어와 동사의 자리를 바꾸지 않아도 돼요.

Little did I dream /that I could see /you /here in Suncheon.
나는 거의 꿈꾸지 못했다/ 내가 볼 수 있으리라고는/ 너를/ 여기 순천에서

해석 ☞

동사는 'dream'인데, 앞에 'did'를 도입한 것으로 보아, 시제는 과거예요. 'little'이라는 부정어구(little이 부정어구에 속함)가 문장의 앞으로 나가면서, 주어와 동사의 자리가 바뀌는데, 그 과정에서 'did'를 도입하여 주어와 자리를 바꾸고 원래 쓰여 있는 일반동사를 원형으로 고쳤어요. 원래 문장은 "I little dreamed that I could see you here in Suncheon."이었어요.

Not a single word /did she say /when Chan asked her out.
한 마디도/ 그녀는 말하지 않았다/ Chan이 그녀에게 데이트를 신청했을 때

해석 ☞

부정어구(not a single word)가 문장의 앞으로 나가면서, 주어와 동사의 자리가 바뀌는데, 동사가 일반동사일 때는 이렇게 'do, does, did' 중에서 하나를 도입하여 주어와 자리를 바꾸고 원래 쓰여 있는 일반동사를 원형으로 고쳐요. 'did'를 도입한 것으로 보아, 시제는 과거예요. 원래는 이런 문장이었어요. "She did not say a single word when Chan asked her out."

Everything they said /was true.

해석 ☞

동사는 was, 시제는 과거예요. 'Everything'과 'they' 사이에 목적격 관계대명사 'that'이 생략되었어요.

There is no doubt /whatsoever.
의심이 없다/ 전혀

해석 ☞

'whatsoever'는 부정어를 강조하는 어구예요. 부정어를 강조하는 어구는 해석을 "전혀"라고 하면 돼요.

This /is the very man /that I mentioned /the other day.
이분이/ 바로 그 사람이다/ 내가 언급했던/ 일전에

해석 ☞

동사는 is, 시제는 현재예요. 관계대명사 'that'이 쓰였는데요, 관계대명사 바로 뒤에 나오는 동사는 절대로 그 문장의 동사가 될 수 없다는 점 기억하세요. 'the very'는 명사 앞에 놓여서 명사를 강조하는 어구예요. "바로 그" 정도로 해석하면 돼요.

I have spent /hours and hours /trying to write /a good book.
나는 소비했다/ 몇 시간이고/ 쓰려고 애쓰는데/ 좋은 책을

해석 ☞

동사는 have spent, 시제는 현재완료예요. 'hours'를 두 번 반복하여 강조하고 있어요.

His failure, /I guess, /was his own fault.
그의 실패는/ 나는 생각한다/ 그의 자신의 잘못이었다.

해석 ☞

동사는 was, 시제는 과거예요. 콤마와 콤마 사이에 'I guess'를 삽입한 문장이에요.

Had it not been for /your advice, I would never have met /him / again.
없었다면/ 너의 충고가// 나는 결코 만나지 않았을 것이다/ 그를/ 다시

해석 ☞

가정법의 if절에서 if가 생략된 문장이에요. 가정법에서 if를 생략하면 주어와 동사 자리를 바꿔야 해요. 원래 문장은 "If it had not been for your advice, ~"이었어요.

Happy New Year!

해석 ☞

무엇인가 생략한 채로 관용적으로 쓰는 표현들이 있어요. 이 덕담을 완전한 문장으로 복구해 본다면 "I wish you a happy new year!"나 "May you have a happy new year!" 정도로 생각해 볼 수 있을 거예요.

What /is the belief called /that all values /are baseless?
무엇이라고/ 그 믿음이 불리는가/ 모든 가치관은/ 근거가 없다는

해석 ☞

동사는 is called, 시제는 수동태현재예요. 원래 이 문장은 "What is the belief that all values are baseless called?"였어요. 'that'은 동격을 나타내는 접속사예요. 주어 'the belief that all values are baseless'가 길어서 의미형성이 한눈에 되지 않기 때문에 의미 전달을 빨리 하기 위해 'belief'와 동격을 이루는 'that절'을 뒤로 보내고 의미만 먼저 전달할 의도로 그 자리에 문미에 있는 'called'를 가져다가 놓은 거예요. 그렇게 되니까 "What is the belief called?"가 되어 의미가 쏙 들어오지 않나요?(그 믿음은 뭐라고 불리나?)

> **I have /a new goal /for this year, /to be a best-selling author.**
> 나는 가지고 있다/ 올해의 새로운 목표를/ 베스트셀러 작가가 되는 것
>
> 해석 ☞

'a new goal for this year'와 'to be a best-selling author'가 동격이에요. 콤마(,)를 사용하여 동격을 나타내고 있어요.

> **Her recent behavior, /however, /has been terrible.**
> 그녀의 최근의 행동은/ 그러나/ 형편없었다.
>
> 해석 ☞

동사는 has been, 시제는 현재완료예요. 'however'가 콤마를 사이에 두고 문장 가운데에 삽입되었어요. 우리말로 옮길 때는 앞으로 끌고 나오는 것이 좋아요.

> **The girl /who we thought /was honest /proved /to be a liar.**
> 그 소녀는/ 우리가 생각했던/ 정직하다고/ 판명되었다/ 거짓말쟁이로
>
> 해석 ☞

이 문장의 동사는 proved, 시제는 과거예요. 관계대명사 'who' 바로 뒤에 삽입된 'we thought'를 없다고 생각해 보세요. 그러면 주부 'The girl who was honest(정직했던 그 소녀)'가 눈에 쏙 들어와요. 이렇게 관계대명사 바로 뒤에 콤마 없이 '주어 동사'가 삽입되는 경우가 흔히 있어요. 그럴 땐 그 부분을 괄호로 묶어서 없다고 생각하면 문장이 눈에 쏙 들어와요. 그 전에 관계대명사에 대한 이해가 있어야 해요.

Chan walked /back to his desk /and took a seat /in a hurry.
Chan은 걸어갔다/ 다시 그의 책상으로/ 그리고 자리에 앉았다/ 서둘러서
해석 ☞

동사는 walked, 시제는 과거예요. 'and' 다음에 또 동사 'took'이 있어요. 이것도 시제가 과거예요. 주어 Chan이 동사 'walked'와 'took'에 공동으로 걸려요.

Chan /became /a teacher /and his sister /a costume designer.
Chan은 되었다/ 선생님이/ 그리고 그의 누나는/ 의상 디자이너가
해석 ☞

동사는 became, 시제는 과거예요. 'his sister' 뒤에 동사 'became'이 생략되었어요. 앞에서 한 번 나왔기 때문에 빼버려도 이해하는 데 어려움이 없어요.

Mira likes /and Kara dislikes /men's talking /about their lives /in the Army.
Mira는 좋아한다/ 그리고 Kara는 싫어한다/ 남자들이 말하는 것을/ 그들의 삶에 대하여/ 군대에서의
해석 ☞

동사는 likes, dislikes, 시제는 현재예요. 목적어 'men's talking about their lives in the Army'는 동사 'likes'와 'dislikes'에 공통으로 걸려요.

When a child, /she used to visit her grandmother regularly.
아이였을 때/ 그녀는 방문하곤 했다/ 그녀의 할머니를/ 정기적으로
해석 ☞

'When'과 'a child' 사이에 'she was'가 생략되어 있어요. 주절의 주어와 같을 때 '시간, 조건, 양보를 나타내는 부사절'에서 '주어+be동사'를 통째로 생략할 수 있어요. 'used to V'는 과거의 습관을 나타내요.

> **Where /on earth /have you been?**
> 어디에/ 도대체/ 너는 있었니?
>
> 해석 ☞

동사는 have been, 시제는 현재완료예요. 'on earth'는 의문사 'where'를 강조하는 어구예요. "도대체"라고 해석해요.

> **There is little, if any, possibility /that the case against her /will be rejected.**
> 거의 없다/ 설사 있다 해도/ 가능성은/ 그녀에 대한 소송이/ 기각될
>
> 해석 ☞

동사는 is, 시제는 현재예요. 판에 박힌 표현 'if any(설사 있다 하더라도)'가 콤마 사이에 삽입이 되어 있어요. little은 부정어구예요. 'little possibility'는 "거의 없는 가능성"이라고 하면 우리말답지 않아서 "가능성이 거의 없다"로 해석해주면 좋아요.

> **Do you happen to know /the origin /of the name of *Seol Chan*?**
> 너는 혹시 아니/ 기원을/ 설찬이라는 이름의
>
> 해석 ☞

'the origin of the name'에서 'of'는 "~의"라는 뜻이에요. 'the name of *Seol Chan*'에서 'of'는 동격을 나타내는 'of(~이라는)'의 의미로 쓰였어요. 'happen to V'는 "우연히 ~하다"라는 뜻이에요.

영어 사냥 실전 30 화살 　　☞ 즐기면서 신나게 암기하기 ^^*

no sooner ~ than ~　~하자마자 ~하다
knock　두드리다, 노크하다
academic　학업의, 학교의, 학문의, 학리적인, 학구적인
atmosphere　분위기
provide　제공하다
knowledge　지식, 앎
so to speak　말하자면
truly　진심으로, 정말로

영어 사냥 화살 복습 　　☞ ( ) 안에 영어 단어를 쓰세요. (정답은 앞장에)

(　　　　　) ☞ 흩뿌리다
(　　　　　) ☞ ~주위에(여기저기)
(　　　　　) ☞ ~사이에
(　　　　　) ☞ 배회하다, 돌아다니다, 방랑하다, 헤매다
(　　　　　) ☞ 숨기다
(　　　　　) ☞ ~ 때문에, ~을 통하여
(　　　　　) ☞ 수치(심), 부끄러움, 창피
(　　　　　) ☞ 노력
(　　　　　) ☞ 수송하다, 운반하다
(　　　　　) ☞ ~에 의하여
(　　　　　) ☞ ~에 비례하여
(　　　　　) ☞ 벌다
(　　　　　) ☞ ~에 질리다, ~에 넌더리가 나다
(　　　　　) ☞ ~에서 기인하다, ~이 원인이다
(　　　　　　　　) ☞ ~의 목적으로

영어 사냥 실전 30   ☞ 지시대로 풀고 뒷장에 정답을 확인하세요

♥ 다음 도치된 문장들을 해석한 후, 원래 순서대로 다시 쓰세요.

1. **No sooner** had I closed the door than somebody knocked.

해석☞

전환☞

2. **Great** was his surprise when he heard the news.

해석☞

전환☞

3. **Here** comes the bus we have been waiting for.

해석☞

전환☞

4. **Not until** the child is 4 years of age does he understand the meaning of words like morning and afternoon.

해석☞

전환☞

♥ 우리말에 맞게 주어진 단어들을 배열하여 문장을 완성하세요. (조건: 주어진 단어를 한 번씩 모두 사용하고, 필요하면 어형을 변형하거나 추가하세요.)

5. 진짜 면학 분위기를 제공하는 곳은 도서관이다.(도서관을 강조)
   (that, a, real, atmosphere, it, academic, provide, be, the library)

   ☞ _____.

6. 그는 과거의 그가 아니며 과거의 그가 되지도 않을 것이다.
   (will, not, be, he, be, not, and, he, be, used to, what)

   ☞ _____.

7. 말하자면, 이 웹사이트는 정말로 지식의 바다이다.
   (sea, knowledge, website, be, this, a, truly, of)

   ☞ _____, so to speak.

영어 사냥 실전 30 (정답)   ☞ 우리말 ↔ 영어로 번역하세요

1. 해석☞ 내가 문을 닫자마자 누군가가 노크를 했다.
전환☞ I had no sooner closed the door than somebody knocked.
☞

2. 해석☞ 그가 그 소식을 들었을 때 그의 놀라움은 컸다.
전환☞ His surprise was great when he heard the news.
☞

3. 해석☞ 여기에 우리가 죽 기다리고 있던 버스가 온다.
전환☞ The bus we have been waiting for comes here.
☞

4. 해석☞ 아이는 4살이 되어서야 비로소 '아침'이나 '오후'와 같은 단어들의 의미를 이해한다.
전환☞ It is not until he is 8 or 9 years of age that he has a concept of time
☞

5. It is the library that provides a real academic atmosphere.
☞

6. He is not and will not be what he used to be.
☞

7. This website is truly a sea of knowledge, so to speak.
☞

영어 사냥 통역 30 ☞ 입으로 직접 소리 내어 말하기 훈련^^*

💙 우리말을 영어로 입으로 소리 내어 가며 연필로 옮기세요.

A: 나는 오늘 바쁘다.   B: 나도 그래.
☞

나는 그것을 말할 수 없다.
☞

귀여운 강아지 한 마리가 긴 진입로 끝에 서있었다.
☞

나는 여기 순천에서 너를 볼 수 있으리라고는 거의 꿈도 꾸지 못했다.
☞

Chan이 그녀에게 데이트를 신청했을 때 그녀는 한마디도 말하지 않았다.
☞

그들이 말한 모든 것은 사실이었다.
☞

전혀 의심이 없다.
☞

이분이 일전에 내가 언급했던 바로 그 사람이다.
☞

나는 좋은 책을 쓰려고 애쓰는데 몇 시간이고 소비했다.
☞

내 생각에 그의 실패는 그의 자신의 잘못이었다.
☞

너의 충고가 없었다면, 나는 그를 다시 만나지 않았을 것이다.
☞

새해 복 많이 받으세요!
☞

영어 사냥 통역 30   ☞ 입으로 직접 소리 내어 말하기 훈련^^*

♥ 우리말을 영어로 입으로 소리 내어 가며 연필로 옮기세요.

모든 가치관은 근거가 없다는 믿음은 뭐라고 불리는가?
☞ ....

나는 올해의 새로운 목표 - 베스트셀러 작가가 되는 것 - 를 가지고 있다.
☞ ....

그러나 그녀의 최근의 행동은 형편없었다.
☞ ....

우리가 정직하다고 생각했던 그 소녀는 거짓말쟁이로 판명되었다.
☞ ....

Chan은 다시 그의 책상으로 걸어가서 서둘러 자리에 앉았다.
☞ ....

Chan은 선생님이 되었고 그의 누나는 의상 디자이너가 되었다.
☞ ....

남자들이 군대에서의 그들의 삶에 대하여 말하는 것을 Mira는 좋아하고 Kara는 싫어한다.
☞ ....

아이였을 때, 그녀는 정기적으로 그녀의 할머니를 방문하곤 했다.
☞ ....

너는 도대체 어디에 있었니?
☞ ....

그녀에 대한 소송이 기각될 가능성은 설사 있다 해도 거의 없다.
☞ ....

너는 '설찬'이라는 이름의 기원을 혹시 아니?
☞ ....

🎵 축하와 감사를 드립니다 🎵

〈수고하셨습니다.〉

마지막까지 충실히 학습하신 여러분께 축하와 감사를 드립니다.^^

이제 우리는 영어의 가장 기초인 알파벳부터 시작하여 중고등학교 내신 및 수능입시 과정에서 필요한 영문법 지식을 전부 갖추게 되었어요. 한마디로 독학으로 영어를 공부할 수 있는 능력이 생겼어요. 이제부터는 영어사전과 계속 친하게 지내면서 더 수준 높은 다양한 어휘와 표현들을 즐기면서 익히기 바랍니다. 학과공부는 물론이고 읽기, 듣기, 말하기. 쓰기 등 관심 있는 분야를 집중 연습하여 영어를 통해 지적으로도 충만한 삶을 누릴 수 있으면 좋겠습니다.

〈감사합니다.〉

영어 사냥꾼
독약 영문법

초판1쇄 인쇄 2017년 3월 10일
초판1쇄 발행 2017년 3월 10일

지은이 조중찬
편　집 김수현
그　림 김아랑
인쇄·제본 월드CNP
발행인 조중찬
발행처 도서출판설찬

출판등록 2016년 11월 7일 제386-2016-000084호
주　　소 경기도 부천시 부흥로 296번길 11-1, 201호
대표전화 032-665-0417
팩　　스 032-665-0417
이 메 일 engchan@hanmail.net
홈페이지 http://blog.naver.com/tantanchan

ⓒ 조중찬

ISBN 979-11-960444-0-4 53700

* 잘못된 책은 바꿔드립니다.
* 책값은 뒤표지에 있습니다.

이 책은 저작권법에 따라 보호받는 저작물이므로 무단전재와 복제를 금합니다.